黄檗文库

走进黄檗

黄檗朋友圈

白撞雨　白雨泽　著

福清市文化体育和旅游局　策划

海峡出版发行集团 ｜ 福建教育出版社

《黄檗文库》编委会

《黄檗文库》总序

黄檗禅、黄檗宗与黄檗学
——构成黄檗文化三大内涵的历史传承及其影响

定　明[1]

黄檗文化扎根于千年的闽赣浙的沃土，以佛教禅文化为内核，是中华优秀传统文化的重要组成部分，为中华文化走向国际性传播做出积极贡献，是海丝文化的重要体现，是中日文化交流互鉴的一座丰碑。纵观历史，黄檗文化在千年的传承、传播过程中经历了从黄檗禅、黄檗宗到黄檗学的三大内涵演进和历史传承，对东亚乃至世界文化产生了深远影响。

一、黄檗禅：临济禅千年传承的思想源头

黄檗禅始于唐大中年间，大扬于两宋，中兴于明清；由黄檗希运禅师创发，义玄禅师传承光大；发展脉络初由福建到江西、安徽，后因义玄禅师从江西到河北，随着临济宗的建立，黄檗禅法由河北传遍华夏大地。由于义玄禅师说自己所传之法皆宗黄檗，因此禅宗史有天下临济皆出于黄檗的历史定论。临济禅法经过两宋的传承弘扬风靡全国，并形成"临济天下"的局面，宋代便已流传至日本。明末清初时期经由密云圆悟、费隐通容、隐元隆琦三代临济大宗师振兴黄檗，特别是在隐元禅师前后两任住持14年多的努力弘扬下，建立了"黄檗断际希运禅师正派源流"传法谱系，成为明末清初弘扬黄檗禅的巨擘，同时传法扶桑。

构成黄檗禅在禅宗史上的传承和影响，主要有如下三点。

1　福建福清黄檗山万福寺方丈、福建省黄檗禅文化研究院院长。

（一）黄檗山、黄檗禅师与黄檗禅

山因僧名，因为禅者，黄檗山成为一座禅宗的名山祖庭，从福建黄檗山到江西黄檗山，因希运禅师早年出家于福清黄檗山，后传法于江西、安徽等地，因其酷爱家乡的黄檗山，把江西宜春鹫峰山改名为黄檗山，开堂说法，四方学徒，海众云集，"自尔黄檗禅风盛于江表"，世人尊称其为黄檗禅师，于大中三年被唐宣宗加谥为断际禅师。

黄檗禅师见地高拔时辈，傲岸独立，雄视天下禅师，曾对弟子说："大唐国内无禅师，不道无禅，只是无师。"语惊四海，仰山慧寂曾评论说"黄檗有陷虎之机"。黄檗希运禅师禅法高扬心性哲学，强调："诸佛与一切众生，唯是一心，更无别法"；"唯此一心即是佛，佛与众生更无别异"[1]；"道在心悟，岂在言说"；"即心即佛，无心是道"[2]；"即心是佛。上至诸佛，下至蠢动含灵，皆有佛性，同一心体。所以达摩从西天来，唯传一心法，直指一切众生本来是佛，不假修行。但如今识取自心，见自本性，更莫别求"[3]。认为顿悟心佛不二，不流第二念，"始似入我宗门"[4]。黄檗禅师的强调顿悟，其禅法上承六祖慧能、马祖道一、百丈怀海禅师等人的禅宗直指心性之精神，下启义玄禅师开创临济一宗。

唐宋以来，黄檗山、黄檗禅师和黄檗禅是构成黄檗禅文化的三大要素。两宋之际，江西黄檗山和福建黄檗山的传承与发展至历史新高点，成为了弘扬黄檗禅的中心。由于福建黄檗山是希运禅师创建江西黄檗山的源头，宋代才有"天下两黄檗，此中山是真"的著名诗句，强调福建黄檗山的历史地位。

（二）从黄檗禅到临济宗：天下临济皆出黄檗

根据《临济义玄禅师语录》记载："我在黄檗处，三度发问，三度被打。"义玄禅师先在黄檗禅师座下学法三年，在睦州和尚的鼓励提示下，三度问法黄檗禅师，三度被打。后经大愚禅师提点，顿悟"原来黄檗佛法无多子"的精神，了悟黄檗为其痛下三棒的慈旨，后回黄檗获得希运禅师

---

[1] 《黄檗希运禅师传心法要》，见《马祖四家语录》，石家庄：河北禅学研究所，2007年，第 87 页。

[2] 《黄檗希运禅师宛陵录》，见《马祖四家语录》，石家庄：河北禅学研究所，2007年，第 104 页。

[3] 《黄檗希运禅师宛陵录》，见《马祖四家语录》，石家庄：河北禅学研究所，2007年，第 112 页。

[4] 《黄檗希运禅师宛陵录》，见《马祖四家语录》，石家庄：河北禅学研究所，2007年，第 19 页。

的认可，并继续留在希运禅师旁修学。根据义玄禅师说法语录和行录记载，义玄禅师前后经黄檗禅师的棒打、考功等多达九次的铅锤逼拶，终于达到炉火纯青境界，棒喝天下，开创禅门中最大宗派临济宗。

黄檗禅师曾对义玄禅师说："吾宗到汝，大兴于世。"[1]义玄禅师欲出世弘化时，曾写信驰书对住沩山的普化禅师说："我今欲建立黄檗宗旨，汝切须为我成褫。"[2]在《五灯会元》中也记载义玄住镇州临济院时学侣云集，一日对普化、克符二禅师说："我欲此建立黄檗宗旨，汝且成褫我。"因此义玄禅师所开创的临济宗也是以传承弘扬其师黄檗禅法为宗旨。

义玄禅师开创的临济宗，在心性论上提出"无位真人"，在自由境界上强调"随处作主，立处皆真"，在禅悟功夫论上提倡"四照用"，在接引学人方法论上运用"棒喝交驰"。义玄禅师的临济禅法是对黄檗禅的弘扬和发展，也是其师黄檗的禅学的内在生命力和恒久价值的强有力佐证。[3]"黄檗山高，便敢当头捋虎；潕沱岸远，亦能顺水推舟。"[4]黄檗禅学在义玄禅师的弘化下传承至明清。黄檗希运禅师将马祖、百丈的大机大用发挥到极致，同时他的说法语录《传心法要》和《宛陵录》把禅宗的心性哲学进行整合，提出创造性诠释，成为禅门论"心"的典范，后世罕与匹敌，其首倡将"公案"作为禅悟的重要途径，成为宋代公案禅和大慧宗杲禅师"看话禅"的源头。可以说，黄檗禅学在心性哲学和接引学人方法上对义玄禅师创建临济宗产生了深远且持久的影响。

宋明以来临济宗成为禅宗最大宗派，由于义玄禅师自称继承和弘扬本师希运禅师的"黄檗宗风"，在禅宗史上有天下临济皆宗黄檗的说法。概而言之，黄檗禅蕴含临济宗逻辑发展的一切芽蘖，是临济宗风发展的理论酵母，而临济宗的发展，则是黄檗禅宗旨的理论完善和最终实现。[5]

（三）隐元禅师与"黄檗断际希运禅师正派源流"传法谱系的构建

1　《临济义玄禅师语录》，见《马祖四家语录》，石家庄：河北禅学研究所，2007年，第188页。

2　《临济义玄禅师语录》，见《马祖四家语录》，石家庄：河北禅学研究所，2007年，第189页。

3　刘泽亮：《以心传心——黄檗禅学论》，北京：宗教文化出版社，2020年，第1版，第268页。

4　五峰普秀：《临济慧照玄公大宗师语录序》，见《镇州临济慧照禅师语录》，见CBETA2022.Q1,T47, no.1985,
p.495c11-12。

5　刘泽亮：《以心传心——黄檗禅学论》，北京：宗教文化出版社，2020年，第1版，第272页。

晚明时期黄檗山僧俗邀请临济宗第三十代传人密云禅师住持，随后费隐禅师、隐元禅师相继住持，开启了此后黄檗山临济宗法脉绵延不绝的两百多年传承。

黄檗僧团和外护具有很强的断际禅师法脉源流正统意识。在费隐禅师住持三载时间，黄檗宗风提振，出现再兴态势，在编修崇祯版的《黄檗寺志》时，构建了以断际禅师法脉为源流的传法谱系观念——"黄檗断际希运禅师一派源流图"传法谱系。隐元禅师在永历年间重编《黄檗山寺志》时，将此前的法脉传承改成"黄檗断际希运禅师正派源流图"：

断际运—临济玄—兴化奖—南院颙—风穴沼—首山念—汾阳昭—石霜圆—杨岐会—白云端—五祖演—昭觉勤—虎丘隆—应庵华—密庵杰—破庵先—无准范—雪岩钦—高峰妙—中峰本—千岩长—万峰蔚—宝藏持—东明旵—海舟慈—宝峰瑄—天奇瑞—无闻聪—月心宝—幻有传—密云悟—费隐容—隐元琦[1]

以黄檗断际禅师为黄檗山法脉源流的开始，直至隐元禅师，称"黄檗断际希运禅师正派源流图"，显然和临济宗以义玄禅师为开宗创始人的源流不同，这体现的是黄檗山的僧团和外护共同具有的强烈宗派源流意识。[2]在明末临济大宗师密云禅师和传法弟子们的努力下，黄檗法脉得以振兴发展。密云禅师应邀住持黄檗虽然不到五个月，但却是费隐禅师、隐元禅师相继住持黄檗的重要缘起。如此，黄檗三代住持皆是临济宗的法脉传承，而临济开宗祖师义玄禅师的本师就是黄檗断际禅师，这便促成了黄檗山与临济法脉的传承、结合，促成了《黄檗断际禅师正派源流图》传承谱系源流的观念构建。

黄檗山作为断际禅师道场和法脉传承观念的源头，在隐元禅师住持黄檗期间，不论是黄檗外护，还是隐元禅师本人都在不断重塑黄檗法脉传承的正统性和正当性。在隐元禅师的开堂说法语录中经常提出"向这里消息得恰到好去，许汝入黄檗门，见黄檗人，与黄檗同条合命，共气连枝"[3]，

1　《黄檗断际希运禅师一派源流图》，见崇祯版《黄檗寺志》，林观潮标注：《中日黄檗山志五种合刊》，北京：宗教文化出版社，2018年，第26页。
2　林观潮：《临济宗黄檗派与日本黄檗宗》，北京：中国财富出版社，2013年，第76页。
3　《隐元禅师语录》卷一，《嘉兴藏》第27册，第227页。

"苟能于此插得只脚，可谓瞎驴之种草，堪接黄檗宗枝"，"苟知来处，可谓瞎驴之种草，堪起黄檗之宗风"[1]等观点。隐元禅师在说法中有意强调黄檗宗风的观念。

隐云禅师的这种祖统性身份构建，不仅塑造传法谱系的正统性和神圣性，也为黄檗持续发展传承提供了制度保障。为了更好传承黄檗法脉，黄檗山还建立了黄檗剃派的传承辈分：

> 祖法志怀，德行圆满，福慧善果，正觉兴隆。
> 性道元净，衍如真通，弘仁广智，明本绍宗。
> 一心自达，超悟玄中，永彻上乘，大显主翁。[2]

共 48 字辈分传承，隐元禅师是黄檗剃派的第十六代传人，并且将这种黄檗源流的溯源和剃派的传承观念传到了日本。隐元禅师创建京都新黄檗，在宽文年间编修《新黄檗志略》时，将在福建古黄檗的黄檗断际希运禅师正派源流图和剃派传承辈分也编入了《新黄檗志略》。这种法派传承观念也影响到隐元禅师晚年编撰《黄檗清规》时对京都黄檗山住持人选的规定：必须是隐元禅师的法系或从唐山古黄檗请人住持。

二、黄檗宗：中日民间交流互鉴的文明丰碑

黄檗宗，是隐元禅师东渡后，在日本创建的一个禅宗分支，是临济宗黄檗派在日本开创的一个新宗派。明代末年，隐元禅师重兴福清黄檗山万福寺，并以此为正宗道场，创立"黄檗断际希运禅师正派源流"的法派传承。福建古黄檗的法脉传承从隐元禅师数传之后，在福建畲族地区的寺院祖塔中出现了从临济正宗到黄檗正宗的转变。

1654 年，隐元禅师渡日后，其正法道统和高风亮节，备受日本朝野推崇。《日本佛教史纲》云："隐元禅师来日本还不到一年，他的道声已传遍东西，似乎有把日本禅海翻倒过来之势。"七年后的 1661 年，由幕府赐地所建新寺黄檗山万福寺的落成，标志着日本黄檗宗的创立。黄檗宗独树一帜，迅速发展，逐渐融入日本社会，成为江户时期影响力较大的宗派之一，

---

1 《隐元禅师语录》卷六，《嘉兴藏》第 27 册，第 251c 页。
2 《黄檗法派》，见永历版《黄檗山寺志》，林观潮标注：《中日黄檗山志五种合刊》，北京：宗教文化出版社，2018 年，第 87 页。

和渡宋求法僧荣西、道元开创的日本临济宗、曹洞宗并列为日本禅宗三派。

总结黄檗宗发展和贡献，有如下五大特点。

（一）本末制度

以京都黄檗山万福寺为大本山，住持人选均由江户幕府将军任命；以大本山作为整个黄檗宗的传法中心；以长崎、大阪、京都等各大寺为末寺，成为黄檗宗的传法基点，形成本末互应的传法制度。

（二）黄檗清规

以《黄檗清规》为黄檗宗发展龟鉴，全文编有祝厘、报本、尊祖、住持、梵行、讽诵、节序、礼法、普请、迁化等共十章，论述"丛林不混，祖道可振"。将明代禅宗丛林清规和信仰生活整体搬迁到日本，其中梵行、讽诵、礼法三章将明代佛教的传戒制度、日常诵读共修和禅堂制度编入清规，为培养僧团品格、丛林道风和宗派有序传承提供了制度基础。准确地说，京都黄檗山万福寺完全复原了福建黄檗山万福寺的明代丛林生活与修行制度。

（三）传戒制度

隐元禅师特别重视梵行持戒对佛教正法久住和个体修道证悟的重要性，对沙弥戒、比丘戒、菩萨戒三坛授戒制度做出明确规范。为此，隐元禅师还著有《弘戒法仪》作为三坛传戒具体的仪轨和行法。《弘戒法仪》对培养清净的比丘僧团发挥重大影响，不仅为黄檗宗提供清净僧才，也为日本佛教培养出众多僧才，直接影响到日本佛教对传戒制度的重视。

（四）法脉制度

以隐元禅师临济正宗法脉为传法依据。并且，将此写入《黄檗清规》作为宗派制度执行，同时确定京都黄檗山自隐元禅师之后，住持人选必须是由隐元禅师一支所传承的临济法脉方可担任。

（五）黄檗祖庭

以福建古黄檗为传法祖庭，以京都黄檗山为大本山，隐元禅师在《开山老人预嘱语》中明确规定，若京都黄檗山住持找不到合适人选，应从唐山——福建古黄檗礼请。福建古黄檗为京都黄檗山和整个黄檗宗输送传法人才，这个制度一直延续到第21代，其间共有16位来自古黄檗的禅师担任京都黄檗山的住持，时间长达129年之久。

隐元禅师东渡，为扶桑传去已灭三百年之临济宗灯，德感神物，法嘱王臣，在日本迅速建立黄檗宗，成为日本禅宗的三大宗派之一。黄檗宗的本末制度是源自于日本江户时期政府对佛教的管理制度，而黄檗清规、传戒制度、法脉制度以及到古黄檗延请传法禅师的制度，不仅弘扬了古黄檗宗风，促进了新黄檗的兴隆发展，也为日本佛教的复兴和传承，注入了新鲜纯正的血液，提供了制度性的保障。以黄檗宗为纽带为江户社会所传去的先进文化、科学技术和佛学经义，对江户社会文化经济产生了重要影响。

三、黄檗学：构建黄檗文化与闽学、海丝文化融合互鉴的新学科

黄檗学，是研究、发掘、整理和保护黄檗思想文化、文物、文献的综合性学科。研究聚焦黄檗希运禅师为临济开宗法源，到形成临济宗黄檗派的八百年，以及隐元禅师东渡开创日本黄檗宗至今四百年。此外，内容还涉及历代黄檗外护的研究。

黄檗学的研究，以黄檗希运禅师为法源，以临济开宗为起点，以隐元禅师东渡扶桑黄檗开宗为转折点，探寻形成黄檗文化的千年脉络与足迹，着眼黄檗文化形成的闽学之基础，以海丝文化为视角关注黄檗文化在东亚乃至世界传播与交流互鉴的各个领域。主要包括以下四方面。

（一）以福建黄檗山为基点

研究黄檗希运禅师传法江西、临济义玄禅师传法正定，所形成的传承千年的黄檗禅法、临济法脉；研究宋代东传日本的临济禅学、法脉体系以及传法路径；研究从唐代黄檗希运禅师到隐元禅师东渡前八百年来，在闽学和闽文化的视阈下，黄檗文化的特征和内涵；研究历代黄檗外护，在黄檗山和八闽大地留下的多样文学、文化和文明成果。

（二）以隐元禅师东渡为基点

研究历代黄檗东渡禅僧在日本开创黄檗宗，以至发扬并完善黄檗禅法的体系，对日本佛教的思想、制度、信仰生活等方面的影响；研究历代黄檗祖师三百六十多年来形成的语录、著作等成果；研究黄檗宗与江户幕府、天皇、法皇的关系及重要交流事件。

（三）以黄檗僧团文化传播为基点

研究黄檗僧团、黄檗外护带去日本并对其经济社会发展带来重要影响的先进文化和科学技术，诸如在儒学理学、书法绘画、诗词歌赋、茶道花道、饮食料理、篆刻雕塑、建筑营造、出版印刷、医疗医药、公共教育、围海造田、农业种植等领域的重要成果。

（四）以密云圆悟、费隐通容、隐元隆琦三代黄檗禅师所传法脉在北京、河北、福建、浙江、广东、台湾等乃至全国各地传承为基点

研究清末、民国以及当代南传南洋新加坡、印尼、越南、马来西亚，北传北美加拿大、美国和澳大利亚各国的弘法成果；研究以黄檗法脉、信众为纽带在促进构成南洋各国汉文化圈方面的贡献和影响，以及在北美、澳洲华人文化圈促进区域多元文化融合、对话和推动中华文化国际性传播的积极贡献。

当下，黄檗学是指以黄檗文献、黄檗禅学、黄檗文学艺术、黄檗文物、黄檗学理论为主，兼及黄檗法脉国际传播为研究对象的一门综合性学科。研究方法则须从文献学、历史学、禅学（哲学）、人类学以及宗教社会学等多维度进行研究。

首先，文献学是以古籍文献为基础，如黄檗禅师传法语录、地方志、黄檗外护和士大夫朋友圈的著作等，文献学研究的是黄檗学的基础内容。其次，黄檗禅文化要具有历史学维度，必须拥有历史学的横向和纵向双重维度。所谓横向维度，即平行维度，研究黄檗与时代社会交错互动的历史传播关系；纵向视野则是侧重黄檗在与时代互动后所形成的法脉传承发展的历史影响。第三，禅学亦即哲学的视角研究黄檗文化的内核，探究黄檗文化传承千年，成为东亚乃至亚洲文化现象的内在驱动力。第四，以人类学的实地考察、田野调研为研究方法，提升对文献、史料等的情景式解读，同时可以弥补文献、史料等缺陷。对实物考察和走访，可以从空间、历史记忆等角度理解黄檗法脉传承和黄檗文化所处地理空间与区域文化相碰撞、相融合的发展轨迹。第五，还要从宗教社会学的立场，研究黄檗禅、临济宗、黄檗宗不同历史时期对东亚社会政治、经济文化、信仰生活、哲学思想、价值观念、现实意义等众多领域的影响。

四、结语：黄檗文化再启新征程

黄檗是一座山，是从福建到江西，从福建到京都的禅宗祖庭名山。希运禅师为唐代大宗师，于福建黄檗山出家，在江西新黄檗山传法，在唐宋时期形成"天下两黄檗"的历史格局。明清时期，隐元禅师应化西东，中兴古黄檗，东渡创建京都新黄檗，促成"东西两黄檗"的法脉传承。

黄檗是一种禅法。黄檗禅，直指人心，见性成佛。黄檗禅的宗风上承马祖、百丈，下启义玄，大机大用，棒喝交驰。义玄禅师创建临济宗，以弘扬本师"黄檗宗风"为使命，临济宗千年的法脉传承皆宗黄檗为思想源头。至明清时期经临济大宗师密云、费隐、隐元禅师三代人的努力，以临济正宗的传承身份住持黄檗山，尤其是隐元禅师进行"黄檗断际希运禅师正派传法源流"的谱系构建，真正完成了黄檗山、黄檗禅和黄檗法脉传承三者的结合，形成黄檗山独特的法脉传承谱系，直至道光时期传法44代，历时260多年。

黄檗是一个宗派。黄檗宗，是隐元禅师将明清时期中国福建黄檗山所传承的禅法思想、谱系制度、法脉传承、丛林生活、黄檗清规、戒律仪轨等整体搬迁至京都而创建的宗派，与曹洞、临济成为日本禅宗三大宗派。日本黄檗宗的成立，是源自黄檗希运禅师至隐元禅师一脉传承弥久而强大的影响力。以隐元禅师为核心的黄檗历代禅僧东渡传法至今近400年，为江户社会传去了先进文化、科学技术和佛学经义而形成的黄檗文化，对日本文化、经济、社会产生深远影响。

黄檗是一门学科。黄檗学，是海丝文化重要代表，以千年黄檗禅文化为内核，以闽学为社会文化背景，以隐元禅师为代表的黄檗东渡历代禅师、黄檗外护为纽带，近四百年在佛学经义、先进文化、科学技术、海洋商贸等领域传播互鉴，形成具有综合性国际文化的理论学科。希望以黄檗学学科的构建，为未来中日以及欧美学者研究黄檗文化提供方向；希望以学术研究为契机，再现黄檗文化这座中日文化交流互鉴的历史丰碑，为未来黄檗文化交流、弘扬提供历史智慧和经验，希望再开启下一个400年中日黄檗文化交流的新征程。

黄檗文化作为中华文明的组成部分，具有千年的文化传承，体现了历久弥新的时代价值；黄檗文化的历代创新，彰显其生生不息的活力；黄檗文化的规范统一，对经济社会产生了鲜活的助力；黄檗文化的融合包容，影响了黄檗信众和社会大众的生活；黄檗文化内含的和平性，是助力世界和平的新动能。

以心传心：黄檗的朋友圈
（代序）
定 明

以心传心，心心相印，则心心不异。

福建，福州，福清，在这个文献名邦、三福之地，有一个古老的渔溪寨，这里有一座黄檗山，这座山因为盛产黄檗树而得名。自古以来，这里就是净土宝地，有着"有地皆旖旎，无处不烟霞"的美誉。山上有十五峰、七石、五岭、三溪、三泉、三井、龙潭等众多的风景名胜。

黄檗山，山因宝刹名，寺因高僧显。大唐贞元五年（789 年），黄檗山迎来了一位祖籍莆田、俗姓吴的正干禅师，他在六祖慧能大师处的曹溪得法归来，在黄檗山历时八年披荆斩棘，大辟堂宇，开山建筑了般若堂。唐德宗李适改般若堂为建德禅寺。

不久，希运禅师在这里出家、住山，黄檗之名一时大显。自此之后，成为临济一派的大道场。到了宋代，那是黄檗山最兴盛的时期，曾建有"十二祖师堂"，宋朝第二位皇帝宋太宗赵光义曾为寺里降下

1

谕旨，大加褒扬，黄檗寺专门在法堂西边建了一个宝阁珍藏这份御书。然而到了元代战乱，寺院毁于一旦。

朱元璋开国大明，到了洪武二十三年，住持黄檗山寺的是莆田的大休禅师，他一直致力于黄檗伽蓝的恢复，在他的莆田老乡周心鉴的全力护持之下，重建了黄檗山寺的所有殿堂楼阁，周心鉴也是各种版本黄檗山寺志里面第一个出现的大护法。到了明嘉靖三十四年，这座清净庄严的禅宗道场遭遇了倭寇之乱，黄檗山的殿宇被倭寇一把火烧成了灰烬。有着"凡有钟声处，皆为黄檗田"的黄檗山土地也被村民侵占。到了明朝隆庆初年，中天正圆禅师看到断壁残垣的黄檗寺，发下大愿再造一个黄檗寺。他鉴于原来的黄檗山寺屡遭各种不测，就在上堂的时候对僧众说进京面圣，恳请皇帝赐予黄檗寺一部大藏经，以确保山寺平安，是所谓"请藏镇鸿基"。

万历二十九年，中天正圆禅师进京请藏，但中天正圆禅师孤苦京城八年未果而病逝。他的徒孙鉴源兴寿和镜源兴慈两位禅师坚定地继承师爷遗志，继续请藏，一待又是六年，在首辅大臣叶向高协助下，万历四十二年秋，神宗皇帝敕赐黄檗寺山永乐北藏一大套，并赐予帑金三百两，御赐中天正圆、鉴源兴寿、镜源兴慈三位禅师每人一套赐紫护藏袈裟，此时中天正圆禅师已经圆寂多年，但赐藏时还是以中天正圆为住持。

崇祯年间编纂的《黄檗寺志》卷一《藏经阁》里记载了当时这份圣旨的内容：敕谕福建福州府福清县黄檗山万福禅寺住持僧人正圆及僧众人等，朕发诚心，印造佛大藏经，颁施在京及天下名山寺院供奉。经首护敕，已谕其由。尔住持及僧众人等，务要虔洁供安，朝夕礼诵，保安眇躬康乐，宫壶肃清，忏已往愆尤，祈无疆寿福，民安国泰，天下太平。俾四海八方，同归仁慈善教，朕成恭己无为之治道焉。今特差御马监王举，赍请前去彼处供安，各宜仰体知悉。钦哉故谕。

特别值得一说的是，与永乐北藏下赐的同时，黄檗山寺额也被赐予了一个新的名字："万福禅寺"。很多人不理解中天正圆禅师等为什么要发起迎请大藏经，而且巍巍不动地持续了近十五年。请藏目标的实现使得黄檗山寺由一座普通的地方寺院升格为与皇室直接关联的赐藏道场，更加得到官民的敬畏和护持，为以后的发展奠定了良好的基础。借此御赐东风，黄檗众僧募资重建了黄檗山诸堂。崇祯二年，迎请浙江海宁金粟山的密云圆悟禅师前来住持，是为黄檗住持开法第一代。崇祯六年冬天，费隐通容禅师再继其席，成为黄檗住持开法第二代。崇祯九年夏天，隐元禅师接替住持黄檗，成为黄檗住持开法第三代祖师。

黄檗是一本意趣无穷的大书，这本《黄檗朋友圈》会和你一起，深入浅出分享这些事件里有趣的细节，以及一个个充满智慧的故事。黄檗山高僧辈出，先后有正干、希运、鸿庥、大休、正圆、密云、费隐、隐元等卓锡弘化，大阐宗风。大家耳熟能详的"不经一番寒彻骨，怎得梅花扑鼻香"的诗句就是黄檗希运禅师的千古名句。河东节度使裴休镇宛陵，礼请黄檗希运禅师说法，由于希运禅师酷爱他的家乡，也是他出家之地的福清黄檗山，所以凡是他所住的山，都以黄檗为名，后人就尊称希运禅师为黄檗。

黄檗禅风干净利落，启发学人时常以打、喝、棒为方便。希运禅师弟子义玄禅师开创了临济宗，成为影响最大的禅宗流派，留下了成语"当头棒喝"。因此福清黄檗也被视为临济宗的发源地。黄檗禅以黄檗希运禅师的《传心法要》为宗旨，享誉长江两岸，法脉遍布闽、粤、港、澳、台各地，以及新加坡、日本等国家。历朝历代，黄檗山的多位黄檗高僧大德，如黄檗希运、懒庵大安、大休禅师、中天正圆、鉴源兴寿、镜源兴慈、隐元隆琦、木庵性瑫、高泉性激等大德或为帝王国师，或受皇室敕谥封号、赐紫袈裟或赐予墓葬。

黄檗山还与唐宣宗李忱相关，黄檗希运禅师与他在黄檗龙潭观瀑布联句，留下了"远看方知出处高"的名句。黄檗山走出一代高僧——隐元禅师，这是黄檗历史上最为浓墨重彩的一笔。隐元禅师四次受邀，后由郑成功拨船相送，从厦门东渡扶桑，开创"黄檗宗"，形成涵盖建筑营造、医学医药、茶道花道、农业种植、书法绘画、造桥造田、出版印刷、黄檗禅法、公共图书馆等十五大领域的黄檗文化，对日本江户时期经济社会发展产生重大影响，福清黄檗山成为日本黄檗宗的祖庭。

千百年来，"江郎才尽"之江淹、北宋大学士蔡襄、铁面御史赵抃、变法大臣王居卿、理学宗师朱熹、南宋文坛领袖刘克庄、西山先生真德秀、永嘉四灵之翁卷、大明首辅叶向高、五子登科郭柏荫等文人士大夫屡屡参访黄檗，留下了众多的诗词文赋，或入《四库全书》，或随文集流传，奠定了黄檗文化的深厚根基，使黄檗文化之花芬芳馥郁，香远四时，展现出历久弥新的时代价值。正如黄檗希运禅师所说："着力今生须了却，谁能累劫受余殃。"期盼这本书，带您从千年来一个个黄檗故事里走近黄檗，了解传统文化的博大精深，进而延展您洋溢着法喜的崭新慧命，开启充满生机和智慧的人生。

目录

明　代

南北朝

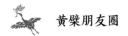

江淹 —— 千古江郎题黄檗

　　江郎才尽，原指南北朝才子江淹才思衰竭一事，今喻文人的才华穷尽。江郎才尽、梦笔生花都指向历仕宋、齐、梁三朝的政治家、文学家江淹，他的才尽了吗？显然没有，他眼光精准，在王朝动荡之际选择明主，最终得以安然终老，富延子孙。这里需要说的是他任浦城县令时登临黄檗，壮游此山，攀岩步青苔，极目十二峰，兴致流露笔端，一时梦笔生花，写下《游黄檗山》：

> 长望竟何极，闽云连越边。南州饶奇怪，赤县多灵仙。
> 金峰各亏日，铜石共临天。阳岫飞鸾彩，阴溪喷龙泉。
> 残机千代木，墙崒万古烟。鸟鸣丹壁上，猿啸青崖间。
> 秦王慕隐沦，汉武愿长年。皆负雄豪威，弃剑为名山。
> 况我葵藿志，松木横眼前。所若同远好，临风再悠然。

　　这首诗记载了黄檗金峰，即黄檗山的十二高峰，记载了龙泉，即黄檗山的九处瀑布、龙潭，可以说是一首典型的登高寄兴之作。江淹登黄檗山远眺，只见天边云彩朵朵，遮住了人的目光，怎么也看不到江浙一带的更远处。这种极力望远而不得的目光中，隐隐透露出诗人被贬之后沉重的心境。往事既不堪回首，还是把目光转向身边的黄檗山吧。先是总揽一笔，

2

指出闽浙一带到处是奇山怪林，神灵仙异；然后以细致的笔触一一描绘了陡峰蔽日、深穴映光、幽涧喷泉、千年古木、万代雾霭以及禽鸣猿啸的景致。这一大段描绘不仅用词形象丰富，而且色彩缤纷，写山石颜色用了"金"和"铜"，写洞穴映出的光用了"鸢彩"，丹岩之红、青崖之绿、泉霭之白都集于笔下，突出了黄檗山风光的奇异旖旎。诗的后半段，江淹很自然地由"千代木""万古烟"转入对社会、对人生的思索：秦皇、汉武，当年是何等的雄豪，他们尚且慕隐求仙，爱慕名山，何况我早就有淡泊之志。今日得游黄檗山，乃是人生难得之遇，有如此美景浸染其中，何必还为被贬官而闷闷不乐呢？诗人用很旷达的语言吐露了心中的情结，将游黄檗山的感受升华成人生境界的一种感悟。从这首《游黄檗山》中，我们充分感受到江淹的诗歌借景抒怀的风格。

江淹（444—505），字文通，他的老家在现在的河南省民权县。他6岁能诗，13岁丧父，家境贫寒，曾采薪养母。年少时即因文章而声名显著，20岁左右就开始与两个皇子打交道，一是教始安王刘子真读"五经"，二是在新安王刘子鸾幕下任职，这也就开始了他的政治生涯，一生为官历仕南朝宋、齐、梁三朝。梁武帝的时候官至金紫光禄大夫，受封醴陵侯。虽然他晚年仍然担任齐、梁朝的高官，但是出手的作品质量大不如前，被认为是才思衰退枯竭，因此世人说他"江郎才尽"，这个说法流传了1500年多，直到今天，这既是一个文坛掌故，又是渗透到中国文化里的一则成语。

实际上，早年的江淹在仕途上并不得志。22岁时他转入建平王刘景素的幕下，因他年少气盛，恃才傲物，引起同僚之忌。这时候，江淹受广陵县令郭彦文一案的牵连，被诬陷受贿入狱。在狱中，江淹多次上书陈情，最终获释。出狱后在巴陵王那里呆了一段时间，后又回到建平王刘景素那里任主簿。28岁、29岁这两年间，虽然在刘景素幕下，但与刘景素的关系却越来越紧张。东海太守陆澄家有丧事，应回家守制，身为副职的江淹要求代行太守之职，而刘景素却故意任命了他人，并以江淹有争议为借口，将他贬为建安吴兴县令，吴兴大致是今天的福建浦城。也是在这期间，有了他游黄檗山的诗句。江淹少而闻名，从政上起步就是跟着王子王爷，可以说起点挺高，但仕途坎坷，年纪轻轻就经历跌宕起伏。初感无奈又渐渐通达了的江淹把自己无限的感慨诉诸笔端，硬是让妙笔生了花。在福建浦城的三年是他文学创作的高峰期，逆境反而造就了一位文学大家。

江淹之所以名重后世，并不是他的官爵，而是他愁困时期所著的诗文。江淹善于模拟前人作品，在他的集子中，公开说明模拟的就有《杂体诗三十首》《学魏文帝诗》《效阮公诗十五首》等，形神兼似。但其广为传诵的代表作还是富有浓厚感伤色彩的《恨赋》和《别赋》。"下有芍药之诗，佳人之歌，桑中卫女，上宫陈娥。春草碧色，春水渌波，送君南浦，伤如之何！"这是江淹的《别赋》。

江淹的《恨赋》《别赋》与鲍照的《芜城赋》《舞鹤赋》，是公认的南朝辞赋的绝唱。江淹又是南朝骈文大家，最知名的当数他在狱中写给刘景素的《诣建平王上书》，文章辞气激扬，不卑不亢，真情实感流注于字里行间。建平王刘景素看了江淹的这篇上书后被深深感动，于是就把他释放了。

据统计，江淹共有存世诗歌 142 首。江淹处于元嘉诗风向永明诗风的过渡时期，他在创作上努力追求新变，但其诗风既不追求古奥艰涩，又不崇尚浅俗艳丽。他自我标榜文学创作要体现个性，应该有"惊魂动魄"的艺术功效，同时兼具真、善、美等情志。

江淹，目前能查到的黄檗朋友圈关联的第一人！

唐代

李忱——远看方知出处高

在中国历史上，皇家和佛教的关系可谓渊源深厚。自打佛教在东汉传入中国，到了魏晋南北朝时期，国内出现了很多大寺庙以及佛教胜地。隋唐两代的佛教更进一步，在社会上广为传播。这篇文章说的是唐宣宗李忱与黄檗希运禅师联句黄檗龙潭的故事。

黄檗山放生湖和吉祥峰

　　道光年间的《黄檗山寺志》记载了一则黄檗希运禅师和唐宣宗李忱联句的故事。一天，李忱和黄檗禅师一同到黄檗山龙潭游玩，黄檗希运禅师看到这里气势磅礴的瀑布，不禁脱口赞叹：

　　　　千岩万壑不辞劳，远看方知出处高。

　　李忱听了也借诗句来抒发情怀，很快接了下一句：

　　　　溪涧岂能留得住，终归大海作波涛。

　　李忱慨叹自己的遭遇如同一条蛟龙受困于浅滩，但他相信自己终究会有这么一天，必会回归大海有一番大作为。果不其然，后来他回朝主持国政。

　　出于各种历史原因，不少帝王极度推崇佛教，如北魏孝文帝、梁武帝、武则天和顺治帝等。梁武帝笃信佛教，他不仅下令各地广造寺庙，盛造佛像，还要求贵族和老百姓都信佛；他不仅优待僧侣，提倡佛学，还亲自书写佛经；他还曾多次舍身寺院，国不可一日无君，大臣们没办法只好用大量金钱献给寺院去把他赎回来。武则天也特别钟爱佛教，在她治下全国各地寺院林立。清朝顺治帝遁入空门的传说也是其一。有喜欢佛教的帝王，自然也存在着不喜欢佛教的帝王，最著名的就是三武一宗，即北魏太武帝、北周武帝、唐武宗和后周世宗这四位君王，他们在任期间毁掉了不少寺庙。还有一些帝王崇尚的是道教，对佛教也是排斥，比如宋徽宗和明嘉靖皇帝。

　　唐宣宗李忱，就是继那个灭佛的唐武宗之后即位的皇帝。他是唐宪宗的第十三个儿子，被封为光王。唐宣宗本来是唐武宗的叔叔，但是为了躲避武宗的猜忌和迫害，便装疯卖傻，隐遁在寺院为僧，在河南邓州香严禅师门下剃发做沙弥。唐武宗一生信奉道教，极力反对佛教，在会昌年间大肆废佛、毁寺、迫僧，造成佛教史上最为惨痛的大浩劫。相反，唐宣宗不仅信奉佛教，还一度出家多年。他在位虽然仅有十三年，但精勤治道，惠民爱物，颇得盛誉好评，尤其是因为他从谏如流，还赢得了"小太宗"这样一个美名。

　　相传黄檗希运禅师和李忱曾相处很长一段时间。浙江盐官有一个海昌院，李忱为避难而隐居在这个寺院担任齐安禅师的书记。当时黄檗希运禅师是这里的首座。有一天，希运禅师在佛殿上礼佛，李忱就故意问希运："禅师啊，佛法讲究的是性空，不作佛求，不作法求，不作僧求，长老您在这里礼拜，是要求些什么呢？"禅师说："是的，不作佛求，不作法求，不作僧求，我只是随顺礼俗而拜佛。"李忱又说："禅师你已经证悟到了空性，干嘛还要在这里拜佛呢？"希运禅师一听，好你个沙弥，这不是明明在逗口舌吗？看来非得惩戒你一番不可，便一巴掌抢了过去！沙弥怎么也没想到禅师会有这飞来的一巴掌，便强忍着痛说："呀，太粗生！"（你这样也太粗鲁了吧）。

黄檗希运禅师绘像

李忱没在这一掌下开悟，反说禅师太粗生。希运禅师说："这里是什么地方，哪有粗鲁不粗鲁的分别心。"说完，又是两个巴掌打过去！一般人礼佛都是为有所求而屈膝，所求诸事无非是健康、事业、钱财、婚姻、子女，等等。黄檗禅师已经是悟道之人，知道人生是随缘了业，所以希运禅师之礼佛只是随顺礼俗而礼佛，并无任何所求。但李忱硬是故意要问禅师礼佛所求何事，以逗口舌之利，殊不知在希运禅师眼里，众生是平等不二的，不会因为你是皇室贵胄而有所区别，所以这三巴掌，气势还是无比凛冽的。

黄檗希运禅师是一个有独立精神的禅师，他的思想宽容，心胸阔大，但不喜欢人云亦云。他最强调的禅法是"诸佛与一切众生，唯是一心，更无别法。此法即心，心外无法，此心即法，法内无心，心自无心，亦无无心者，将心无心，心即成有"。这一则唐宣宗李忱与黄檗希运禅师之间的论道，流传很广，成为禅宗著名的公案。

李忱即位后立刻下令恢复会昌期间被毁坏的寺院，又在全国各州设立方等戒坛，让当年被迫还俗的僧尼重新受戒。大中元年及八年，先后任命

知玄为"三教首座"，辩章为"左街僧录"，僧彻为"右街僧录"，统理全
国寺院及僧尼事务，使佛教历经劫难后，再度展现蓬勃的气象。

　　希运禅师圆寂之后，唐宣宗对这三巴掌的过节耿耿于怀，赐给他一个
"粗行禅师"的谥号。当时的宰相裴休是希运禅师的入室弟子，知道这三
巴掌的故事，便向皇帝进言："三掌为陛下断三际也！"宣宗毕竟是信佛的
皇帝，于是改谥为"断际禅师"。

黄檗山龙潭和珠帘瀑布

裴休——万里香华结胜因

柳公权的《玄秘塔碑》历来被作为初学书法者的正宗范本，碑文的撰写者是裴休。同样为书法爱好者所熟悉的《圭峰禅师碑》也是由裴休所撰并书，柳公权篆额，现存陕西户县草堂寺。裴休是大唐相国，与黄檗有何渊源呢？作为开门立派的一代宗师，黄檗希运禅师有两位高足，一是在河北正定临济开宗的义玄禅师，另一位就是这位大唐相国裴休。裴休整理出版了黄檗禅师的《传心法要》，他儿子裴文德代皇子出家沩山，名法海，后来也就有了《白蛇传》的传奇演绎。需要指出的是，历史上的法海禅师是一位对中国佛教发展有卓越建树的唐代高僧。

裴休（791—864），字公美，河南济源人，官历吏部尚书，封河东县开国子，追赠太尉，是唐朝的一代名相。裴休不仅博学多能，而且工于书法，擅长绘画和诗词，是唐代多才多艺的宰相。与唐代其他很多宰相不同，裴休还是一位严持戒律、深究佛典、真修实证的虔诚佛教信徒。据《旧唐书·裴休传》记载："家世奉佛，休尤深于释典。"在禅宗史上，裴休与同时代的白居易、李翱等居士有着同等重要的地位。

他在洪州（江西南昌）任上结识黄檗希运禅师，并成为禅师的在家弟子。长庆年间（821—824），他到洪州开元寺行香礼佛，其间观赏寺内廊间的壁画，询问陪同寺僧：
"这是什么图？"寺僧回
答："这是高僧的写真肖像
画。"裴休反问道："这位
高僧的写真肖像我是看到
了，可是高僧何在？"寺
院主事的接待僧一下子无
言以对。裴休再问："寺里
可有参禅之人？"寺僧于
是请来在寺里挂单的希运
禅师。裴休问禅师说："休
适有一问，诸德各辞，今
请上人代酬一语（休刚才
有个疑问，在场的诸位大
德各于言辞，没有回答
我。现请上人代他们答一
转语）。"

裴休撰并书的《圭峰禅师碑》拓本

　　裴休于是重述前言，就是你寺院墙上的高僧肖像我是看到了，但你寺里的高僧呢？希运禅师听后，冷不防厉声喝道："裴休！"裴休一激灵，连忙应诺……唉唉，在，在这儿呢。希运禅师疾声逼问："你在何处？"裴休当下心领神会，如醍醐灌顶，顿然生悟，连声赞叹道："吾师真善知识也！示人克的若是，何故泪没于此乎？"

　　寺院里的僧众都愕然不已。裴休于是便礼请希运禅师到他的府署，住在那儿，接受他的供养，并执弟子礼。希运禅师屡屡推辞，不得已，裴休只好请求他入住灵鹫山，大兴佛教。希运禅师住山以后，裴休一有空就进山拜谒希运禅师。有时候因为太想听到希运禅师的精妙开示，就干脆请希运禅师入州府小住。在希运禅师的循循善诱之下，裴休不仅彻底通达了禅意，而且对教相也很精通，各方禅德都赞叹裴相国不愧出于黄檗门下。

裴休撰、柳公权书的《玄秘塔碑》拓本

裴休后来调任安徽宣城刺史，路远山遥，不能时时亲近希运禅师，于是他在宣州别创精舍，迎请希运禅师入居。裴休为弘扬佛法做了很多文字工作。他收集整理了希运禅师的语录《传心法要》和《宛陵录》，并亲自作序。他还亲笔书写过《大藏经》五百函。此外他还为圭峰宗密禅师的《禅源诸诠集》《原人论》及《圆觉经大疏》《注华严法界观门》等书作过序。裴休在开成年间任绵州刺史时写的《劝发菩提心文》被收入大藏经中，流传于世。

裴休曾赋诗赞颂希运禅师：
曾传达士心中印，额有圆珠七尺身。
挂锡十年栖蜀水，浮杯今日渡漳滨。
一千龙象随高步，万里香华结胜因。
拟欲事师为弟子，不知将法付何人？

字里行间表达出来的是无限敬仰。希运禅师随即应和一首诗歌作为回答：
心如大海无边际，口吐红莲养病身。
虽有一双无事手，不曾只揖等闲人。

会昌法难期间，希运禅师被裴休迎请至钟陵龙兴寺担任主持，躲过了劫难。裴休在宣城任职期间也正是希运禅师在禅宗传承发展上最具硕果的两年，其开示、法语、偈颂被裴休辑录，得以广泛流传。其间希运禅师还在安徽泾县宝胜寺担任过住持，进一步促进了禅宗法要在皖南的传播和影响，更为后来弟子义玄禅师与临济宗的兴起做了铺垫。

宋代

许当——上士访幽忘归期

许当是北宋高官，与欧阳修、苏轼和蔡襄过往密切。许当也曾登临黄檗，写下一首《黄檗山》：

> 闽粤饶异山，峨峨此称奇。
> 青崖蔚高林，朝日常蔽亏。
> 上士访幽趣，结爱忘返期。
> 所以葵藿心，江淹寄遐思。

这首诗的含义大致是闽粤之地有很多有着奇异风光的名山，巍峨地矗立着；林木高耸，绿荫缤纷，遮蔽了早上的太阳。名人高士来山访幽览胜，意趣无穷，竟然沉醉在山色之中，流连忘返；我们登临黄檗，追寻写下《游黄檗山》的江郎，寄托内心的一份遐思。显然许当熟知江淹《游黄檗山》这首诗，特别是江淹诗中的"长望竟何极，闽云连越边。南州饶奇怪，赤县多灵仙。"这和许当诗里的"闽粤饶异山，峨峨此称奇"的意境特别相似。

许当，字当时，泉州晋江人，宋仁宗景祐元年（1034 年）进士。1043年许当以承奉郎知古田县，八年后通理屯田事务，后又以宣德郎守殿中丞知蒲江县事，不久又升职成为职方员外郎。他给皇帝上书养亲，朝廷就让他回福建老家，先后做泉州通判、知兴化军。熙宁八年（1075 年），许当以朝奉郎太常少卿知汀州，相传当时天下大旱，许当上表在南安岩请定光佛祈雨，老天有感，普降甘霖，朝廷一看这么灵，就下诏赐定光佛为"定应"，苏轼还出手为定光佛作赞语。元丰元年（1078 年），许当知建州，五年后又知漳州。

作为一名地方大员，许当为政"所至有惠政"，民众皆"去后见思"。许当善诗文，但是，到今天只存《桃溪》《小湖》《黄檗山》《宝峰寺》《罗汉台》《莫公堂》这六首，还有一篇跋文。许当与文学大家欧阳修、梅尧臣、苏颂互有唱和，与苏轼和蔡襄过往密切。与许当友善的苏颂是泉州同安人，北宋中期杰出的天文学家、药物学家。

在成都蒲江石窟飞仙阁，有一个大佛坪 13 号龛，俗称"莫公台诗题刻"，这通宋代楷书石刻，刻的就是许当的题诗。许当题诗的全文为"宣德郎守殿中丞知县事许当题"，时间应该是嘉祐年间许当任蒲江知县的时候。许当登上飞仙阁作这首《莫公台》，行文隽永雅致，意境古朴幽远。全文是这样的：

> 高高莫公台，孕秀龙渊西。造化秘奇胜，路断无轮蹄。
>
> 金霞烘石门，古木蟠双溪。中流峙龟首，势若吞云霓。
>
> 下招巢由隐，上揖松乔栖。往往春风时，桃花满深蹊。
>
> 渔郎信波去，仙源归桨迷。谁结物外赏，严冬此攀跻。
>
> 旋磨苔藓壁，更作磊落题。万世万斯年，岩岩穹壤齐。

费直彦为许当的题诗作跋，称赞："许公此诗，豪迈超逸，含蓄万象。使人读之，足虽未到，而江山清丽之景，凛然在人目中，真不愧古作者矣。予惧其字划偏浅，风雨摧剥，故为大书而刻之石，使后人想见其风流云。"费直彦是蒲江人，南宋高宗绍兴年间进士。他的传世作品，仅见这一篇短短的跋文，幸运的是这篇跋文被收入《全宋文》。

赵抃——一琴一鹤且宽心

成语"一琴一鹤"的故事想必大家都知晓。这里原指宋朝赵抃去四川做官，随身携带的东西仅有一张琴和一只鹤；成语形容行装简少，也比喻为官清廉，这一典故出自《梦溪笔谈》。赵抃是苏东坡的好友，平时一琴一鹤自随，为政简易，长厚清修，日所为事，夜必衣冠露香以告于天。他主政崇安（即今武夷山）时曾来黄檗参游，作诗题壁，习禅观瀑，勒石"灵渊"，文天祥为其祠作记。

赵抃（1008—1084），以在朝弹劾不避权势而被称为"铁面御史"，写进宋史。他极力要求朝廷区分君子和小人，认为："小人虽然过失小，也应努力清除；君子不幸犯了过失，却应保全爱惜，以成就其德行。"道光版《黄檗山寺志》记载，南宋绍兴三

赵抃像

年（1133 年）冬天，铁面御史赵抃来到黄檗山，登上九渊潭，写下了一首祝词并题了"灵渊"两个大字，祝词和题字都勒石于山上。赵抃的祝词是这样写的："名位浅狭，所及者鲜，惟龙以时致雨，尽苏一邑之苍生。"

当他登上黄檗山，看到龙潭瀑布的壮观景色后，忆及唐宣宗与黄檗希运禅师观瀑联句的故事，写下了《题灵渊》这样一首诗：

灵渊无底石嵌空，万丈飞泉落半空。

寄语鱼虾莫相侮，此中蟠蛰有蛟龙。

黄檗山龙潭崖壁赵抃书"灵渊"

赵抃对黄檗山水喜爱有加，他形容瀑布是万丈飞泉，把瀑布之水形成的龙潭称为灵渊，特别是寄语水中的有情众生，要和谐共处，切莫彼此相侮。黄檗山的神山圣湖之中，有蛟龙蟠蛰。可以说，赵抃这首诗，是众多黄檗古诗词中写景抒情最为直接、最有气势和胸怀的一首。

赵抃曾经主政赣州，他对待官吏和百姓，行事都很简易，提出的要求很严格但不苛刻。他把各县的县令叫到一块儿说："你们做县令，是老百姓的父母官，应当自己主动把稳定一方、造福一方的责任担起来，不要动不动就把事情推诿给郡上府上，假如你们把自己地盘上的事处理好了，老百姓肯定就会高兴。"这些县官一听都很高兴，回到县里都俯下身子尽心尽力地去做事，赣州的案件因此大幅减少，监狱里面也因此经常空下来。他接着又从惠民的角度修改了当地的盐法，老百姓依靠这些政策，获得了不少的好处。

宋神宗即位之后，下旨召赵抃回京城掌管谏议院。根据宋朝的先例，即使是皇帝身边的大臣，从外地比如说是成都知府的任上回到京城被重用，那么必定要先安排到朝廷内阁一个部门任职，而不能直接任命为谏官。这时候，就有大臣向皇帝进言，提出不同意见。皇上说："我任用他作为谏官，是要依靠他难得的敢于直言啊。我要这样任用他，又有什么不妥呢！"赵抃来朝谢恩。皇上对他说："听说你是单身一人入蜀地做成都知府的，随身仅仅携带着一张琴和一只鹤，你处理政事的时候，是不是也这么简易呀？"赵抃知道皇上的心意，后来提了好多真知灼见，大多被朝廷采纳。没几年，赵抃被提为资政殿学士，还去主管杭州的政务。

赵抃不到70岁的时候就向朝廷提出要告老还乡，但没被允许。他就不停地请求，72岁时，皇帝给他加封了一个太子少保的官衔，才让他退休回老家。

然而，就是这样一个为政清廉而获得铁面御史美誉、写入历史的人物，也有他的另一面。文献记载，赵抃未中进士之前在同乡陈家当私塾先生。陈家的女主人每年给他做一双新鞋穿。后来，赵抃参加考试，因为家里穷，不止一次受到陈家资助。后来，陈家的儿子因为人命官司，被打入大牢。陈家的妻子就让老陈亲自前去，求助已经当了大官的赵抃，并特意做了一双布鞋相赠。人们会说，为什么人命关天的大事，却送这么微不足道的鞋子？陈

赵抃"一琴一鹤"雕像

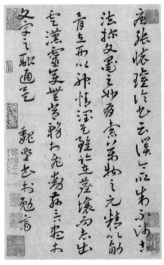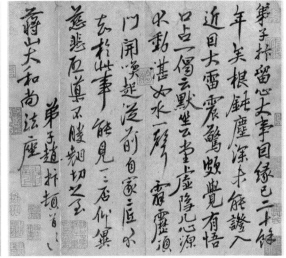

赵抃书翰

家妻子真的不是等闲之辈，她是要以此勾起赵抃的怀旧之情，并点醒他不要忘记过去贫穷落魄的时候陈家给的恩惠。有清廉之名的赵抃，接受昔日旧交的一双布鞋，怎么也不会有受贿之嫌。果不然，赵抃见到陈家妻子送来的鞋子，从内心里佩服这位妇道人家的良苦用心。赵抃不仅接受了，而且还马上洗干净脚，穿上了新鞋，出来和陈家翁相见。但是，对陈家为子求情的事只字不提，十多天之后，陈家人不得不告别。这时候，赵抃只是说了三字："且宽心"。随后，赵抃着手处理这件事。他是怎么处理的呢？他并没有亲自去见或者哪怕写上片言只语给地方官，赵抃仅仅是派了自己亲信的仆人，远赴衢州，每天都到狱中给陈家的儿子送饭。这样做的目的，就是以此向衢州主事官员暗示他和陈家非同一般的关系。地方官果然心领神会，对陈家子从轻定罪。

七十七岁，赵抃离世。神宗闻讯后为其辍朝一日，追赠太子少师，谥号"清献"。十二月，赵抃安葬于西安莲花山。苏轼在《赵清献公神道碑》中，对赵抃的治国主张作了这样的小结："其在官守，不专于宽，时出猛政，

21

严而不残；其在言责，不专于直，为国爱人，掩其疵疾。"赵抃自己有一句话："民有可与与之，狱有可出出之。"文天祥在《赣州重修清献赵公祠堂记》中称赞赵抃："历事仁宗、英宗、神宗，以忠亮纯直为时名臣。"

铁面御史千秋美名，一琴一鹤清誉有声。赵抃的一生让我们又一次慨叹，黄檗朋友圈的洁净不染。

赵抃《赵清献公集》书影

蔡襄——谁向清波更问津

　　苏黄米蔡"宋四家"之蔡襄是大名鼎鼎的人物，他还是福清人的女婿，他的丈人是福清县万安乡江阴里葛坑儒士葛惟明。蔡襄（1012—1067），字君谟，号莆阳居士，他工于诗文书法，学贯儒释，诗文清妙，书法浑厚端庄，淳淡婉美，自成一体。蔡襄是北宋仁宗、英宗的两朝重臣，曾知四地州府（开封、杭州、福州、泉州），其中曾经两知福州，在福州留下了不少他的故事和笔墨。他主持修建的洛阳桥闻名遐迩。他多次来黄檗山，并听住持彬长老谈禅。道光版的《黄檗山寺志》卷七"居士诗"章节里收入了蔡襄的《过黄檗听彬长老谈禅》，诗中写道：

　　　　一圆灵寂本清真，谁向清波更问津；

　　　　欲说西来无见处，奈何言句亦前尘。

　　在北宋时黄檗山周边有九庵十八寺，禅风兴盛，参禅的士大夫络绎不绝。黄檗山和蔡襄有着很深的缘分。蔡襄在其两知福州时，无论是探亲访友、劝农兴利，抑或路过，都要顺道造访黄檗山寺的住持彬长老，对寺僧也是关心有加。

　　蔡襄原籍仙游，18岁时参加科考中进士，此后仕途一路高歌，先后担任过龙图阁、枢密院直学士、翰林学士、端明殿学士等十几个要职，亦

曾外放，出任福建路转运使，知开封府
和杭州府，两知泉州府，两知福州府。

　　在蔡襄的《蔡忠惠公文集》里，本
文开篇提及的诗作题为《宿黄檗听彬长
老谈禅》，一个过、一个宿，内涵不同，
但都各有蕴意，如同"推"与"敲"。
如果是"过"黄檗听彬长老谈禅，说明
日理万机的蔡大人，十分虔诚，因公务
路过黄檗，也要进山入寺礼佛，听黄檗
寺住持彬长老谈禅论道，指点迷津；如
果是"宿"黄檗听彬长老谈禅，那就是
说贵为知府、主政一方的蔡襄，不仅来

蔡襄绘像

黄檗礼佛，还要住下来到丈室拜见彬长老，品茗论茶听彬长老谈禅说法，
培培福报，长长智慧，为操劳奔波而疲乏无力的身心充充电。

　　蔡襄在福州府任上劝学兴农，传播医治蛊毒的药方，教化民众遵法为
善，革除陋习，深得民心。嘉祐二年（1057年）蔡襄第二次知泉州。当时

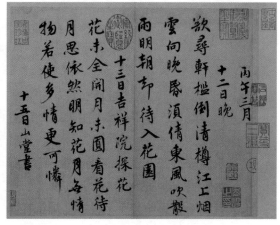

蔡襄书帖

泉州洛阳桥

蔡襄著《茶录》书影

泉州城东郊洛阳江江宽五里，有渡口叫万安渡，"每风潮交作，数日不可渡"，"沉舟被溺，死者无算"。蔡襄体察老百姓之苦，在资金不足的情况下带头捐出自己的俸禄，主持修建桥梁，经过六年持续努力，桥长360丈，宽1.5丈，酾水47道的万安桥（又名洛阳桥）终于告成。如今洛阳桥与福清的龙江桥、泉州的安平桥、漳州的江东桥并称"福建四大石梁桥"。

特别值得一提的是，蔡襄为中华茶文化的发展奠定了历史基础，起了发端滥觞、开门立派的开创性作用。他主持制作了给予皇室的御用贡品——武夷茶"小龙团";他著作的《茶录》一书总结了中国古代制茶、品茶的经验，成为一部几乎和陆羽《茶经》并驾齐驱的茶学经典。福建是荔枝之乡，蔡襄本是闽人，又在当地长期做官，他写成的《荔枝谱》分七篇记载了福建的 94 个荔枝品种，其中：福州 43 种，兴化 27 种，泉州 21 种，漳州 13 种，被称赞为"世界上第一部果树分类学著作"。

前几年网络上流传着有关蔡襄与黄檗的茶缘的一篇文章，说蔡襄老家距福清黄檗山不过百里，蔡襄是茶学家，网上文章还引用了陆羽《茶经》里的一句话："黄檗茶号绝品，士大夫颇以相响。"需要说明的是，这句话

莆田枫亭"蔡襄故里"及蔡襄故居墓

陆羽《茶经》里根本没有。宋朝人朱彧所作的《萍州可谈》卷二中倒是有这样的记载："江西瑞州黄檗茶，号绝品，士大夫颇以相响，所产甚微，寺僧园户竟以他山茶冒其名，以眩好事者。"这段话直接就讲了"江西瑞州黄檗茶，号绝品"。可见，网络资料有时是经不起引用的。瑞州就是古时的瑞州府，它在江西宜春的高安。这里讲的是江西宜春黄檗山的黄檗茶，而不是福建福清的黄檗。其实，江西的黄檗茶，还是福清的黄檗希运禅师开发的。希运禅师发现，宜春黄檗山生长着一种野茶，香气醇厚，于是在寺庙空地和附近山谷广泛移植这种茶树，并把产出的茶，命名为黄檗茶。宋朝的筠州判官倪思，还写了一首诗赞美黄檗茶有色有香："中州绝品旧闻名，瀹以寒泉雪色轻。怪得道人常不睡，一瓯唤醒梦魂清。"

宋英宗治平四年（1067 年）八月，蔡襄在家病故，终年 56 岁，获赐谥号"忠惠"。

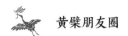

王居卿——山向吾曹分外青

苏轼和王居卿均由转运副使陆铣保举。王居卿知扬州时，苏轼离杭往密州就任，王居卿在平山堂宴苏。王居卿说："疏影横斜水清浅，暗香浮动月黄昏，此梅花诗，然用以咏杏花与桃李，皆可也。"苏轼说："可则可，恐杏桃不敢承当。"王居卿曾知福清，留下游黄檗巨型石碣。

2021年夏天，接连几天的一场大雨，导致黄檗山暴发泥石流，松树油桐被连根拔起，冲进泄洪沟。放生湖水达到最高水位，吉祥峰下埋在土里多年的巨石被洪水冲后裸露出来。万福寺住持定明法师带领工程队建设护坡时发现一块巨大的石碑，裹在外面的黄泥已经被洪水冲掉，露出十个大字：王居卿赵唐游黄檗山寺。法师敏感地意识到，这是黄檗山的一件重要文物，就运回山里安放保存。黄檗书院专家研究发现，这是一块距今900多年的北宋石碑。

王居卿（1023—1084），字寿明，宋

王居卿"游黄檗山寺"石碣拓本

登州蓬莱人。北宋嘉祐年间进士。据《福州府志·卷三十三·职官六》记载，王居卿进入仕途后，曾任福清知县，后升任齐州（今济南）知州，在他的治下，"弭盗安民，夜户不闭"。王居卿后升任京东东路转运使、市易司都提举、河北路都转运使、河东路经略使等要职。他是王安石变法新党的主要成员之一，在领导市易司、改革市易法方面发挥了巨大的作用。他还是一名水利专家，以治河闻名，获赐紫章服。

王居卿任转运使权知青州时，由于黄河贯穿青州城中，水患严重，王居卿重修了青州城墙。他让工程人员紧贴着城墙竖立起飞梁，在飞梁上设楼橹，在黄河南岸建吊桥，按时开启和关闭，较好地实现了黄河水的导流、疏通。有一年黄河在澶州曹村决堤，王居卿临危受命，担任河北转运副使。他改变了原来设障堵塞的办法，而是立下了软横二埽（音 sào）来遏制怒流，疏通水路，"不与水争"。这个埽，就是古人治河时用来护堤堵口的专用器材，用树枝、秫秸、石头等捆扎而成。

这次治水圆满成功。事后发奖赏的时候，王居卿没有去争功，认为把水给治了是最重要的，赏不赏不重要。御史中丞蔡确认为不公平，就请求朝廷对王居卿所置横埽之法加以验定，如确实奏效，应该加以推广。事后，朝廷不仅奖赏了王居卿的治水功绩，还将横埽之法收入"都水法"中，供后世治水者参考。宋神宗还下令把这种方法写入了《灵津庙碑》。

《扬州画舫录》一书记载，苏轼和王居卿两人是非常好的同僚，两人都是由陕西转运副使陆铣保举。王居卿在扬州任上的时候，一次恰逢苏轼离开杭州前往密州就任，王居卿便在平山堂置酒宴请苏轼。席上王居卿说："疏影横斜水清浅，暗香浮动月黄昏，这是林和靖的《梅花》诗，我觉得这两句诗要是歌咏杏花和桃李，也都是可以的。"苏东坡说："可则可，恐杏花与桃花不敢承当。"一众为之大笑。王居卿任扬州知州时间没有超过一年，就又一次升迁而离开扬州。

就是这次聚会之后，苏东坡写下了著名的《平山堂次王居卿祠部韵》：

高会日陪山简醉，狂言屡发次公醒。

酒如人面天然白，山向吾曹分外青。

扬州平山堂

江上飞云来北固，槛前修竹忆南屏。

六朝兴废余丘垅，空使奸雄笑宁馨。

苏东坡还有一首著名的词《西江月·平山堂》：

三过平山堂下，半生弹指声中。十年不见老仙翁，壁上龙蛇飞动。

欲吊文章太守，仍歌杨柳春风。休言万事转头空，未转头时皆梦。

此词写于公元 1079 年（宋神宗元丰二年），苏轼第三次到扬州平山堂，词中既缅怀恩师欧阳修，同时也蕴含苏轼自身的人生感叹。

另外，在黄檗朋友圈里，到黄檗灵渊题壁的铁面御史赵抃，亦曾写过《再有蜀命别王居卿》：

穆陵关望剑门关，岱岳山连蜀道山。

自顾松筠根节老，谁怜霜雪鬓毛斑。

离家讵谓虞私计，过阙尤欣觐帝颜。

叱驭重行君莫讶，古人辞易不辞难。

在太原知府的任上王居卿去世，享年 62 岁。作为一个重要人物，《宋史》为他立传。

刘弇——顷来法席如师少

北宋时期，福清黄檗山有一位确禅师，他要退去住持一职，开始考虑自己的"老去生涯"，于是建造了一座退居寮，正好赶上他的朋友、太学博士刘弇（读"眼"）来山，就让刘弇题匾，刘弇大笔一挥，写下"息老堂"三个大字，而且意犹未尽，即席赋诗一首——《题福州黄檗山确禅师息老堂》：

> 顷来法席如师少，老去生涯似此无。
> 直寄天年谩龟鹤，聊收化日到桑榆。
> 苍环作抱三台壮，缟带明空一水纡。
> 时拂东斋坏云衲，更开南粤隐居图。
> 买山支遁初无费，示疾维摩本不徒。
> 夜雨龙腥飞别涧，昼烟禽啐落高梧。
> 斋余短捉清生麈，坐久柔团暖称蒲。
> 三乐荣期犹俗物，二毛潘岳信拘儒。
> 禅林彪虎新眠熟，觉海乌藤旧搅枯。
> 不学昔人悲唾远，已将兹世脱鱼濡。

据宋人陈思所编《两宋名贤小集》卷九十五记载：刘弇（1048—1102），

字伟明，号云龙，安福县（今江西吉安）人，元丰进士，知嘉州峨眉县，改太学博士。刘弇是怎么来到福清黄檗山的呢？许多文献资料显示刘弇的仕途，第一个就是知嘉州峨眉县，实际上，刘弇任四川峨眉知县之前，还曾在几个地方任职。在周必大为刘弇的《龙云集》所作序言中记载：元丰二年（1079 年），刘弇登进士第，之后任通州海门县（就是今天江苏启东）主簿，历任河南临颍县令、洪州府教授、兴化军录事参军。绍圣二年（1095 年），刘弇知嘉州峨眉县，绍圣三年，应宏词科考试又中进士，提拔为太学博士。这期间有个职务是兴化军录事参军，兴化军就是今天的福建莆田。

　　刘弇是哪一年来到黄檗山的呢？根据井冈山大学人文学院黄桃红老师考证，刘弇是元丰五年（1082 年），丁母忧结束后，补任兴化军录事参军，在莆田为官五年（黄桃红：《北宋文学家刘弇》，载《兰台世界》2006 年 15 期）。因此，刘弇大概率是在莆田任上，来到与莆田紧邻的福清黄檗寺，给确禅师题了匾额，又赋诗一首。《宋史》里有刘弇传记，刘弇嗜酒，旷达不羁，机敏聪颖，博览群书。刘弇善诗，现在能看到的有将近 300 首，都收到了他的《龙云集》之中，共三十二卷。刘弇逝于官任之上，享年 55。周必大在《龙云集序》里给予刘弇比较高的评价："庐陵自欧阳文忠公以文章续韩文公正传，遂为本朝儒宗，继之者，龙云刘公也。"其《南郊赋》"气格近先汉"，"诗书序记，往往祖述韩柳，间或似之，铭志丰腴，规摹文忠"。

　　2020 年上海市中考有一道语文试题，是有关刘弇与东坡的故事。说的是刘弇少年时以为自己才学很高，科举考试得甲等，考中博学宏词科，有点自得。绍圣初年，刘弇在老家庐陵一佛寺游玩，当时苏东坡被贬岭南，路过庐陵，两人在寺中相遇，互相询问情况。刘弇自认为自己在庐陵的名望不低，回答说："庐陵刘弇。"刘弇也询问对方名姓。苏东坡很低调地说："我是负罪之人苏东坡。"刘弇大惊，顿觉失礼，马上恭敬地说："没想到在这里竟然见到我敬畏的人了。"苏东坡也赞赏他的才学修养，两人无拘无束地交谈了一会，就彼此分手离开了。

　　刘弇的父亲也曾在福建做官，任福建浦城县尉。在刘弇的诗词中，写

给黄檗山确禅师等禅师的超过十首，有《赠善欢禅师》《送哲公禅老二首》
《留题疏山白云禅院因呈长老秀公》《寄兜率悦禅师二首》《清凉法和禅师》
《赠庆恩禅师》《哭上蓝居晋禅师二首》。写给寺院的也不少，比如《题吉
水南华寺》《灵鹫寺》《西峰寺》。在莆田期间，刘弇写了《莆田杂诗二十
首》，其中有四篇是写给寺院或僧人的。

庄柔正——击鼓兴筑天宝陂

在黄檗山龙潭摩崖上有一块仅仅15个字的石刻，上面雕有"庄柔正、林雍、林适，敬祷灵潭，辛巳仲夏"，辛巳为北宋建中靖国元年（1101年）。庄柔正是北宋兴化军莆田人，哲宗元符年间为福清知县，在任期间兴修水利，曾花大力气主持改筑天宝陂，以此灌溉良田数万亩，天宝陂因为庄柔正在元符年间重修，曾更名为元符陂。2020年，福清天宝陂成功申报世界灌溉工程遗产，可以说，当年的北宋知县庄柔正为此立下汗马功劳。庄柔正在任期间不仅兴修水利，还来到黄檗山龙潭祈雨……

庄柔正在黄檗山龙潭祈雨摩崖石刻

福清境内陆地面积是 1519 平方千米，而流域面积大于 30 平方千米的溪流仅有 6 条，最大的河流是龙江。龙江发源于莆田，干流全长 62 千米，在大渡口谷地进入福清境内，流经 35.5 千米，流域面积 474 平方千米。龙江下游是广袤的农田，但是到出海口的 20 多千米，由于海拔落差大，河道水流湍急，难以引水灌溉。明代首辅叶向高写有一篇《重修天宝陂记》，其中讲道："吾邑滨海，土田瘠薄，又鲜泉源灌溉之利，雨旸一不时，苗立槁矣。"可见福清严重缺水，淡水资源十分匮乏。同时，因为临近海洋，属于感潮河段，水位容易受海潮影响，含盐量高，无法用于灌溉。所以，老百姓空有良田，但只能靠天吃饭，很多时候是守着"望天田"忍饥挨饿。

"雨来哗啦啦，雨过干巴巴。"这也造成了事实上的"十年九旱"，没办法，许多乡亲不得不漂洋过海，外出谋生，以致有"太阳照得到的地方就有福清人"这样的说法。早在唐代，福清就开辟了通往越南的航路。南宋时期又开辟了通往日本、马来西亚、菲律宾、印度尼西亚的航线。到了元代，福清到东北亚、东南亚的航线已是相对成熟，而晚清的福清已有通向东南亚、东北亚和美国、加拿大、英国、古巴等多国的航线，并且还开通了福清到东南亚的班轮。

唐朝天宝年间（742—755），福清地方官员带领老百姓在龙江河畔、五马山麓用竹笼拦水，筑木成桩，采山石围堰，砌高陂横江截流，历数载建成堤坝，命名为天宝陂。天宝陂选址在弯道下游河势较高的地方，扼守着龙江水势，由于上游有足够的集雨面积，可以拦蓄淡水，抵御咸潮上溯，起到了拒咸蓄淡的作用。同时，利用弯道环流这样一个原理，使水和沙分离，引清水自流灌溉。天宝陂集蓄淡拒咸、引水灌溉和排洪排涝于一体，使福清大面积的农田都得以旱涝保收。天宝陂是闽中历史上最早建成的大型水利工程。不过再好的水利工程要持续发挥作用，都需要长久的管理与维护。天宝陂修起之后，建立了岁修制度。翻检文献古籍可发现，一些政声清明的福清主政官员，都将修复天宝陂作为任内的重要职责。

宋人梁克家《淳熙三山志》有一条非常重要的记载："元符二年，钟提举因巡历，乃委知县庄柔正修之，移旧地之上，陂旁有大榕，日听讼其下以董役，汁铁以锢其基，广十丈，溉田如昔时。"福清县志则记载，北宋元符二年（1099 年），知县庄柔正在天宝陂旁的大树下办案，凡投诉者都要背一块石头，谁官司输了，就去搬运石块赎罪。陂坝以石为基，又熔铁汁加固，用了数月才完工，最后改名为元符陂。改建后的天宝陂可以灌溉农田数万亩，老百姓深得其利。

福清天宝陂

不管是发动老百姓修筑天宝陂，还是使用新的建造技术，可以说，庄柔正为修建天宝陂，尽心尽力。为了感念历朝历代主政官员，为修复天宝陂殚精竭虑的付出，叶向高作《重修天宝陂记》，详细记载天宝陂修建历程中的功德。他说："自古循吏为民造命，莫不以导水兴利为第一义。"值得一提的是，也许是受到天宝陂滋养，从福清走出的官员都十分重视水利建设。比如，北宋林希接替苏东坡出任杭州知府后，亦曾多次发动百姓疏浚西湖，并将苏东坡所筑长堤命名为"苏公堤"，"苏堤"之名由此而得。明代嘉靖二十九年（1550 年），籍贯福清龙田的施千祥任四川按察司佥事

期间，也曾铸铁牛平水，成功修复都江堰。

　　天宝陂体现了中国古老哲学"道法自然""天人合一"的内涵。在工程布局上利用山形地势，避免对环境进行破坏性改造；在水量控制上顺应引导而不是阻碍对抗；在工程材料上选择卵石、条石等就地取材。时至今日，天宝陂依然保存古代的工程布局，受益灌区涵盖福清龙江、龙山、海口、城头等地。

程迈——始建龙堂为祈雨

　　无论是崇祯版《黄檗寺志》，还是道光版《黄檗山寺志》，记载的都是"元符二年，安抚使程迈祈雨应，为立龙堂"。这一年福建安抚使程迈来黄檗山龙潭祈雨有应，在龙潭建了一座"龙堂"。程迈明察秋毫，断案如神，著有《漫浪编》等流传于世。

　　据乾隆版《福清县志》卷八所记，元符年间程迈是福清知县，而不是安抚使。但程迈确实做过福建安抚使，而且做过两次。一次是建炎四年（1130 年）正月，以集英殿修撰知福州，按例兼福建路安抚使。一次是绍兴十二年（1142 年）二月，程迈以显谟阁直学士、左中奉大夫再一次知福州兼福建安抚使。问题来了，如果程迈是元符年间（1098—1100 年）来建龙堂，那他就是县令。如果是以安抚使身份来的龙潭，那么他来建龙堂就不是元符年间。

　　程迈（1068—1145），字进道，宋徽州黟县（今安徽黄山）人，哲宗元符三年（1100 年）进士，授任仁和（今天的浙江杭州）县尉，因捕盗有功，改知西安（浙江衢县）县事，后来调提举江西常平。他明察秋毫，断案如神。有一次因公务路过一地，遇到一起乡民诉讼田地的案件。该案所涉时间已过 20 年，当地县官仍不能判决，成为一桩悬案。程迈让人拿出卷宗，认真阅读了一遍。然后将原告找来，问道："你今年多大岁数？"原告回答："六十六岁。"程迈又问："你递交的诉状是庆历三年（1043年）。那时你年方七岁，怎么能够用妻子的钱财购置田产？"告状的人无言以对，对程迈的明察叹服不迭。南宋高宗在位时，程迈担任地方官，先后知福州、温州，后来进入京城任朝官，一直做到显谟阁直学士，年老退休还乡。他在供职之余，撰述不辍，著作有《漫浪编》等流传于世。

建炎四年（1130年）正月，程迈充集英殿修撰，知福州，按例兼福建路安抚使。七月，高宗皇帝下诏江、浙、闽各州县，据险立栅，防遏外寇。因为建州私盐首领范汝为聚众造反。八月，朝廷又命令福建安抚使程迈率军攻讨。十一月命神武副军都统制辛企宗讨伐范汝为，用间诱降之策，遣员混入乱军之中招安，范汝为投降，朝廷授范汝为武翼郎、充民兵都统领。第二年南宋改元为绍兴年号，要遣散范汝为的兵，范汝为不从，占据建州。程迈连续向高宗上书，指责辛企宗"拥兵逗留""懦弱玩寇"，要求"改命将帅"。辛企宗被罢官。韩世忠统兵三万水陆并进，到达福州的时候，程迈说范汝为气焰比较盛锐，你还是稍微停留一下，过了元宵节再去不迟。韩世忠笑着说："我会在正月十五那天凯旋，来见你程公啊！"韩世忠的大部队抵南平，包围并收复建州。正月初九，范汝为突围建州城退到回源洞，自焚而死。

绍兴二年（1132年），参政知事孟庾宣抚闽部，邀请李纲、程迈等人，聚会于乌石山瑞云庵。题记："参知政事孟庾宣抚闽部，按视城守回，邀嗣濮王仲湜、资政殿大学士李纲、龙图阁直学士许份、显谟阁待制王仲嶷、监察御史福建抚谕胡世将、集英殿修撰知福州事程迈、前右正言邓肃、参议官尚书屯田员外郎李易、机宜朝散郎胡纺、干办公事直秘阁马咸、承议郎郑士彦，会于乌石山之长乐台瑞云庵。绍兴壬子正月二十一日。"这一年中秋，程迈邀请同僚好友，同登乌石山，遍游诸刹，主僧磨岩以待。"时贪过九仙访三十三奇，未暇留字。晋道还朝，既迫季秋，七日，约复来道山亭。是日，天气澄爽，置酒高会。"（下尚有二十七字模糊不可辨）

绍兴十一年（1141年）十一月，宋金订立绍兴和议。十二月二十九日，岳飞被处死于狱中。第二年二月，程迈以显谟阁直学士、左中奉大夫再一次知福州兼福建安抚使。五月，金国向宋国索要宇文虚中、张中孚、张中彦、郑亿年、杜充、张孝纯、王进等人的家属。当时程迈在福州，正赶上金人来接宇文虚中的家属，这些家属都在福州，他的族人打算留下一个孩子为嗣，程迈坚执不容，一并悉数遣行。张元干为宇文德和作词一首《临江仙·送宇文德和被召赴行在所》。

绍兴十五年（1145 年）正月，程迈在家中去世。

廖刚——归来歇去一大事

　　"世彩堂"是廖姓的堂名。北宋监察御史廖刚，世代为官，德望俱隆，累世高寿，他的曾祖母活到 93 岁，曾祖父享年 88 岁，他们都见过自己的第五代孙子。廖家世世代代奉养白发老人，廖刚自名"世彩"，即世代华发奉养，取意花白头发，含有长寿的意思。因为廖刚德高望重，名震一时，当时士大夫争相撰文、赋诗为他歌功颂德，并且把这些诗文编辑成集，名为《世彩集》。根据《宋史》三百七十四卷记载，宋钦宗知道廖刚家的事情后非常赞赏，欣然赞曰："观《世彩集》，诚为人间美事也。"随即下诏，御封其厅堂为"世彩堂"。

　　廖刚和黄檗山妙湛禅师交从甚密，做有《别妙湛》，收入其《高峰文集》卷十。这首小诗只有二十个字：

　　　　云游何所图，只为一大事。

　　　　事了早归来，和我休歇去。

　　廖刚在诗里说，妙湛禅师您出外游方是为了什么呢？我知道你是为了了悟生死这样一件大事。你开悟了没有啊，你完事后还是快点回来吧，回来咱俩好在一起休歇探讨人生。在宋代，黄檗山妙湛思慧禅师享巍然大名，皇帝诏请他住持京师大寺，御赐名号"妙湛"。与妙湛交游唱和的也都是文豪巨宦，宋代诗人张元干有《留寄黄檗山妙湛禅师》诗。

廖刚（1070—1143）是一位极有胆识、极有谋略、威望很高的大臣。他是福建顺昌人，字用中，号高峰，少年时曾跟从杨时学习，崇宁五年（1106年）中进士后踏入仕途，宣和年间任监察御史。当时蔡京掌权，廖刚论奏无所顾忌。因为双亲年老，他要求补授地方官，后出朝为兴化军知军。他父亲去世后，回家服丧，服丧期满，朝里授予他工部员外郎，但是廖刚因为母

廖刚像

亲年老有病而推辞没有接受。廖刚做官经历了北宋最后两个皇帝徽宗、钦宗和南宋第一个皇帝高宗，总共三朝。廖刚持身立朝，忧国爱民，在漳州府建筑子城，巡行龙岩，登记船户，请求废除盐法的禁榷之法。他对外力主抗敌御侮、对内全力慰抚百姓，对待蔡京、秦桧之流的奸邪，刚正不阿，忠直抗言。

廖刚和许多高僧大德有密切来往，他的诗词里，有"时时照弄摩尼珠，金色祥云满天竺"这样充满禅机的句子，还写过《别本觉老净悟大师偈》。

宋代诗人东莱先生吕本中曾经作有一首《廖用中世彩堂》，其中写道：

廖氏居七闽，土俗变齐鲁。

子孙仁且寿，每继先父祖。

监察御史、世称横塘先生的许景衡为廖刚写过一首《送廖用中》，通过"也知志业在诗书，人间乐事得如渠"来表达对廖家诗书传家、侍老孝亲的追慕。

面对金人时时都有攻占宋地的危局，廖刚进谏说："国家不能一天没有军队，军队不能一天没有粮食。现在各路将帅的军队防守江淮，不知道有

廖刚家训

廖刚家训

世彩堂

几万人，而粮食储备已经远远不足，每天都等待着东南运来的粮饷才能开饭，浙江的民众已经贫乏，如果想除去这个忧患，不如着手屯田。"围绕屯田，他又出了这样一个主意：将校军官有能射猎耕种的，应当给予优厚的奖赏，每耕田一顷，给他升一级武官的官阶；老百姓愿意耕种的，就借给他们粮种，将来用租赋来偿还。皇上认为这条建议很及时也很中肯，下令落实。

还有一件事涉及朝廷礼仪。北宋最后一个皇帝宋钦宗被金人掳去。他的弟弟赵构当了皇上后，遇到初一、十五的时候，还

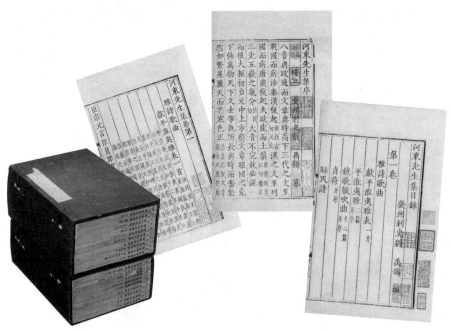

廖氏世彩堂所刻书书影

要率领群臣遥拜，廖刚就此事进谏说："作为礼，有厚有薄，哥哥为君的时候，你就要用对待君主的礼数去对他，而现在你自己已经是国君了，以兄长之礼待他就可以了，这样，只要逢年过节，在内廷行家人之礼也就可以了。"

郑亿年是秦桧的姻亲，供职秘书省，但年度任职考核不合格，其他数十人都被罢免，唯有郑亿年因为秦桧的关系，改任秘阁修撰，反而得了一个美差，廖刚很快上疏揭发这件事，秦桧对廖刚怀恨在心。金人背叛盟约之后，廖刚上奏请求朝廷起用德高望重的旧相。秦桧知道后恼羞成怒地说："是欲置我何地耶？"这不算完，在上朝的时候，廖刚指着郑亿年说："你用百口给金人作保，现在可好，金人已经撕破嘴脸，背叛盟约，你还有什么面目待在朝廷？"郑亿年最后被迫离朝。

第二年，廖刚辞职回家，于绍兴十三年（1143 年）辞世，享年 73 岁。

福建顺昌元坑镇蛟溪村廖刚墓

林遹——敬祈灵潭慰苍生

前文提到在黄檗山龙潭的摩崖上有一块仅仅 15 个字的石刻，上面雕有"庄柔正、林雍、林遹，敬祷灵潭，辛巳仲夏"。辛巳为北宋建中靖国元年，也就是公元 1101 年。庄柔正是福清县令，一同前来的其他人呢？

查阅相关档案材料，没有找到关于林雍的记载。排名第三的林遹，字述中，福清石塘人。林遹从小勤奋好学，未满 20 岁就以第一名的成绩考取了国子监。北宋哲宗元符三年（1100 年）考中甲科进士第四名，按科举的说法，第四名是传胪。然而 27 年后的建炎元年（1127 年），因为张邦昌被诛杀，朝廷削掉了他的科名，原列第四的林遹顺理成章被提升为第三名，这样就成了位列三甲的探花。

林遹及第之后遭母丧，守墓三年。宣和年间（1119—1125），林遹任南剑州知州。南剑州大致位于今天福建南平市一带，地理位置在福建北部，地处武夷山脉北段东南侧。因为传说"干将莫邪"在这里"双剑化龙"而得名剑州、剑津。后来为了和四川剑州区别，所以又叫南剑州。建炎二年（1128 年），林遹自起居郎特进中书舍人，一年之后任福州知州，并兼任福建路安抚使；绍兴元年（1131 年），晋宝文阁待制，任广州知州；终龙图阁直学士，赐爵"开国子"，赠少师、金紫光禄大夫；绍兴三年（1133

年）去世。林遹著有《妙峰集》40卷。史家称林遹为"南渡功臣"。

林氏祠堂

　　林遹一家是福清的望族，他儿子叫林埏，字仲成，曾任福建漳浦知县、广东潮阳知县和湖南沅州知府。林埏有三个儿子，分别是林环、林璟、林璟，三位兄弟于南宋淳熙十一年（1184年）荣登同一科进士，一时轰动八闽，被称作"兄弟三进士"。又因为林环入"焕章阁"（一说"天章阁"），林璟入"宝章阁"，再加上林遹做到龙图阁学士，祖孙三人都入阁，被称为"一门三阁"。

　　林环（1154—1243），字景温，淳熙十一年（1184年）甲辰科进士。据史书记载，林环先后任江山县主簿、仙游县丞、沅州教授、阳朔知县、萍乡知县、静江府通判、容州知州。端平元年（1234年）升为宝庆知府。不久辞归，除直秘阁，主管崇禧观。淳祐元年（1241年），以88岁的高龄入焕章阁，主持桃源祠万寿宫。去世时 90 岁，著有《通鉴记纂》一书。

　　林瑑（1159-1229），字景长，淳熙十一年（1184 年）进士。乾隆版《福清县志》记载：林瑑少入太学，淳熙十一年考中进士第二名，授鄂州教授。他"节约浮费，增置学舍"。嘉定初年，除国子正，迁武学博士，改国子监博士，出任兴化县令、泉州知州，擢广西提点刑狱，后改任袁州知府，因病辞归。宝庆初年（1125 年）除宝章阁，主管亳州道宫，官至朝请大夫。绍定二年（1229 年）卒，葬清远里福胜山。

　　林璟，字景宋，生卒不详。淳熙十一年（1184 年）进士。林璟曾任靖安县知县。生病时"比屋祷词"，去世时"行路相吊，同僚遣子护丧"。他"廉仁得民"，为人处世深得人心。

叶梦得——出入四纪更宠荣

叶梦得是宋代著名词人，他开拓了南宋前期以"气"入词的风格，这里的"气"主要表现在英雄气、狂气和逸气三个方面。叶梦得曾经知福州，《补续高僧传》卷十一的"了一传"有叶梦得将照堂了一禅师"迎至黄檗道场"的记载："改莅圣泉，会左丞叶梦得来守福。曰：'黄檗古道场，今世名缁，孰逾一公者。'饬使者具书币以迎师。至闽境，缁素奔走出迎，欢呼踊跃。"

当时的福州知府叶梦得，派人带着书信和供养金，专门前往圣泉寺，把了一禅师礼请到福清黄檗寺，高官、名僧、古刹，续写了一段禅门佳话。

叶梦得（1077—1148），苏州人，出身文人世家，他的从祖父是北宋名宦叶清臣。他的母亲是"苏门四学士"之一晁补之的妹妹。宋徽宗即位后，叶梦得任婺州教授，入京后与当权丞相蔡京交往密切，并且经蔡京引荐，见了皇帝。在庭堂之上，他说了这样一段："自古帝王为治，广狭大小，规模各不同，然必自先治其心者始。今国势有安危，法度有利害，人材有邪正，民情有休戚，四者，治之大也。若不先治其心，或诱之以货利，或陷之以声色，则所谓安危、利害、邪正、休戚者，未尝不颠倒易位，而况求其功乎？"皇上一听，这话讲得到位，就给他提升一级，最后累官至翰林学士。

　　叶梦得的政治生命长达半个世纪，历仕哲宗、徽宗、钦宗和高宗四朝，因此有"出入四纪更宠荣"的赞誉。特别是南渡之后，他全力辅佐南宋政权的建立与巩固。但宋高宗听信秦桧之言，向金人屈膝求和。叶梦得是主战派，为秦桧所不容，秦桧就捣鼓皇上把他调任福建安抚使、知福州府。他远离了长江前线，无所作为。他到福建五年后上疏告老，退隐湖州卞山玲珑山石林谷，自号石林居士，以读书写诗自乐。但归隐后的叶梦得面对金军不断南侵，并无片刻安逸。

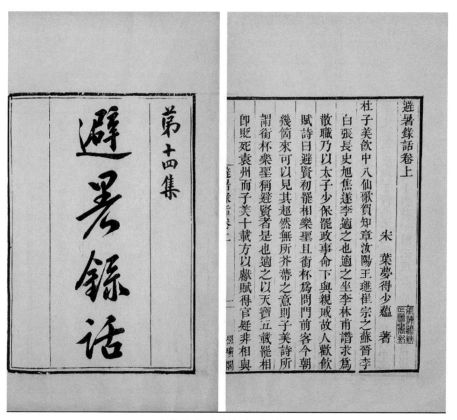

叶梦得著《避暑录话》书影

作为南渡词人，叶梦得是年辈较长的一位，面对乱世危局，叶梦得写下一首词抒发内心悲愤和忧虑。那就是著名的《水调歌头·秋色渐将晚》：

秋色渐将晚，霜信报黄花。小窗低户深映，微路绕欹斜。为问山翁何事，坐看流年轻度，拼却鬓双华。徒倚望沧海，天净水明霞。

念平昔，空飘荡，遍天涯。归来三径重扫，松竹本吾家。却恨悲风时起，冉冉云间新雁，边马怨胡笳。谁似东山老，谈笑静胡沙。

"谁似东山老，谈笑净胡沙。"这一句可谓大笔淋漓，一语见雄杰。李白也曾有过这样的诗句：

三川北虏乱如麻，四海南奔似永嘉。

但用东山谢安石，为君谈笑静胡沙。

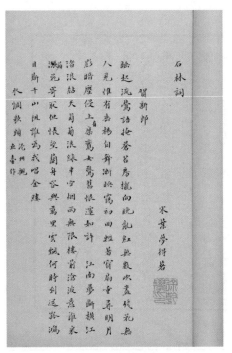

叶梦得著《石林词》写本、《玉涧杂著》刊本。

这个东山就在浙江上虞县西南，谢安早年在这里隐居。杭州、南京也有东山，也都是谢安的游憩之地。所以，后人称谢安是"东山老"。叶梦得好蓄书，他筑别馆于石林谷，建藏书楼来存书，相传藏书总量超过十万卷以上，史书上称"极为华焕"，可惜 1147 年叶家遇火，藏书化为灰烬。第二年，叶梦得在忧郁病愁之中离开人世。他的喜怒哀乐都写在了《全宋词》所收录的他那一百多首诗词里。

李弥逊——尘缘胜事成今昔

李弥逊（1085—1153），字似之，号筠溪居士、普现居士等，祖籍福建连江，生于吴县（今苏州）。大观三年（1109年）24岁时中进士进入仕途，基本上在各地任知州，例如江西瑞州、安徽端州、福建漳州等，也曾在朝内试中书舍人、试户部侍郎。无论主政州府，还是身居内阁中枢，一直旗帜鲜明地和秦桧斗争。最后弄得秦桧都有点害怕了，就把他请到家里，说咱俩和好吧，如果你不再跟我对着干，我一定保你高官厚禄，好官肥缺任你挑。李弥逊断然拒绝。不过他终未斗赢秦桧，晚年被贬回福建。

在朋友陪同下，李弥逊来到福清黄檗山，写下了一首很长的五言律诗：

苦为扪萝行，正坐爱山癖。

振衣云中树，洗耳泉上石。

稍寻优钵林，偶傍瞿昙宅。

溪横走羊肠，山转回龙脊。

两难伴擂筇，二老共飞锡。

望迷落叶秋，坐断蒲团夕。

云归绕窗明，香尽出檐碧。

希声发岩窦，妙观生墙壁。

尘缘苦推攀，胜事成今昔。

离家月垂钩，归路月挂璧。

师今一帆轻，我向百里役。

船子罢持桡，赵州行蓦直。

从这首诗可以得知，李弥逊是和两位同有爱山之癖的老友一起来到黄蘖山的。他们攀着藤蔓，走在山间的羊肠小路上，踩着满地的落叶，互相搀扶，峰回路转，碰到一处山泉，就以泉水洗面浣耳，好不自在。这次来的时候，他们住在寺院，傍晚时候，在蒲团之上打坐，天亮之后，彩云满窗，空气里弥漫着山野的清香。他说，这次到了寺院就更加清楚，人这一生，尘缘是苦是甜都得了断，由不得你去追逐、去攀援，往事如烟，是非成败转头空，恩恩怨怨成往昔，那就由它去吧。

在饶州（今上饶鄱阳）任上，宋高宗就如何抗金召对李弥逊，李弥逊说："朝廷一日无事，幸一日之安，一月无事，幸一月之安，欲求终岁之安，已不可得，况能定天下大计乎？"皇帝表扬他说得实在。后来他又向上奏六事："固蕃维以御外侮，严禁卫以尊朝廷，练兵以壮国势，节用以备军食，收民心以固根本，择守帅以责实效。"赵构感觉这话有理，就提升他为户部侍郎。金国派遣使者来，索要土地城池，价码开得很高，举国军民都愤愤不平，一时人言纷纷。而秦桧在皇帝面前反复劝说高宗皇帝，赶紧屈膝求和吧。当时枢密院编修胡铨上疏，请求皇帝斩了秦桧，校书郎范如圭上书责骂秦桧那是丧权辱国，礼部侍郎也上书抗议，但这些人都相继遭到贬逐。

此时李弥逊站出来对宋高宗说，金国的使者请求议和，这是没有任何约束的一句空言，陛下没有一毫之得，千万不能轻信。何况我们要称臣于金，祖宗的社稷不能白白让人，这是一份沉重的付托，陛下要屈身委命，这是授人以柄，是荒唐的危国之道啊。况且，这种变成下国而对金人卑躬屈膝，怎么能算是和，这样你又怎么能得到和呢？

秦桧看李弥逊无论能力还是胆识均很出色，就邀请李弥逊到他的私宅，很客气地说："老李呀，咱俩还是要联手，在朝政上保持一致。你看大宋朝

李弥逊文集书影

哪还有什么人才呀，兵力也不足，如果能够议和，那是很妥当的选择，那样我们就可以和金兀术联手了。"李弥逊面对这种拉拢诱惑，态度很鲜明。他说："我李弥逊受国恩深厚，何敢见利忘义。顾今日之事，国人皆不以为然，独有一去可报相公。"秦桧一时弄得挺尴尬，后来就找了个茬，把反对议和的李弥逊给贬到福建，出任漳州知州。岁数大了后，李弥逊归隐并在福建连江西山终老。

李弥逊还是一个文学家，留下了很多诗作。钱钟书先生认为李弥逊的诗不受苏轼和黄庭坚的影响，命意造句新鲜轻巧，这在当时可算独来独往。李弥逊著有《筠溪集》《甘露集》，但都佚失。《宋史》中有李弥逊的传记。

李弥逊去世后葬在连江县县城南覆釜山下石门寺一侧。二层墓坪，坐西朝东，石构风字形，墓园呈落阶式长方形，规模很大。墓前竖有石碑，

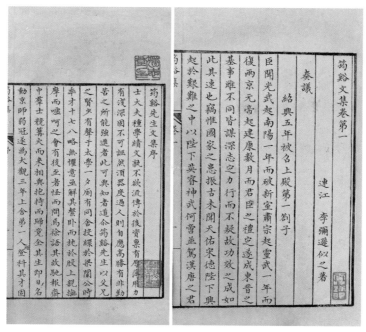

李弥逊《筠溪文集》写本书影

上刻"宋绍兴户部侍郎李公弥逊之墓"。墓地两旁排列文武官员石像、蹲狮、石马、石羊各一对，左右对视。民国时期墓地被盗掘。1959 年修建南宫水库后墓葬被淹没，仅露出一对文臣石像。

夏之文——重登览秀见春归

北宋时期，福清有一位夏姓人家，父子三人都是进士，又都被朝廷赠予"大夫"之名，所以有"父子三进士"和"父子三大夫"之美誉。他们是北宋神宗熙宁六年（1073 年）进士夏臻和他两个同榜进士（重和元年，1118 年）的儿子夏之邵、夏之文。夏之文后来为福清另一位名人郑侠撰写墓志铭，让人亮眼的是夏之文的墓碑竟然是由文天祥所撰写。有一年夏天，夏之文和他的朋友康侍郎一起来到黄檗山，登上览秀阁，写诗唱和。在康侍郎写就一首诗后步其韵脚，和诗一首《登览秀阁和康侍郎韵》：

> 重来登览秀，雨歇暑风微。
> 山色长如画，天光不可围。
> 岩幽闻夜啸，花落见春归。
> 莫遣天花坠，沾粘座上衣。

这首诗记载了千年前贤达显宦的一次黄檗胜游。傍晚的黄檗山，夏之文和朋友康侍郎在山间小道徜徉，但见苍岩嶙峋，山谷幽静，夜里还能听到猫头鹰、猿猴和一些小动物的啸叫声。一早阳光明媚，珠光四射，在习习微风里，他和康侍郎赏花看山，只见天光映照下，群山如黛，层峦叠翠，如诗如画。这是一首风景唱和诗，但最后两句"莫遣天花坠，沾粘座上衣"

讲的却是佛法修行之事。来到这座清净伽蓝，诗人慨叹自己的修行还不够精进，但愿维摩诘讲经中的天女们不要撒下手里的烂漫天花，免得粘到我们的衣服上、座位上。

这里，夏之文用的是维摩诘讲经、天女散花的典故。彼时天女撒下漫天飞花，鲜红的娑罗花瓣纷纷坠下。维摩诘、文殊和普贤等诸菩萨身上干干净净，花瓣不沾衣，而罗汉及以下佛家弟子或多或少都有花瓣沾衣。他们十分惊奇，认为天女撒下的花瓣具有什么殊胜法力。这时天女现身说法，告诉大家这些花瓣就是普通的娑罗花，并不具备什么法力。天女说：结习未尽，固花着身；结习尽者，花不着身。这里的"习"专指烦恼和习气。"结"是系缚的意思，众生的心被烦恼纠缠，执念丛生，不能出离生死苦海。这下弟子们恍然领悟，知道自己所修道行还远远不够，六根还没有全然清净，还需要更加刻苦，精进修持。简简单单一首诗，在反复铺垫景物之美的最后，不露痕迹地画龙点睛，一笔就转到了佛法修行上，不得不令人慨叹夏之文笔力的深厚。夏之文留下的作品十分鲜见，所以这首游黄檗的好诗还是真的很珍贵。

夏之文，字潜夫，福清东塘（今龙山街道龙东村）人。他的父亲夏臻是北宋神宗熙宁六年（1073年）进士。乾隆版《福清县志》记载：夏臻曾在浙江仙居作县令，官至广西梧州知府。因为他的儿子夏之邵、夏之文有出息，父以子贵，被皇帝赠了个正谊大夫。夏之邵是夏之文的哥哥，两人一起高中北宋重和元年（1118年）的进士。

福清知名的历史人物中叶向高是一位，他最为推崇的乡贤郑侠是另一位。郑侠是北宋名臣，他一生为民请命，做到了"俸薄俭常足，官卑清自尊"。郑侠号一拂，福清西塘人，比苏轼小四岁，他们都是王安石的学生。郑侠的一幅《流民图》奏折，竭尽全力挽救宋朝的危局。他的著作《西塘先生文集》，被《四库全书》收录。宋哲宗绍圣元年（1094年），郑侠和苏轼被放逐英州、海南。六年后郑侠官复原职，任泉州教授。后来郑侠家居终老，葬于福清城南新丰里水南山。宋徽宗宣和七年（1125年），夏之文应郑侠的孙子郑嘉正之请，为郑侠撰写了墓志铭。

　　乾隆版《福清县志》卷二十"坟墓"部记载，夏之文墓"在清远里弥勒山"。2022 年 9 月中旬，经过一番努力，终于找到夏之文的墓。只见碑中间的大字是"宋进士江西提刑夏讳之文公墓"，右侧是"景炎元年仲冬穀旦后学文天祥敬题"，左侧是"雍正八年正月元旦旌奖孝子二十一世孙谦吉重修"。夏谦吉的落款是"旌奖孝子"。什么是旌奖孝子？"旌奖"制度是古代皇帝对忠勇、义夫、节妇、孝子、贤人、隐逸等道德高尚之人，给予表彰的一种官方褒奖方式。可见，这个为祖上重修墓茔的二十一世孙夏谦吉，的确是一个大孝子。

　　从碑上的年款来看，景炎元年（1276 年）是宋端宗赵昰的年号，文天祥出生于 1236 年，这一年他 41 岁，谦称自己是"后学"。史志中夏之文的生卒年不详，从夏之文是北宋重和元年（1118 年）的进士分析，文天祥的题碑大体是在夏之文去世后一百年左右。又过了四百五十多年，夏之文

夏之文祖屋旧址

61

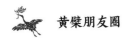

第二十一世孙夏谦吉，在雍正八年（1730 年）予以重修，使用了文天祥的题字。

至于是什么机缘，让文天祥为夏之文墓题碑，我们不得而知。但有一点可以肯定的是，夏之文是入了《循吏传》的政声口碑俱佳的好官，文天祥是彪炳千秋的民族英雄。文天祥题碑，除了因为夏之文有贤能、政声佳、口碑好之外，是否还因为夏之文在文天祥的老家江西做过提刑官，保了一方平安，风清气正，没有冤狱，也许这个原因，文天祥对夏之文特别推崇。当然，这一点还需要进一步考证。

夏之文生前来黄檗登阁赋诗、参禅悟道，去世后魂归黄檗、向春而生，这本身就是一段流传了近千年的不朽佳话。

福清知县——黄檗龙潭立祠堂

黄檗山寺志记载，元符二年（1099 年），程迈因祈雨有应，特在黄檗山龙潭建了"龙堂"。宣和二年（1120 年），知县陈麟再为雨立祠。查乾隆版《福清县志》，陈麟在宋宣和年间在任福清知县，期间也曾到黄檗山龙潭祈雨，并立祠一座。陈麟和黄琮、翁谷被人称为"闽中三循吏"。

陈麟，字梦兆，福建南平人，宋大观三年（1109 年）进士，任闽县知县。当时有人说神仙要降临天庆观，郡守认为很神奇，要将这讯息禀告朝廷。陈麟坚决不同意，郡守大怒，其他官员都很害怕，陈麟不为所动，不慌不忙地说："皇上即使可以欺骗，上天也不能够欺骗啊！"于是，这件事就平息下来了。有个有钱人诬告他的邻居是盗贼，陈麟查明冤情就释放了他，不久终于捕获真正的盗贼。有人借助权贵的势力，要迁移别人的墓地，并把这事交代给陈麟去办，陈麟不答应。权贵派来的人借故杖打县差，以此进行要挟，陈麟始终没有动摇。那人又向各县征索奇花怪石，其他各县唯命是听，只有闽县陈麟没有执行。使者更生气了，派人对陈麟说："你依仗谁，胆敢如此！"陈麟回答说："清寒小官，只是洁身自守罢了。"

当时陈麟和黄琮、翁谷被人称为"闽中三循吏"。南宋绍兴初（1131 年）陈麟升任韶州知州，后提升为湖南转运使判官。

这里我们还要讲一下另一位福清知县崔宗臣，当年就是他为修天宝陂而"击鼓兴筑"。我们在黄檗山龙潭进行山野调查的时候，发现一处宋代重要摩崖石刻，刻有"□□熙宁二年□令本邑，明年□率丕绩师复至"。经查崇祯版《黄檗寺志》，有这样一段记载："熙宁春崔令同丕绩师亦至，勒字于潭石水际。"

据乾隆版《福清县志》载，此处的"崔令"和"本邑"，指的是南宋熙宁间福清县令崔宗臣。北宋大中祥符年间（1008—1016），知县郎简见天宝陂年久失修，招募百姓进行疏浚，修筑了陂堤。熙宁五年（1072年），知县崔宗臣亲自鸣鼓督促当地百姓参与修筑天宝陂，有不至者则罚之，使"圳长七百余丈，溉田种千余石"。

徐师仁——梅子冈上卧云轩

南宋洪迈的文言志怪集《夷坚志》记载："黄檗在福清南三十八里，山顶有龙潭，从石穴间成一穴，直下无底，潭口洞可五丈。寺僧曰：此福德龙也，常行雨，归多闻天乐，或于云雾中隐隐见盘花对舞。"

根据《黄檗山寺志》"灵湫显异"记载，黄檗在清远里，去县治西南三十五里，石壁峭立，飞泉如瀑布循崖悬空而下，潴为两潭，遇旱祷雨辄应。宋宣和二年（1120年），福清知县陈麟在龙潭之上立祠。淳熙元年（1174年），福建安抚使史浩又修葺增饰，朝奉郎徐师仁为此赋诗一首，记下这件事并且刻诗于石。这位徐师仁可不是一般人物，他的文名很盛，被称为北宋徽宗一朝四大名儒之一。

徐师仁生于北宋元祐六年（1091年），兴化军莆田人，字从圣。对于他的字还有另外两种说法，《莆阳比事》卷二说他字从信；《续文献通考》说他字存圣。宋徽宗大观三年（1109年），徐师仁中进士，可谓金榜题名，少年得志。据《莆阳文献列传》记载，徐师仁进入仕途后历任泉州司法参军、秘书省校书郎、国史院检讨、著作佐郎，曾参与纂修国史，著有《壶山前后集》七十卷。《莆风清籁集》提到，徐师仁曾参与修史，并编次崇文书目，所以有机会读了很多未见之书，并评价他是"文益汪洋，落笔辄数千言"。《钦定古今图书集成》也记载有徐师仁的故事。说他七岁时外祖父问他：霍光何以不学？他回答说：伊尹放太甲而霍光不知，非不学。说的是伊尹放太甲这样一个典故。一个七岁的小孩能懂这么历史厚重的典故，真得佩服。

　　说起徐师仁，不能不提莆田的梅峰光孝寺。在宋代，莆田涵江白塘李氏富比陶朱。李氏先人在莆田购到梅子岗作为自己家里的产业，种植大量梅树供乡里人登临赏梅，称这个地方为"梅峰"。北宋元丰年间，李家后裔李泮生性儒雅，最好礼乐。他以重金广积天下的典籍图书，在白塘创办了一座藏书楼，广交四方文人雅士，汇聚一堂，讲经唱酬，教育子侄。李泮中年喜得贵子，高兴之余便舍出了梅峰的百亩之地，创建佛寺以谢神恩，这就是后来的梅峰光孝寺。后来在崇宁二年（1103年）宋徽宗钦赐手书"梅林佛国"额，次年，又赐额"崇宁禅寺"，该寺由此成为莆田四大丛林之一。

　　李泮在寺西边修建了一座"卧云轩"作为自家的居所，在寺后面创办了讲经书院，作为士子的求学传习之地，所以梅峰光孝寺又俗称"讲寺"。当时莆田官宦名流大多是李家座上宾，其中刑部员外郎徐确曾应邀担纲书院讲席，讲授书经及为文之法。徐确的儿子就是徐师仁，后来他也在这个书院读书，还为"卧云轩"作了一篇《梅子冈卧云轩记》。

张元干——雪屋松窗约过冬

南宋初期，张元干与张孝祥两人被称为"词坛双璧"，张元干是芦川永福人，也就是今天永泰县嵩口镇月洲村，他和黄檗山的妙湛禅师过从甚密，曾写过《留寄黄檗山妙湛禅师》：

> 晨发芳城越数峰，我来师出失从容。
> 白云遮日蔽秋寺，青嶂闻猿惊暮钟。
> 世乱可无闲地隐，山深偏觉老僧慵。
> 他年芋火谈空夜，雪屋松窗约过冬。

张元干说，早晨出发，翻山越岭来到黄檗山。我到了，妙湛禅师急急忙忙出门迎接我。碧蓝的黄檗山天空中，飘动着像棉絮一般的朵朵白云，遮蔽了高挂天际的秋阳，也笼罩着苍茫的古刹。傍晚时分，层峦叠嶂的黄檗山青秀如黛，老猿的啼鸣伴着悠扬的暮钟，一点点沉入暮色之中。当此金兵屡犯的乱世，没有哪一个地方可以躲得清闲，倒是深山古寺老僧尚能有些许清净。我还是和老僧相约，等天下太平了，我们一起围炉，烤着芋头，彻夜长谈。任冬雪封窗，我们在山间松屋之中就干脆度过一个冬天也是无妨。从这首诗里，我们深深感受到张元干与黄檗山妙湛禅师的交融，以及张元干对丛林生活的向往。

张元干（1091—约1170），字仲宗，号芦川居士、真隐山人，晚年自称芦川老隐。

张元干出身书香门第，他父亲张安道是进士出身，官至龙图阁直学士。张元干早年丧母，十四五岁就跟随他父亲在任上熏陶。22岁时又跟父亲到汴京入太学，学业和诗词创作均大有长进，名声也渐渐起来。宣和二年（1120年），入仕任开德府教授，授文林郎。

张元干祖屋

靖康之难，金兵渡过黄河围攻京都开封。危急时刻李纲挺身而出，坚决抗金。张元干抗金激情澎湃，立即上《却敌书》，跟随李纲到城上指挥杀敌，打退金兵多次进攻。第二年五月，康王赵构在南京（就是今天河南商丘的南部）即位，建立南宋王朝，是为高宗。宋高宗起用李纲为宰相，但主和派打击、排挤，李纲仅仅做了75天宰相就被罢免。

绍兴元年（1131年）春，江南战火渐渐平息，高宗定居临安，无心收复失地，以求"苟安"，任用奸臣秦桧为参知政事，仁人志士都不愿和秦桧同流合污，愤而退隐林泉，张元干也辞官回闽。绍兴八年（1138年）冬，奸臣秦桧筹划与金议和、称臣纳贡，张元干闻之怒不可遏，写下了著名的《贺新郎·寄李伯纪丞相》："十年一梦扬州路。倚高寒、愁生故国，气吞骄虏。要斩楼兰三尺剑，遗恨琵琶旧语。"

　　绍兴十二年（1142年），枢密院编修官胡铨因过去曾上疏反对议和、请斩奸臣秦桧等以谢天下，被秦桧一贬再贬。当时，胡铨在福清听到贬谪的命令，就由福清出发，经过福州的时候，张元干不顾个人安危，挺身而出，作《贺新郎·送胡邦衡待制赴新州》，为胡铨送行。这件事激怒了秦桧，张元干被抄家、逮捕入狱，削除了名籍。

　　在韶山毛泽东同志纪念馆保存的毛主席遗物中，有一些珍贵的古诗词歌曲磁带，有些是1975年文化部组织艺术家为患眼病的毛主席录制的。其中8盒磁带上均录有同一首词，可见毛泽东当年对这首词的重视和喜爱。这首词就是张元干的《贺新郎·送胡邦衡待制赴新州》。原词如下：

　　梦绕神州路，怅秋风，连营画角，故宫离黍。底事昆仑倾砥柱，九地黄流乱注，聚万落千村狐兔？天意从来高难问，况人情老易悲难诉。更南浦，送君去！

　　凉生岸柳催残暑，耿斜河，疏星淡月，断云微度。万里江山知何

张元干词漆器

处？回首对床夜语。雁不到，书成谁与？目尽青天怀今古，肯儿曹恩怨相尔汝！举大白，听金缕。

出狱之后，张元干在吴越一带漫游多年。一年中秋，他来到苏州，写下《上平江陈侍郎十绝》，在小序中，他深情地说："辛亥休官，忽忽

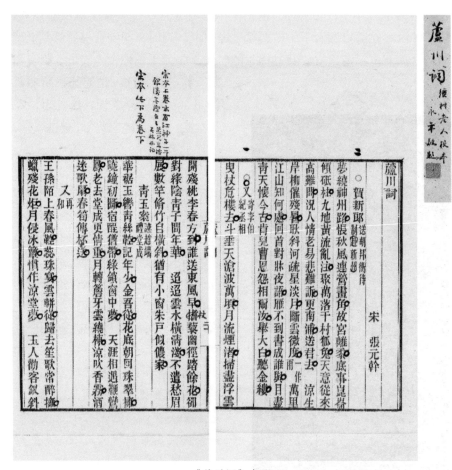

《芦川词》书影

二十九载，行年七十矣。"此后，张元干的行踪今人就无法确知了，也不知卒于何年何地，大概是客死异乡了。

论及文学成就，张元干可算是北宋末年和南宋初年的一位承前启后的重要词人。《四库全书总目》说张元干的词"慷慨悲凉，数百年后，尚想其抑塞磊落之气"。他的词继承的是苏轼豪放派的词风，难得的是，他把词的内容更紧密地与现实结合，开拓了词的境界，这对很多词人都起到了重要影响。张元干的诗词集有《芦川归来集》十卷、《芦川词》二卷，计有180多首。永泰县城关塔山公园内建有"张元干纪念馆"，收集了南宋以降文人墨客、社会名流对爱国词人张元干的评价，其中包括毛泽东、周恩来的评语。

张元干纪念馆

张浚——立国台柱张枢密

　　评书《岳飞传》中，张浚是位极人臣的宰相。绍兴九年（1139年），张浚因多次反对秦桧与金人议和，被排挤出朝廷，以资政殿大学士出任福州知州。到福州之后，张浚为黄檗山从湖南衡阳请来了一位住持——月庵善果禅师。

　　南宋有两位抗金名将，一位叫张俊，英俊的俊，单人旁；一位叫张浚，三点水。两人的名字发音相同，很容易被人搞混淆。不过如果要区分他们也很容易。张俊是"中兴四将"之一，张浚不是。张浚为什么不是"中兴四将"？因为他的级别远远高于中兴四将的岳飞、韩世忠、刘光世、张俊，他是位极人臣的宰相。特别是宋朝重文轻武，在张浚面前，岳飞、韩世忠、刘光世、张俊都只有毕恭毕敬的份儿。

　　张浚与黄檗山到底有何关联呢？绍兴九年（1139年）正月，张浚因为多次上书反对宋高宗以及秦桧与金人议和被排挤出朝廷。二月，以资政殿大学士出任福州知府，兼任福建路安抚使。到了福州之后，作为一个地方主官，张浚很快着手考虑鼓山涌泉寺和福清黄檗寺两个住持的人选。也许有人会问，一个寺院住持还需要这样级别的一把手亲自来考虑吗？的确，不仅如此，一些更重要的寺院，比如南宋时期的径山寺、灵隐寺、净慈寺的住持还都是由皇帝钦点的。

张浚选中了一位大德高僧，他便是湖南衡阳南岳衡山福严寺、南岳最早的古刹之一上封寺的住持——月庵善果禅师。据祖琇所撰《僧宝正续传》第五卷记载："绍兴九年（1139年），枢密张公德远抚七闽。请住鼓山，未至，改黄檗，迁东西二禅，阅十年。"也就是说，绍兴九年（1139年），张浚知福州，他先是请善果禅师来做福州鼓山涌泉寺的住持，善果禅师不来。他又改请善果禅师住持黄檗寺，善果禅师同意了。当时以60岁的高龄来福清住持黄檗山，后来又去了福州东禅寺和福州西禅寺任住持，先后在这三个寺庙呆了十年。

张浚生平陈列展板

张浚（1097—1164），被公认为是南宋立国的第一台柱子，字德远，号紫岩，四川绵竹人，西汉开国功臣张良的后代，出身书香家庭。宋徽宗政和八年（1118年），张浚考中进士，步入仕途，累官至宋高宗、宋孝宗两朝的右丞相，领导韩世忠、岳飞、李显忠等抗金，是一位慨然以天下为己任的抗金统帅。从张浚的官场经历来看，如果不是"苗刘之变"，张浚

73

就难以进入宋高宗的视野。建炎三年（1129年）春天，金兵南侵，皇帝留下朱胜非在吴门抗御，命张浚和他一同节制军马。后来朱胜非被召回，张浚一人独担重任。当时溃兵数万，张浚想法子召集人员平定下来。禁军将领苗傅、刘正彦在临安发动兵变，强行废黜了宋高宗，一时局面非常混乱。关键时刻张浚果断出手，坚决站在宋高宗一边。他调集吕颐浩、张俊、韩世忠、刘光世等人前来勤王，打败了苗傅、刘正彦，帮助宋高宗重新坐稳了皇位。"中兴四将"中的三位（那时候岳飞还是杜充手下一员普通将领），都被张浚调动来了，由此可见张浚在统筹协调方面的确有一套。张浚勤王护驾有功，被任命为知枢密院事，为最高军事长官，因此史书上称张浚为"张枢密"。

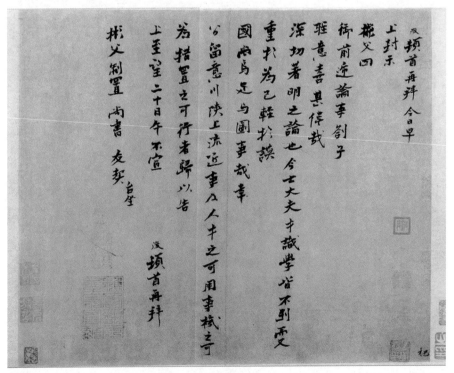

张浚书翰

　　绍兴十年至十一年间，完颜宗弼率金主力与岳飞打过几仗，实在打不过了，才勉强同意了与宋议和，但有个要求就是杀岳飞，便可归还赵构之生母宣和皇太后韦氏。皇帝赵构令秦桧收集岳飞罪状，后岳飞被杀于狱中。绍兴十六年（1146 年）七月，张浚上奏备战抗金，为秦桧所陷害被罢官，贬往连州。后张浚以母亲在四川为由请求离朝入蜀。宋高宗挽留他说：“卿在台中，知无不言，言无不尽。朕将有为，正如欲一飞冲天而无羽翼者。卿为朕留，当专任用。”张浚顿首泣谢，不敢言去。实际上，绍兴四年（1134 年）张浚曾经被贬，后回朝出任右丞相，都督岳飞镇压杨幺起义。此后由于秦桧当道，张浚起起伏伏，特别是金国皇帝完颜亮被部下杀死后，虽然宋金战争仍在进行，但宋高宗却认为两国基本上算是和了，所以并没有重用张浚。

　　真正让张浚回到权力核心的是南宋第二位皇帝宋孝宗。宋孝宗是一个有所作为的皇帝，向来主张对金国采取强硬态度。宋孝宗上台后，致力于北伐，采取了打压主和派、提拔主战派的策略。张浚作为硕果仅存的主战派将领之一，得到宋孝宗的重用，官复原职被任命为枢密使。1163 年，在宋孝宗授命下，张浚调集八万大军，发起北伐，史称“隆兴北伐”。宋军开始进展迅速，但在宿州符离被金军击败，北伐功亏一篑。此后，宋孝宗丧失了北伐斗志，主和派再次占领上风，张浚也失去了用武之地，被撤销宰相职务，直至年老病逝。

　　有不少宋史爱好者在一起会讨论，张浚这一生所打的仗赢得不多，为何仍然得到宋高宗、宋孝宗两代皇帝重用？有人说，原因无他，就是因为张浚是一位进士出身的文臣。宋朝从立国以来就采取了“重文轻武”的国策，岳飞、韩世忠等武将始终被文臣“踩一脚”，稍有过错就会被严厉惩罚。而公正地说，张浚确实犯下过像“淮西兵变”这样很严重的错误，但最终还是得到了皇帝的原谅和信任。毕竟张浚是国家至上，襟怀坦荡，为国不惜一切的。

黄祖舜——登阁览秀领略归

在南宋，福清有一个黄姓家族，被称为巩溪枢相之族。出过一个又一个大人物，其中最大的叫黄祖舜。黄祖舜（1100—1165），字继道，晚号巩溪宫人，福建福清平南里大壤人（今属莆田南日岛），他著有《论语讲义》，皇帝御批国子监刻板刊行。黄祖舜曾来黄檗，登览秀阁赋诗：

> 飞阁凌云翠，幽寻一径微。
> 峰峦长竞秀，烟水莽相围。
> 景色尘嚣外，诗情领略归。
> 标题属大手，价重胜留衣。

黄祖舜中进士后从基层一步步干起，经多次升迁后，官至军器监丞。黄祖舜在升任吏部员外郎后外放泉州做通判。赴任前朋友们设宴给他送行，他很正式地给朋友们讲了一番话，他说："持守正道，怀念恩德的读书人，不应该是只求仕途，要甘于做寒素之士。如果在科举这座独木桥之外，对于那些学问、品行都很出色、又是至纯至善的人，能够从县里举荐到州里，这样，从州郡到地方学校，会给更多的读书人做一个表率。州郡也会因为能够推选出品行优异的人，说明这个地方文风世风昌明，又会增加地方的美誉度。"他的属下回头就将黄祖舜这个意见上奏礼部。没想到黄祖舜因为这番话得到嘉奖，没有外放，而是留京上任仓部郎中，后来又升迁为右司郎中、代理刑部侍郎等。

在此期间，黄祖舜完成了他的著作《论语讲义》，并向朝廷上报。皇上命敷文阁学士金安节校勘，金安节看后很激动，评价这本书用功深，观点明晰，分析透彻精辟。皇帝就批转到国子监，让他们刻板刊行。

黄祖舜眼里揉不进沙子，是一个十分喜欢管闲事儿的人。不妨看看他管了多少"闲事"。第一件是魏国公张浚病逝之后，家里留下了五十多个原来官配的下人。黄祖舜说："现在等候补缺的武臣，有的等了好几年，而如今有多少在位的人不劳而食、无功而升，长此以往，朝廷拿什么来勉励臣子建功立业呢？"皇帝一听，于是下诏将所有大臣的家兵

黄祖舜绘像

裁去八成。第二件是婉约派词家周邦彦，就是那个相传和李师师有约，和宋徽宗撞车，后来写了《少年游》的周邦彦，他的养孙被封侯，黄祖舜说："阁门不可以因为恩泽补迁封侯。"此外，池州、新州两位知府直接提升为修撰，黄祖舜说："修撰这个官职，本是为文学之士准备的，不能被没有学问的人随便得到。"已故资政殿学士杨愿的家人乞请皇上表恩。黄祖舜说："杨愿暗地里帮助秦桧，中伤了不少好人。"秦桧的儿子秦熺死后，被追赠为太傅，黄祖舜说："秦熺参与了他父亲秦桧的暗中谋议，不适宜追赠太傅。"朝廷就很快夺回了谥号。不少类似的一堆已经被皇上允许的诏命，由于黄祖舜挡了一道，最终都被叫停了。

绍兴三十一年（1161 年），黄祖舜为同知枢密院事兼权参知政事。此前刚刚经历了金国海陵王完颜亮率兵渡过淮河入侵南宋。后来海陵王最终在内战中死亡，金军入侵的步伐停止，宋金两国议和。朱熹针对这次事件

投书黄祖舜，抨击朝廷主和苟安。黄祖舜因为这件事受到影响，隆兴元年（1163年）被罢去京官职务，出知潭州。7年后在任上去世，享年66岁，谥号"庄定"。

黄祖舜和南安雪峰寺还有一段值得一说的因缘。在福建有"大雪峰，小雪峰"之说，大雪峰指的是福州闽侯的雪峰寺，小雪峰就是坐落在南安市康美镇杨梅山上的雪峰寺。两座寺庙都与义存大师有直接渊源。义存大师是唐代南安杨梅山下西林村人，12岁出家，参学福州等地，后在闽侯兴建雪峰寺，成一代高僧，下启云门、法眼两宗。唐僖宗曾经赠义存大师紫衣袈裟，赐号"真觉大师"。义存大师是个孝子，晚年时葬父母在家乡杨梅山。73岁那年，义存大师已名满天下，为报父母恩情，他回到杨梅山结庐守孝3年。百余年后，北宋徽宗时，黄祖舜因崇拜义存大师，便在义存大师父母的坟前竖了一块石碑，上书"雪峰父母坟"，手植罗汉松和柏树于坟旁。自此，雪峰之名开始在南安杨梅山出现。后来在山门上镌刻了一副对联"冷冷清清雪，茫茫渺渺峰"，把"雪峰"这两字巧妙地嵌入，雪峰寺之名才正式启用。

史浩——昭雪岳飞饰龙潭

《黄檗寺志》记载：元符二年（1099年），程迈祈雨有应，就在龙潭建立了一座"龙堂"。"至淳熙间，安抚使史浩复增饰之"，这里提到的南宋著名政治家、词人史浩（1106—1194），是明州鄞县（今浙江宁波）人，以历仕三朝，平反岳飞冤案而著名。嘉定十四年（1221年），以子史弥远贵，追封越王，改谥"忠定"，配享孝宗庙庭，为昭勋阁二十四功臣之一。不过他的儿子史弥远在治国上可谓颇遭非议。

史浩以保宁军节度使知福州（例兼安抚使）。也就是在这个时候，史浩来到黄檗山龙潭，为祈雨的龙堂画彩施油。根据《福清县志》卷八所记，淳熙年间，有一位福清知县也叫史浩。寺志里的安抚使史浩和县志里的知县史浩并不是同一个人。

寺志里提到的史浩是宋高宗绍兴十四年（1144年）进士，少年史浩继承家风，恪尽孝道。他对弟弟更是疼爱有加。相传，一次史浩和弟弟乘坐牛车玩耍，两人正玩得高兴，牛忽然发狂，又跑又跳地往前奔。他的弟弟吓得哭了起来，史浩自己虽然也很害怕，但还是赶紧一边控制牛绳，一边安慰弟弟。眼看牛车快要散架，兄弟俩害怕得不知如何是好，这一情景让几位壮汉看见了，他们义勇相助控制了牛车。史浩不顾自己的危险，大声地说，快救弟弟，快救弟弟。事后大家都赞美史浩在最危急时仍先顾及弟弟的安全，手足之情弥足珍贵，一时传为邻里美谈。

为了遂母亲的心愿，史浩带着母亲投靠宁波天童的亲戚。史浩常陪着母亲到天童、育王寺进香。当时在天童寺任主持的是宏智正觉禅师，正觉禅师倡导默照禅，弘扬曹洞宗风，使天童禅寺得以中兴，正觉禅师也被人称为"天童和尚"。正觉禅师说法有两个特点：一是以圆相为禅机，借以开悟听众，作为禅机，这是一种无可表示的表示，旨在获得听众的心灵默契，但是也要求说法者有颖慧之心。二是文采丰富，常常出口就是诗句，如"风月寒清过渡头，夜船拨转琉璃地，冻鸡未报家林晓，隐隐行人过雪山"。语句中往往清空灵动，既富有禅家的理趣，也有超远的意境，史浩深受感染。当时文人作诗，大量禅宗术语被引到诗中，士大夫做诗不断渗入佛教思想资源、语言材料及表达方式，他们"以禅喻诗"都是受参禅启示的，于是禅悦之风一时盛行。史浩就这样不知不觉地接受了正觉禅师的默照禅。

孝宗即位后驱逐秦桧党人，重用主战派领袖张浚。此时的史浩积极支持为岳飞父子平反昭雪，联络中原豪杰以备来日恢复中原，他向孝宗推荐了一批有识之士。孝宗即位后第十一天，就起用了以直斥秦桧而名满天下的主战派胡铨。七月，孝宗又下诏，追复岳飞和岳云的官爵，依官礼改葬，岳飞的子孙也都特予录用。史浩是陆游的贵人，多年之前，就是史浩推荐陆游进入枢密院重地任编修官的。史浩为政几十年，先后引荐过许多有用之才，其中包括张浚、王十朋、朱熹、杨简、陆游、叶适等近五十人。

史浩政尚宽厚，淳熙十年（1183 年），史浩封魏国公，致仕。绍熙五年（1194 年），89 岁的史浩在府中寿终正寝。孝宗为其哀悼，光宗为其辍朝，追封会稽郡王。宋宁宗登基后，又赐史浩谥号为"文惠"，御书"纯诚厚德元老之碑"赐给其家。

林栗——亦别是一流人物

前文提到夏之文曾有《登览秀阁和康侍郎韵》一诗，和夏之文一起游览黄檗的，还有一个人——林栗。因为在夏之文和康侍郎诗之后，林栗又步其韵脚，写下一首《次韵》，次韵就是按照原诗的韵和用韵的次序和诗一首，也是和诗的一种方式，也叫步韵。如果让我们给林栗这首诗起个名的话，可以叫《登览秀阁和夏之文》。

> 偶来散居上，寓目见纤微。
> 岩嶂层层出，杉松匝匝围。
> 猿攀高树舞，鹤拾枯枝归。
> 坐落云头起，倏然欲振衣。

从林栗的和诗里可以看到，那时的黄檗山岩嶂层层出，杉松匝匝围；猿攀高树舞，鹤拾枯枝归，真是远离凡俗的一个清净的人间仙境。

林栗，字黄中，南宋大臣，福清人。少年时代即"以圣贤自期"，"笃志好学，留心经术"，参加国子监考试高中第一名。绍兴十二年（1142 年）中进士，因为在对策论文中有议论秦桧的地方，被列为下第，埋没在最底层做了 19 年的无名小吏。宋孝宗即位后，林栗才被起用，任屯田员外郎，皇子恭王府直讲。当时孝宗鉴于前帝绍兴年间权臣为患的教训，曾考虑把

81

大权收回，亲自掌权处理政事。孝宗与林栗讨论这个想法的时候，林栗分析了集大权于一人的种种害处，劝孝宗还是要广开言路，信任臣下。孝宗认为林栗说的有道理，就采纳了林栗的建议，放弃了之前的想法。

湖州年年水患，皇帝派林栗出任湖州知州。临行前林栗跟孝宗说：今天下大势，元气虽存，邪气尤盛，还是希望孝宗以社稷为重，不要听信谗言。结果，仅一年时间，权臣们就以林栗治理湖州水患不力，奏请孝宗把林栗解职。

湖州之后，林栗又知兴化军、夔州。兴化军就是现在的莆田。林栗还是一位易学大家，他的易学研究专注于太极、两仪、四象、八卦之说，具有朴素的唯物主义思想。但由于他过于心高气傲，在治学上意气用事，反对象数学派的邵雍、周敦颐，反对心学派的易学家程颐，又与义理派的朱熹观点相左，他在官场上总是遭排挤。

林栗与朱熹同一时代，但学术观点有所不同。林栗担任兵部侍郎时，朱熹从江西提点刑狱之职被召回任兵部郎官，抵达京城后却没有赴任。林栗早先曾与朱熹相见，在讨论《易》和北宋哲学家张载的著作《西铭》时意见不合。因为这个原因，时任兵部侍郎的林栗派遣属吏催促朱熹速到兵部报到上任。朱熹以脚病为由托辞告假。林栗于是上奏，毫不客气地抨击朱熹"本无学术"，斥责朱熹的学说是"伪学"。朱熹、林栗二人因为辩论易学，最后发展到相互攻讦，实为一大憾事。不过教训也蛮深刻，因为林栗说朱熹本无学术、妄自尊大，遭到朝中很多人反对。太常博士叶适上书辩驳，侍御史胡晋臣更是弹劾林栗。最终孝宗皇帝认为林栗言过其实，林栗被罢免兵部侍郎之职，离京回福建任泉州知州。

林栗著述很多，但都散失了。现存传世著作是《周易经传集解》，这部书于南宋淳熙十二年（1185 年）四月进献朝廷，因为林栗与朱子交恶，所以该书当时一直不受学者重视，直到林栗去世依然"书几不传"。

因缘巧合，南宋教育家黄干是朱熹的女婿，也是朱熹学说的传人，他同时还是林栗的学生。由于黄干出手、热心传承，《周易经传集解》得以流布，后于乾隆年间录入《四库全书》。林栗去世时，黄干为其写了祭文，其中云"我公受天劲气，为时直臣"，对林栗作了很高的评价。后来朱熹对林栗的部分观点也给予了肯定。林栗去世后，皇帝追赠少师，谥"简肃"。林栗"有治才，喜论事"，史书上评价他"为人强介有才，而性狷急，欲快其私忿，遂至攻讦名儒""至其畴昔论事雄辩，经略有才，亦别是一流人物"。

福清的龙江桥是北宋政和三年（1113年），由太平寺僧人惠鄙、守恩等倡议造桥，取弥勒岩之石垒筑桥基，费时三年桥基始出水面。以后乡人林迁、林霸、陈侈、僧人妙觉等人继续募款建造，前后历时10载，始告桥成，初名螺文桥。南宋绍兴三十年（1160年），林栗根据"江南沙合接龙首"的古谶语，更名为龙江桥。

林栗去世后，归葬福清方城里拱辰山，就是现在福清城头镇的拱辰山。墓前有石刻两行："天生一穴，鬼神司之。后世子孙，无得开掘。"

朱熹——他年何处却相逢

朱熹是南宋著名的理学家、思想家、哲学家，是闽学的代表人物，是唯一非孔子亲传弟子而享祀孔庙，位列大成殿的十二哲人，后世尊称为朱子。朱熹的理学思想影响很大，成为元、明、清三朝的正统和官方哲学。《朱文公文集》卷九记载，庆元五年（1199 年），黄檗圆悟禅师示寂，朱熹来到黄檗山祭塔，以诗悼之，写下《香茶供养黄檗长老悟公故人之塔并以小诗见意二首》。

第一首是：

> 摆手临行一寄声，故应离合未忘情。
> 炷香瀹茗知何处，十二峰前海月明。

第二首是：

> 一别人间万事空，他年何处却相逢。
> 不须更话三生石，紫翠参天十二峰。

朱熹（1130—1200），字仲晦，号晦庵，别称紫阳，徽州婺源（今属江西）人，寓居建阳（今福建建阳）。朱熹平生广注儒学典籍，对经学、史学、文学、乐律以至自然科学均有贡献。在哲学上，他发展了二程兄弟（程颢、程颐）关于理气关系的学说，开创了程朱学派。其学说强调"天

肯庵圆悟禅师

理"和"人欲"的对立，要求人们放弃"私欲"，服从"天理"。他极力主张抗金，并强调备战，被主和派韩侂胄等攻击为"伪学"。朱熹一生教学授徒五十余年，认为"为学之道，莫先于穷理；穷理之要，必在于读书；读书之法，莫贵于循序而致精；而致精之本，则又在于居敬而持志"。这段话收录在《朱文公文集》卷十四里头。朱熹不光是讲理论，他在自然科学方面也有一些独到的见解。朱熹的学说在明清两代被确立为儒学正宗，并影响到了朝鲜、日本等国。朱熹的博览、慎思、不远复精神，对后世学者影响至深。他的盖世经典还是《四书章句集注》《周易本义》《诗集传》《楚辞集注》，后人所编纂的《晦庵先生朱文公文集》和《朱子语类》也是流传千古。

有文字记载的，朱熹就有多次来福清的游历，除了来黄檗寺之外，他还分别到过灵石寺、闻读、棉亭、南日岛等地。其中关于他游寓黄檗寺的事记载于道光版《黄檗山寺志》。这个版本寺志的修撰者是临济正传三十八世达光道暹和尚，他在《黄檗重修寺志序》开篇就写道："夫赤县神州，精蓝棋布，屡废屡兴，在处有之。玉融黄檗者，唐宣宗观瀑联吟之地，梁江淹至闽游咏之区，裴丞相皈依于远祖断际，朱夫子供养其故人悟公……"这句"朱夫子供养其故人悟公"，说的就是朱熹与黄檗寺悟公和尚（圆悟禅师）的故事。

道光版《黄檗山寺志》还收有福清知县张缙云的《复黄檗寺田记》一文，里面有"黄檗为融邑名寺，山志乃千古流传。自梁江淹、唐宣宗、宋晦翁、明曹学佺、叶向高迄大清，名人间出，咸于黄檗寺题志、序、诗、记，其墨迹至今存焉"。

此间提及的墨迹中，就有朱熹题写的"环翠亭"。这也足以洞见朱熹

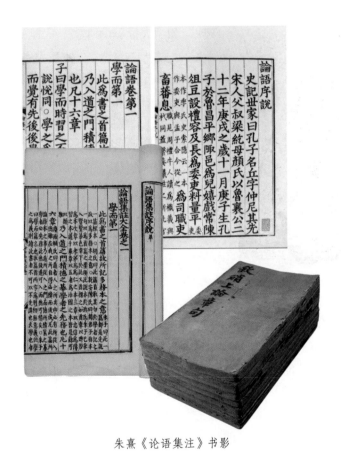

朱熹《论语集注》书影

与黄檗山之间是有着很深渊源与交集的。老年的刘克庄来到福清，登上黄
檗山，写下了一首《黄檗寺》，其中有"平生酷嗜朱翁字，细看荒碑倚石
栏"的语句。刘克庄倚着石栏杆，抚摸着淹没在荒草之中的朱熹题字碑，
他是那么喜欢朱子的书法墨迹，在黄檗拜山礼佛之余，这份文化的情怀得
以开解释然……

朱熹的佛教因缘以及禅学背景都是很深厚的，他的老师刘勉之、刘子
翚、胡宪都和寺僧过从甚密。朱熹童年启蒙恩师刘子翚（1101—1147）精

研佛道，他的兄长刘子羽也深研佛理。刘子翚接受的是天童正觉派的默照禅，以主静作为自己思想学问的主旨；他拜思彻禅师为师，隐居20多年，独居一室，危坐或竟日夜，默然无一言，可见其修为的精深。刘子翚弥留之际还以天童派的静观默照为朱熹留下了"不远复"这样三个字的遗言。

朱熹的学术成就还得益于大慧宗杲禅师的高徒——武夷山五夫开善寺高僧道谦禅师（？—1155）。道谦禅师是临济宗"看话禅"的重要传人，他与刘勉之、刘子翚友善，并互相探讨学问，朱熹初居五夫镇不久，就为其学问所折服，尔后多次叩问，并在道谦禅师的密庵寄斋食粥学禅，道谦禅师以佛兼儒之学，教授朱熹援佛入儒之妙法，朱熹深得教益，并以道谦禅师所编的《大慧语录》作为佛学读本。朱熹十八岁时请举，参加会试的时候，书袋子里面只有《大慧语录》一帙，朱熹赴京参加科举考试的时候，还曾特往余杭的径山寺叩访大慧禅师。可见朱熹对禅学的迷恋。朱熹曾说："熹于释氏之说，盖尝师其人，尊其道，求之亦切至矣。"朱熹登科归里后，又饱读了大量的佛学经典，佛教徒以"牧牛"比喻人的内养，朱熹则以"牧斋"为自己的书斋命名。淳熙年间，朱熹还曾在武夷山天心永乐禅寺拜见了到访的临济大慧禅师，向大慧禅师问禅求解多日，感慨之余，写下了名诗《天心问禅》：

　　　　年来更惑青苔路，欲叩天心日不撑。
　　　　几度名山云作客，半墙禅院水为僧。
　　　　漱流枕石心无语，听月煮书影自横。
　　　　不待钟声驾鹤去，犹留夜籁传晓风。

辛弃疾——烟雨偏宜晴更好

　　辛弃疾主政福建的时候，亲自为黄檗山请来了一位住持——肯庵圆悟禅师。

　　圆悟和尚的语录，收于《卍续藏》第一四八册，名为《枯崖漫录》。此书附录的肯庵圆悟和尚小传，说圆悟是建宁人，天姿闲暇，居武夷山十余年，因听牛歌悟道。尝有偈云："山中住，不识张三并李四。只收松栗当斋粮，静听岭猿啼古树。""瑞世于福唐天目禅苑，尝授儒学于晦庵朱文公。与帅辛公弃疾为同门友，因以黄檗延之，入寺。"这段是原话，把辛弃疾和圆悟和尚的关系、为黄檗山请他来住持的事情，交代得一清二楚。

辛弃疾绘像

　　辛弃疾，字幼安，山东济南人。说起辛弃疾，绝大多数朋友应该都熟悉，并且还可能会背他的作品，比如："明月别枝惊鹊，清风半夜鸣蝉。稻花香里说丰年，听取蛙声一片。七八个星天外，两三点雨山前。旧时茅店社林边，路转溪头忽见。"

这首《西江月·夜行黄沙道中》，是中小学语文教材不少版本曾经收录的宋词代表作。辛弃疾是绝对的宋词大家，是继苏东坡之后，豪放派宋词的又一位宗师级人物。与此同时，辛弃疾还是文武双全的奇才：他20多岁在山东举旗招兵，反抗金国暴政，单枪匹马冲进敌营，生擒叛徒。用一句老话说是"百万军中如入无人之境，可取上将首级"。他30多岁进驻江西，亲自带队搜山捕盗，平定了茶寇叛乱；40多岁主政湖南，创建了"飞虎军"，战斗力远远胜过朝廷直辖的各路禁军。

然而，1195年，也就是辛弃疾56岁那年，他却被罢了官，在家闲居将近10年。辛弃疾身体强壮，60岁时依然勇猛如虎，并且思路清晰，为什么会被罢官呢？这事的直接原因是，1194年，辛弃疾主政福建的时候，从泉州市舶司（类似于现在的海关）账上划走了50万贯，存入他在福州创办的备安库。然后呢，他从备安库里拿出30万贯供养宗室，余款则用来制造盔甲、招募民兵。辛弃疾当时的官职是"主管福建安抚司公事兼马步军都总管"，简称"福建安抚使"，上马管军，下马管民，掌管一路军政大权，供养宗室是他的职责，保境安民也是他的职责。他从泉州海关拿钱招兵，并不为过。但是，他没有向朝廷请示，就直接从泉州海关提钱，直接竖旗招兵，这就犯了朝廷大忌。有人就用"掩帑藏为私家之物"这个罪名，免了他的官。

辛弃疾到福建，是兵部尚书赵汝愚的推荐。1191年冬天，已经52岁的辛弃疾出任提点福建路刑狱公事兼代福建路安抚使。辛弃疾把这个任命告诉了在武夷山的朱熹。朱熹很高兴，马上给他写了一封贺信鼓励："卓荦奇才，疏通远识。经纶事业，有股肱王室之心；游戏文章，亦脍炙士林之口。"

第二年春天，辛弃疾借赴福州上任之机，到武夷山拜访朱熹。朱熹陪他尽情游览武夷山，辛弃疾兴致极高，竟然一下子写了10首七绝，题名是《游武夷·作棹歌呈晦翁十首》。临分手时，朱熹送给辛弃疾三句话："临民以宽，待士以礼，御吏以严。"辛弃疾来到福州任上，立即着手整顿公务。这一期间，他主要干了三件事。首先，他将一批已经抓获的江洋大盗和罪大恶极的犯罪豪强全部处死，干脆利落，杀鸡儆猴，福建的治安马上好转。第二件事，就是在福州切实推行"经界"。简单地说，经界就是做好田地的分界，界定好土地产权，给百姓减负。第三件事就是推行"盐法"。打击私盐贩子，保护百姓利益。

1193 年 2 月，皇帝赵惇在杭州召见辛弃疾，这还是辛弃疾第一次见到光宗皇帝。不久，辛弃疾受命为太府卿，从福建回京城履职。但是，刚刚过了半年，辛弃疾又以朝散大夫加集英殿修撰的身份，知福州，兼任福建安抚使。再次来到福州任职的辛弃疾，还是一厢情愿地认为，可以大力推行自己原来设想的"经界"和"盐钞法"。但事实是，不光朝廷里有人反对，福建官场上下都有各种利益纠缠其中。这些人很快能知道朝廷的风吹草动，能及时掌握皇上的态度。他们在辛弃疾面前，做两面人，当面一套背后一套，没有人出真力、用真劲。这时候，朝里的反对派趁机煽风点火，致使辛弃疾的很多想法都半途而废，付诸东流。

辛弃疾有些心灰意冷，不再想流连官场的俸禄与虚名。于是，他向皇帝辞职，但皇帝不允，他也只好继续待在任上，尽力做好分内的事情。推荐辛弃疾来福建的赵汝愚，也曾出任福州知州，并且大力改造福州西湖，使之成为一颗明珠。辛弃疾在福州任上时，赵汝愚被贬，辛弃疾为之惋惜，以游西湖表达自己对赵汝愚的尊重，用福州西湖的湖光山色，映照内心深处的慷慨情怀，感慨自己和赵汝愚的遭遇，写下了著名的《贺新郎·翠浪吞平野》：

翠浪吞平野。挽天河、谁来照影，卧龙山下。烟雨偏宜晴更好，约略西施未嫁……

翁卷——天下黄檗此山真

"黄梅时节家家雨，青草池塘处处蛙。有约不来过夜半，闲敲棋子落灯花。"这是南宋"永嘉四灵"之一的赵师秀写的《约客》诗，大家都很熟悉。"永嘉四灵"说的是南宋有四位浙江温州永嘉籍的诗人：他们是徐照（字灵晖）、徐玑（号灵渊）、翁卷（字灵舒）、赵师秀（号灵秀）。因为这四个人的字或号中，都有一个"灵"字，所以就得了个雅名——"四灵"，在永嘉政府网站，他们把"四灵"称为永嘉的一张金名片。这里要说的是"四灵"中的一位——翁卷翁灵舒（1153—约1223）和黄檗的故事。有一年夏天翁卷来到黄檗寺，在"会贤楼"住了一个晚上，第二天临走时写下一首《福州黄檗寺》：

> 天下两黄檗，此中山是真。
> 碑看前代刻，僧值故乡人。
> 一宿禅房雨，经时客路尘。
> 将行更瞻礼，十二祖师身。

短短八句四十个字的信息量很大。开头两句翁卷直言"天下两黄檗"，一个福建一个江西，但是"此中山是真"，说的是福清这个黄檗山才是真的。实际上，诗人要表达的也不是去争这两座山谁是真谁是假，他想说的是这样一个事实，希运禅师是在福建黄檗出家，后来到江西传法，为了纪念他的出生地和出家地，把宜丰的灵鹫山改名黄檗山。

翁卷在山里这一天很有意义，他在客堂僧值的陪同下，观看寺院里的前朝碑刻。宋朝的前代是唐代，也就是说至少在唐朝这个寺院是立有很多石碑的，可见当时黄檗寺文运之盛。陪同翁卷的这个僧值，还是他的浙江老乡，再大胆一点分析，保不齐正是因为这里有翁卷的故乡人，他才来到黄檗寺，并且住了下来。禅房的雨声一宿没停，驿路上的尘土，被冲刷得干干净净，看来这时正值雨季。翁卷将要离开寺院的时候，又一次到殿堂拜佛瞻礼，并且专门来到十二祖师殿顶礼辞行。这不仅说明翁卷很重视礼数，而且通过诗句我们还知道，那时黄檗寺有一个专门为供奉十二位祖师建的大殿，很可惜这十二祖师的大名今天已无法知道。

说起四灵诗派，"独、寒、苦、孤、冷、病"这几个是他们诗中最常见的字，他们的偶像是唐朝的苦吟诗人贾岛。贾岛作诗是出了名的刻苦，入诗的每一个字都是殚精竭虑、反复推敲、不停锤炼，"三年两句得，一吟泪双流"。

翁卷，字续古，一字灵舒，浙江乐清人。翁卷的生卒时间史料没有记载。光绪的《乐清县志》卷八有翁卷传。翁卷这一生仅参加过一次科举考试，但落榜了，从此远离考场，游走四方，终身布衣，主要是在浙江温州、江西、福建、湖南等地方生活。史书记载他是"以诗游士大夫间"。在游历福建的时候翁卷来到福清黄檗寺。

《南宋群贤小集》记载了不少翁卷游历中写的诗。比如他的代表作《乡村四月》：

> 绿遍山原白满川，子规声里雨如烟。
>
> 乡村四月闲人少，才了蚕桑又插田。

这首诗曾被选入人教版小学语文四年级下册课本、鄂教版小学语文六年级下册课本。不管是《福州黄檗寺》，还是这首《乡村四月》，翁卷的诗基本是白描的手法，诗风平易，娓娓道来，简约中有一份清淡，"贵精不求多，得意不恋事"正是翁卷的创作原则。一生布衣的翁卷很多作品主

乡村四月

翁卷

绿遍山原白满川，
子规声里雨如烟。
乡村四月闲人少，
才了蚕桑又插田。

翁卷的《乡村四月》诗意画

要是抒发个人感受。例如："兴兵又罢兵，策士耻无名。闲见秋风起，犹生万里情。"是他对南宋朝廷偏安江左，抱残守缺，不图恢复大业而深感失望后写出的忧国忧民的诗句，写出了他在"罢兵"这样一个妥协政策下，不能建立功业、报国无门的无奈。

翁卷生活的时代，正是风靡一时的江西诗派渐渐趋于沉没的时候。江西诗派吊书袋、拼凑典故和生硬执拗的劲儿，恰是翁卷和"四灵"们最为不满、最不买账的。因此，他们几个从晚唐诗家入手，刻意求新，走贾岛的路线，不怕场面小，要的是平淡、平凡中出奇。和翁卷同时代的浙江台州人，就是那个写下《江村晚眺》的戴复古，对翁卷充满仰慕，特别"粉"翁卷的诗，但一直无缘见面。前面说过，翁卷一生为了诗和远方，一直游走四方，温州、江西、福建、湖南、江淮都有过他的身影。戴复古追寻着翁卷的足迹，把这些地方也统统走了一遍。在一次偶然机会里，他竟然在湖南和翁卷老先生陌路相逢，激动之余写下《湘中遇翁灵舒》：

> 天台山与雁山邻，只隔中间一片云。
>
> 一片云边不相识，三千里外却逢君。

永嘉四灵图片

这首诗把戴复古相见恨晚的心情，表达得淋漓尽致。

南宋文坛领袖刘克庄对"四灵"是有微词的。他说："永嘉诗人不过是才刚刚望见贾岛家的篱笆墙而已。"但他对翁卷却另有评价，而且还写过一首诗，名为《赠翁卷》，诗中写道："非止擅唐风，尤于选体工。有时千载事，只在一联中。"说翁卷不仅是擅长唐诗风格，对于文选体也驾轻就熟，而且四两拨千斤，一副对联写就了千秋功过。这个评价还是相当高的。的确，翁卷不少山水田园诗，虽只有寥寥数笔，却有传神之功，是可以绘成画轴的，所谓诗中有画。

翁卷以其平淡朴实的小诗，在中国文学史上占据了宝贵一席，给后人留下了精彩的名句，更重要的是翁卷为他自己在那个多事之秋的南宋，获得了一丝生存的慰藉。

陈藻——明理究学更自得

　　杭州有西湖十景，北京有燕京八景，历史上的莆田名胜则有二十四景之说。其中的"谷城梅雪"位于荔城区黄石镇七境村，这里古称"城山"。传说这里巨型蜘蛛结网如圆城，所以叫作城山。城山下有国清塘，塘中有濯缨亭，年轻时的朱熹游学莆田，追随著名理学家"南夫子"林光朝至城山国清塘濯缨亭聆听其讲道，写下了《观书有感二首》。

　　其一：

> 半亩方塘一鉴开，天光云影共徘徊。
> 问渠那得清如许？为有源头活水来。

　　其二：

> 昨夜江边春水生，艨艟巨舰一毛轻。
> 向来枉费推移力，此日中流自在行。

　　这两首诗成为千古流传的名诗名句，也是赞美读书生活的最好写照。五十多年后，南宋文坛领袖刘克庄（1187—1269），站在城山之巅，俯瞰朱熹笔下的半亩方塘，只见水光山色，平畴沃野，清泉茂树横卧眼前，即兴写下了《兴化军城山三先生祠堂记》。这里的城山三先生指的是林光朝、林亦之、陈藻师徒孙三人。

林光朝（1114—1178），字谦之，自号艾轩，亦号蒲弄翁，世称"南夫子"，谥"文节"，福建兴化军莆田人，官至工部侍郎。他是著名的理学家、教育家、政治家，与蔡襄、陈俊卿、龚茂良并称"莆田四贤"。他是北宋名动天下的"元祐党"重臣，他的岳父是有着"西塘先生"之称的郑侠。林光朝是"艾轩学派"的开创者，曾在城山"松隐精舍"、金山"蒲弄书堂"和福清海口的"龙山书院"讲学达二三十年之久。

林光朝的大弟子福清人林亦之，人称网山先生，刘克庄对他推崇有加，说林亦之的文章高妙之处超过《檀弓》和《谷梁》，平凡之处也可以与韩愈并驾齐驱。林亦之后来又成了南宋经学家、文学家陈藻（1151—1125）的老师，陈藻也就成了林光朝的再传弟子。陈藻曾到黄檗山，写过《黄檗香炉峰》：

> 黄檗寺前犹突兀，祖师塔外别安排。
>
> 香炉好是中央小，无数峰峦拱揖来。

陈藻的著作由其学生、艾轩学派第三代传人林希逸编成《乐轩集》，刘克庄作序，后被收入《四库全书》。

据林希逸《乐轩集序》所述，在早年师从林亦之学习的时候陈藻就展现出了对典籍的过人悟性。陈藻"明理究学，浩然自得"，深得林光朝的精髓。林光朝对陈藻"接之如孙"，视他为自己的继承人。而林希逸又是陈藻的复传门人，成为南宋末期闽学传承的大家，林希逸也是黄檗三祖之一即非如一禅师的远祖，这一层的关系也"链接"到了黄檗山。

陈藻终身不仕，一生也未能摆脱清贫，"入则课妻子耕织，出则诱生徒弦诵"。刘克庄在《乐轩集序》中对此也有记述，"（乐轩）城中无片瓦，侨居福清县

陈藻《乐轩集》书影

之横塘，开门授徒，不足自给。至浮游江湖，崎岖岭海，积强得百千，归买田数亩，辄为人夺去。士之穷，无过于此矣！"然而陈藻处之泰然，"萤窗雪案，犹宗庙百官也；菜羹脱粟，犹堂食万钱也"，这是一种难得的安贫乐道精神。

其实，陈藻一生多次参加科考均未中第，但这不是陈藻的学问不行，而是为当时的"庆元党禁"所累。南宋宁宗时期韩侂胄当政，禁、毁理学书籍，凡是科举考试稍微涉及义理之学者，一律不予录取。而陈藻作为"二程"伊洛学派传人，次次落榜就不足为怪了。陈藻心不甘，在六十多岁的时候，仍然执着地又一次参加科考，并写下一首《甲子应举》，回顾自己四十年屡试不第的经历和悲凉心境，发出"也知枯木春稀到，却想寒灰火复燃"的感慨。

《宋史》卷四十五记载，陈藻以布衣终身，卒年75岁。陈藻与林希逸合撰了《春秋三传正附论》。林希逸敬师如父，宋理宗景定四年（1263年），他向朝廷奏请，由朝廷追授陈藻迪功郎，赐谥"文远"。

2008年，陈藻墓碑在福清海口镇后塘村被发现。墓碑多有残缺，依稀可见刻有"宋乐轩陈先×"，左下角依稀可辨"门人从士郎新平海军节度推官林希×"等字样。从文意可以判断这块石碑是宋理宗端平二年（1235年）林希逸为其先师陈藻所立。

陈藻墓道碑及拓片

叶嗣昌——龙潭石碣有龙湫

在黄檗山由山路而下龙潭的入口处有一块不规则的石碣，上刊"龙湫"两个大字，右为"郡丞叶嗣昌书"，左为"住山释元恭命工刊"。这在《黄檗山寺志》有文字记载。但从此块石碣的刻字石面来看是右高左低，并不平整。再仔细观察，原来刊刻"龙湫"之前，此石碣上有字。也就是说，"龙湫"是铲了一块老碑而刻。底部一层清晰残留这样八个字：颖、辛、二日、沈分仪、观。这在各种黄檗寺志中皆没有记载。

黄檗山龙潭叶嗣昌书"龙湫"摩崖拓片

叶嗣昌，字贵修，浙江青田人。宋宁宗嘉泰二年（1202 年）进士，官至朝散大夫，提举崇禧观。其父叶翥累官户部尚书，奏请销毁朱熹的书籍，并称朱熹学说为"伪学"，后来胡纮和沈继祖上疏，罗织了朱熹许多莫须有的罪名，诬以六大罪状和四大丑行，这便是伪学之争。历史上的伪学之争打击了理学，动摇了整个社会的道德基础。

伪学之争导致天下很多英才无法参加科举考试。据说叶嗣昌考中进士便得益于这场伪学之争。然而由于卷入党争，后来叶嗣昌的仕途连遭打击，叶嗣昌的父亲卒于宋嘉定二年（1209 年），叶嗣昌奉旨扶柩回籍，行至缙云县时，停柩于黄龙寺。有精于堪舆者相中此地有吉穴，即请旨获准，葬父于缙云县黄龙寺后山。嘉定五年（1212 年）叶嗣昌知兴化军。后来，叶嗣昌葬父于缙云一事遭人诟病攻击，"监察御史黄序言其葬父母不从仪制"，叶嗣昌于嘉定六年被贬为瑞州通判，嘉定九年（1216 年）再贬为正议大夫，提举崇禧观。嘉定十二年（1219 年）降一官，永不得与州郡差遣，甚至最后"叶嗣昌合徒三年，编管贺州"。刑满后叶嗣昌回到老家，从青田迁居缙云。

来黄檗山龙潭题壁刻石，应该是叶嗣昌于嘉定五年（1212 年）知兴化军任内。但是，近期在搜狐"丽水乡土"博客看到浙江温州叶高首先生的一篇文章《是非功过，任人评说——南宋处州景宁进士叶嗣昌》，文中提到：据《仙都志》记载，嘉定六年叶嗣昌被贬瑞州通判时，在任期间于黄檗山寺之侧书铭"龙湫"两字，"瑞州通判叶嗣昌书，住山释元恭立"。这样，出现了两个黄檗山都有叶嗣昌题字"龙湫"，不知这背后是记载有误还是两地均有。但毕竟福清黄檗山有实物为证。

赵师恕——愿识尽世间好人

在黄檗山龙潭的摩崖石刻里，最下方的且是唯一冠有籍贯的题刻有两行，刻的是："晋安赵师恕与灵山矛老（丘）同来。"至于和赵师恕同来的灵山矛老是谁，无从查考。但这个赵师恕却是大名鼎鼎，他是根正苗红的大宋宗室，寓居福建长乐，字季仁，是朱熹的弟子兼女婿黄榦的门人。黄榦曾说赵师恕是"宦不达而忘其贫，今不合而志于古"。

嘉定八年（1215年），赵师恕升浙江余杭令，但他觉得很不得志；绍定五年（1232年），知江西袁州事，两年后以朝请大夫、直徽猷阁知南外宗正司事，主管外居泉州宋宗室、宗子的属籍、教育、赏罚等事项。端平二年，赵师恕迁广西经略安抚使，很有政绩；嘉熙元年改帅湖南，淳祐三年（1243年）辞官归里。

甘肃省博物馆珍藏着一幅林则徐的墨迹，内容是："平生有三愿：一愿读尽世间好书；二愿交尽世间好人；三愿看尽世间好山水。"在这尺幅之间，潇洒飘逸的墨迹无不折射出林则徐对知识、对友情、对生活的热爱。不过这段文字并不是林则徐的"原创"，最早提出的是赵师恕："某平生有三愿，一愿识尽世间好人；二愿读尽世间好书；三愿看尽世间好山水。"赵师恕出身显赫，他是宋太祖赵匡胤第九世孙，是朱熹的再传弟子。至今林则徐的家乡福州，仍留存有一些赵师恕所题写的摩崖石刻。

　　赵师恕致仕后归休林下。准备好手杖与麻鞋，开始与农民为伍的生活，悠游于乡村山水之间。今天福州北郊森林公园里，有赵师恕与朋友一起登山留下的石刻："岩溪翁赵师恕，邀清溪郑性之、中山李遇、三溪林元晋同游。时淳祐丁未初秋上浣。"淳祐丁未是1247年，这时候赵师恕退休刚4

福州北郊森林公园赵师恕摩崖石刻

年。和他同游的是曾任宰执的状元郎，闽清人郑性之。李遇是长乐人，官至御史秘书监。林元晋也是长乐人，曾为庆元知府。他们四人都有功名或宦迹，同游时年龄也应当差不多。

南宋状元黄朴（1192—1245）于端平年间（1234—1236）任泉州知州兼市舶提举司提举，与同在泉州做官的赵师恕家结为秦晋之好。据民国《福建通志》记载："勉斋书院，在鳌峰麓，旧为勉斋先生黄榦宅，门人学士赵师恕即其故居拓为精舍。元至正十九年（1359年）建为书院。"黄朴与赵师恕先后都在泉州任职，两人交谊甚深。赵师恕之孙赵与骏，少年丧父，因而赵师恕说"余抱而鞠之，甚于子焉"。他移爱于这个幼孙，当他成年以后就为之择偶，而且看中了自己的老友黄朴的掌上明珠黄昇。黄昇进入赵家后，恪守训诫与妇人闺范，表现出大家闺秀的淑女风范。可惜寿命不永，第二年就去世了，年仅17岁。赵师恕之孙赵与骏年长黄昇4岁，淳祐间曾知连江县，后转任连城县尉，27岁也去世了，同样不寿。

值得一提的是，1975年10月，福州七中扩建操场时，意外发现了黄昇的墓葬，出土了大量精美的丝绸衣物，这些丝织品品种之齐全，工艺之高超，令人震撼。

黄昇墓出土的彩绘花边广袖袍

真德秀——岁宜丰而不宜歉

　　单看这个姓，似乎觉得有点奇怪。需要说的是他本来姓慎，因为避讳宋孝宗名讳，就去了竖心旁，改姓了真。他56岁时知福州，曾专门到黄檗山龙潭祈雨。他的《大学衍义》为后世帝王所重，元武宗说"治天下，此一书足矣"。乾隆说他是朱熹后最卓异之大儒。他病逝，皇帝为他辍朝，下诏让其从祀孔庙。写了《洗冤录》的世界法医学鼻祖宋慈也是他的学生。

　　南宋时有这样一个大儒，此人多次来黄檗山，并登上龙潭祈雨。此人名叫真德秀（1178—1235），号西山，建宁府浦城县人，家在今天的福建省浦城县仙阳镇。浦城是福建的"北大门"，著名的丹桂之乡。真德秀是南宋后期的理学大家、名臣，学者称他为"西山先生"。

　　真德秀早年受教于朱熹的弟子詹体仁，中进士后做过各种各样的官，什么太学博士、秘书郎、起居郎、著作郎、太常少卿，做过隆兴知州（南昌）、潭州知州（长沙），曾经为济王鸣冤，遭到弹劾被削职，干脆回浦城老家著书立说去了。后来因为宋理宗尊崇理学，真德秀又重获起用，连任泉州、福州两地知州，升任户部尚书，进资政殿学士。真德秀于58岁病逝，获赠银青光禄大夫，谥号"文忠"。理宗下旨为他辍朝一日，还下诏让其配飨朱熹祠。到元代，元顺帝追封真德秀为福国公。明英宗下诏让

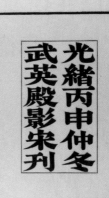

真德秀《真西山心经》武英殿版书影

真德秀从祀孔庙，明宪宗追封真德秀为浦城伯。

任福州知府的时候，一年赶上大旱，真德秀领人员来到黄檗山，先到黄檗寺上香，拜谒诸佛菩萨，然后带上祭品，沿着蜿蜒的山路来到龙潭瀑布举行祈雨仪式。《黄檗山寺志》记载了真德秀的龙潭祈雨词，真德秀言辞虔诚恳切地说：万民崇敬的老天爷，老百姓最大的事莫过于稼穑之难。大热的六月天快一个月不下雨了，地皮干裂，庄稼晒得打了卷。福州这地方虽然才方圆百里，但它是七闽之首啊。去年秋天因为连日降霜，收成大打折扣。老百姓仓里攒的粮食基本上都见底了。谁承想到了今年夏天，又是这样暴晒的大旱天，稻谷正在灌浆抽穗，嗷嗷待哺，急盼甘霖，上至官府，下到黎民，无不心急如焚。我们恳请上天慈悲，可怜天下的百姓，扫除妖魅，让大雨快来，救民于水火，我们官吏甘愿受惩罚不拿薪俸，但愿让老百姓种下的保命粮颗粒归仓，我们会感恩戴德，不忘老天爷宏大无边的天恩。

这场龙潭祈雨，最后有没效果我们不知道，但是作为一个朝廷命官、地方大员，心里能够装着百姓就是个好官。

　　真德秀政治上颇有建树，立朝为官敢于直言；在地方时重视人伦教化，颁行一系列仁政；在学术上以朱熹为宗，成为继朱熹之后的理学正宗传人，开创了"西山真氏学派"。嘉定十一年海盗侵犯泉州，真德秀令左翼军前去收捕，因为肃清海盗有功，朝廷特升官知隆兴府（就是今天的江西南昌），还兼任江西安抚使。

　　特别值得肯定的是，正是真德秀的卓绝见地和努力，最后确立了理学正统近千年的地位。他的著作《大学衍义》，成为元明清三代学子必读之书。因为《大学衍义》这部书的大旨在于正君心、振纲纪、明治道、肃宫闱、抑权幸，深为宋理宗称赞，说该书"备人君之轨范焉"。《大学衍义》也为后世帝王所重视，元武宗说："治天下，此一书足矣"，明太祖"尝问以帝王之学何书为要"，宋濂推荐《大学衍义》，皇帝"乃命大书揭之殿

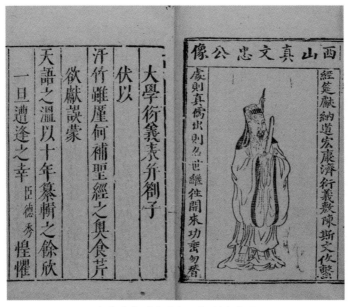

真德秀著《大学衍义》刻本书影

两庑壁"。

作为朱熹的再传弟子，真德秀开设西山书院，致力于培养在人格上有担当的道德型人才，他本人为学立于"诚敬"，常以"穷理致用""致知力行"鼓励学者"读好书、做好人"。真德秀突出强调"教养"，其中有两层意蕴：其一是学习伦理道德原则，其二是实践道德原则。他说：夫格物以致知者，圣贤示人之正法也。……天下之事事物物，即器而道已存，由粗而精，可见知至，文功不难进矣。

真德秀虽然是理学家出身，但他饱经南宋后期官场浮沉，多次起起落落，但始终不屈服于权臣的打压。多次外放各地州府，使真德秀阅尽了南宋社会人生百态。从官场到底层市井，这位理学大儒已经是相当接地气了。真德秀曾经和他的同僚一起宴饮，说起野菜这种东西，真德秀十分感慨。他说，老百姓吃野菜，但老百姓的脸上可不能有菜色，一天都不行；终日养尊处优的士大夫们则相反，他们最好天天吃野菜，一天不吃都不行，只

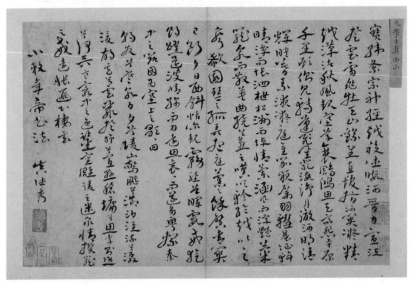

真德秀手迹

有这样，天下的事情就都好办了。真德秀和他的同僚其实都明白，正是因为南宋士大夫早就不知道野菜是什么味道了，所以普通百姓才面有菜色。长此以往，国将不国。这也正是为什么真德秀亲自登上高山，为民祈雨的原因。这就是黄檗的朋友圈，真德秀作为其中的一员，他的加入，使黄檗的苦味更加能够启发到人。

最后，我们以真德秀的半阕词来结束本文：

两岸月桥花半吐，红透肌香，暗把游人误。尽道武陵溪上路。不知迷入江南去。

刘克庄——重游客鬓已凋残

　　刘克庄（1187—1269），字潜夫，号后村，福建莆田人，是豪放派大词人、江湖诗派领袖、南宋后期的文坛宗主。刘克庄还是多产作家，写诗上瘾，他的作品数量在宋代仅次于陆游。胡适对刘克庄赞不绝口，说他是"有悲壮的感情，高尚的见解，伟大的才气"。刘克庄任建阳知县时，修朱熹考亭书院，资助建阳坊刻雕版业。刘克庄每次到黄檗必写诗，在《游黄檗寺》写道：

　　　　犹记垂髫到此山，重游客鬓已凋残。

他还写了另外一首《黄檗山》：

　　　　出县半程遥，松间认粉标。
　　　　峰排神女峡，寺创德宗朝。
　　　　鹳老巢高木，僧寒晒堕樵。
　　　　早知人世淡，来住退居寮。

　　这首诗写的是春天的福清黄檗，那阵阵松涛，茫茫林海，一片片洁白的油桐花如玉一般清纯，似雪一般莹润。

　　刘克庄初名刘灼，在临安以词赋第一的成绩补国子监生，同时也一直在国子监保持名列前茅的学霸地位。他还跟随大儒真德秀学到了很多经学

刘克庄墓碑

道理，那时的刘灼就已经是文章大家了。刘灼无意科举，潜心诗词。不过他家族传承厉害，祖父、父亲两代进士，这是一份恩庇，刘灼也由此开启了仕途。刘灼后应友人洪天锡之请更名为刘克庄。

南宋嘉定十七年（1224 年），宋理宗即位。38 岁的刘克庄，出任福建建阳知县，这也是刘克庄真正主政一方的开始。任职期间他戒掉了诗癖，一心做官，体恤民情，督办遗留案件，重修了朱熹遗留的考亭书院，恢复朱熹修建的建阳社仓，推行文治教化，资助建阳坊刻木板印刷业。因政声卓著，深受百姓爱戴，当刘克庄离任时，建阳当地"彩旗蔽路，送者达数十里"。这期间他认识和师事了理学大家、在家乡浦城著书立说、开坛讲学的大儒真德秀。

可是三年后发生了一起著名的"江湖诗祸"，《江湖集》这部书被劈板禁毁，诗人被谪贬流放。《江湖集》是南宋书商陈起编辑的一部诗歌总集，共九卷。所录的诗人大部分或为布衣，或为下层官僚，身份都很低微。他们相互酬唱，以江湖习气标榜，因而被称为江湖诗派。其实，他们也就是时时抒发一下向往竹林七贤田园牧歌、鄙弃蝇营狗苟仕途红尘的小情绪，喝点小酒后针砭时弊，偶尔也会腹诽一下朝政，流露不与当朝者为伍的心思。江湖诗人之中成就最大的是戴复古和刘克庄。因为收录到《江湖集》中的某些诗句，被谏官李知孝罗织为诽谤宰相史弥远。史弥远奏请皇帝下诏查禁此书，《江湖集》就此摊上厄运，不仅书版被毁，书商陈起也被流配到边地。直到史弥远死后，这个"江湖诗祸"大案才得以平反昭雪。陈起又重操旧业，陆续刊刻了《江湖前集》《江湖后集》《江湖续集》《中兴江湖集》和《中兴群公吟稿》等诗集。

《江湖集》被禁毁，作为江湖诗派领袖的刘克庄当然也"罪责难逃"。因为他的《落梅》这首诗里有："东风谬掌花权柄，却忌孤高不主张"一句，被史弥远的爪牙、时人称为"三凶"之一的监察御史李知孝指控"诽谤时政"，参与诬告的还有"三凶"的另外一个成员梁成大。这个梁成大心术不正，凡是残害忠良的事，大多有他的参与。梁成大的名字干脆被太学生加上一点，直呼为"梁成犬"。史弥远签发了逮捕文书，要把刘克庄从建阳县令上提解进京。刘克庄幸得枢密院大臣、右相郑清之为其力辩，劝史弥远"不宜以语罪人"，才幸免于难，但也因此被罢黜弃而不用，闲置荒废了十年之久。

绍定二年（1229 年）刘克庄被重新起用，任广东潮州通判，不久，因他写诗有瘾，里面又出现了敏感词，又被弹劾，罪名是"嘲咏谤讪"，这次又是倒霉透顶，还没有去赴任就又被去了职，改为宫观闲差。于是 43 岁的刘克庄回到老家，又开始长达六年的赋闲岁月。这期间他游历河山，阅览民间，体验生活，多次来到福清，写下了流传久远的《黄檗山》。"出县半程遥，松间认粉标。"应当是刘克庄离开莆田往福州，走了一半路到了福清。看见漫山遍野的松林之间，那一望无际白色油桐花的时候，黄檗十二峰就环列四周，展现在眼前。特别是"寺创德宗朝"一句，不仅说明刘克庄对黄檗寺的前世今生十分熟悉，而且还说明这个寺院是在德宗朝创立。刘克庄另一首《游黄檗寺》里面有"犹记垂髫到此山，重游客鬓已凋残"之句，说明刘克庄第一次来黄檗，是黄发儿童时代。所以刘克庄的诗文，是研究黄檗寺历史的重要文献。

淳祐六年（1246 年），宋理宗因刘克庄久有文名，赐其同进士出身。刘克庄最后以焕章阁学士之职致仕，83 岁去世，谥号"文定"。

刘克庄是最早的《千家诗》编选者，他的《分门纂类唐宋时贤千家诗选》后来曾编入嘉庆帝的《宛委别藏》。不过最为值得一说的是刘克庄自

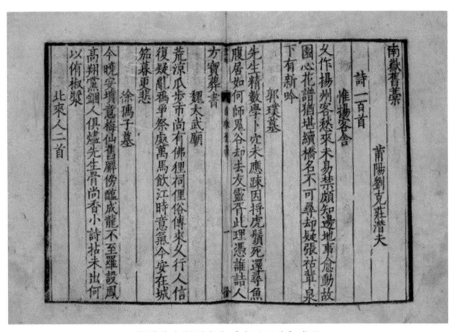

蝴蝶装宋版刘克庄《南岳旧稿》书影

选诗集、宋刻宋印的《南岳旧稿》的出现，造就了一个古籍收藏传奇。当这部国宝宋版古籍被人们发现的时候，它还沉睡在福建福清县一座老宅的房梁上。这部书包括南岳旧稿和南岳第一稿、第三稿、第四稿，书中还夹着一张南宋的纸币"会子"，它是因为翻修老宅而被发现的。这所老宅的主人虽然已经在这里住了几代，但不能确定自己的祖先就是原房的房主。根据房屋的特征分析，这座老宅应是建造于明代之前。是谁建造了这座老宅，又是谁将这部古籍特意秘藏在房梁中的凹槽之中，已经成为无法破解的谜题。这部书完整保留了宋代蝴蝶装的工艺，没有经过后人的改装，而且保存完整，可以说是典型的宋代浙江刻本中的珍本。对于研究宋代图书史、雕版印刷史等都是一个难得的新物证。其中的《维扬客舍》，已经失传近 800 年，这就是《南岳旧稿》的第一首诗："久作扬州客，愁来未易禁。颇知边地事，愈动故园心。花谱犹堪续，桥名不可寻。却疑张祜辈，泉下有新吟。"这首诗在现存的所有刘克庄诗集中都不见，是第一次面世。这部书面世后，曾经过国图专家的鉴定，当时卖家要求国图出 180 万元，而国图当时只能出到 150 万元。30 万元之差，使得国图与《南岳旧稿》失之交臂。2006 年，这本书出现在拍卖场，最终以 450 万元的价格被一位收藏家所收藏。2010 年，这部书又以 560 万元的价格易主。

宋朝是中国雕版印刷术的繁荣时期。宋朝刻书，大约分为三种：官刻、私刻、坊刻。陈起刻书铺是南宋坊刻的代表，这部《南岳旧稿》又是陈起所刻书的典范。这部书未见于历代的书目，后世也未见过任何翻刻，书里面没有任何前人的藏印，迄今为止，只见到这一部，无可争论被认定为孤本。因为，清代以来，宋刻本已经被藏家淘尽，其可遇不可求的价值还体现在它是近 70 年来发现的最高级别的宋版书古籍，说它是寰宇孤制、旷世奇珍，也恰如其分。

林希逸——儒林巨擘竹溪公

说起宋版书，有不少朋友知道这样一句老话："一页宋版，一两黄金。"2015年嘉德秋拍，南宋中书舍人林希逸著的《鬳斋考工记解》二卷拍出330万元的高价。林希逸是福清渔溪人，精儒通释，曾到黄檗山，写有《游黄檗寺》。黄檗三祖之即非如一禅师就是他的直系后裔。林希逸主张三教合一，编著了白话庄子、老子、列子系列图书，在东亚尤其日本影响极大。

林希逸（1193—1271？），字肃翁，号鬳斋，福清渔溪镇苏田村人，是南宋著名的理学家、诗人，南宋艾轩学派代表，同时又是著名的老庄学研究大家。他精于儒学易论、老庄道学、王弼的玄学以及邵雍的象数等学说。他的独到之处是能从儒家和佛家的角度去解释庄子、老子、列子，他刊刻出版了鼎鼎大名的《庄子鬳斋口义》《列子鬳斋口义》《老子鬳斋口义》。除了这三部"口义"之外，存世的还有《鬳斋续集》《鬳斋考工记解》《鬳斋十一稿》和《竹溪集》等数种。

林希逸一生著作等身，现存有二百余卷。他的著作可谓墙内开花，墙内墙外都香。他注解的列子、庄子、老子这"三子"的"口义"，在日本刊刻的相关版本至少几十种，影响不仅遍及日本，而且远及东亚文化圈。

特别值得一说的是《列子鬳斋口义》这部书在东亚文化圈影响极大，尤其是在日本。目前所知林希逸《列子鬳斋口义》一书有十几种不同版本。因为他的语言深入浅出、直白易辨，受到日本学者欢迎。

南宋末年的文坛领袖刘克庄曾有一首诗写道："试把过江人物数，溪翁之外更谁哉。"又说："儒林巨擘竹溪公。"这里的溪翁、竹溪公，指的都是林希逸。福建乡邦文献《淳熙三山志》记载，林希逸少年时候聪颖过人，曾经跟从理学大师陈藻在莆田红泉书院求学，参加科举的时候，"解试、省试赋魁"，就是州试省试都是第一名。林希逸在宋理宗端平二年（1235年）登进士甲科第四名，授平海军节度推官，后改任枢密院编修，出知兴化军，景定四年（1263年）为司农少卿，最后官至中书舍人。

林希逸精儒通释，工诗文，善书画。理学与他的老师陈藻齐名，二人并称"福清两夫子"。林希逸经常来黄檗礼佛拜山，他写有《诸侄约至黄檗因思前岁刘朔斋同宿约后村不至慨然有感》诗，诗中写道：

> 黄檗山前古梵宫，早年屡宿此山中。
> 猿啼十二峰前月，鹏送三千里外风。
> 日者共游因朔老，期而不至有樗翁。
> 骑鲸人去相如病，更欲攀跻谁与同？

林希逸说，黄檗寺是黄檗山前一座古老的梵宫，早些年曾多次来黄檗寺，而且还是多次住在山里，可见林希逸与黄檗寺有着很深的缘分，有很深的感情。后来林希逸在乡里建了竹溪寺作为黄檗寺的下院，说明林希逸不仅为官很大、学问很高，而且在护持黄檗寺的发心发愿上，也是虔诚真挚，修行合一的。

林希逸的家风深深影响了他的后世，清初东渡日本的即非如一就是林希逸的后裔。即非如一禅师是明末清初黄檗山万福寺的禅僧，是隐元隆琦禅师的重要弟子。1657年，隐元禅师东渡日本三年之后，即非如一应本师之召东渡赴日。在日本十五年中，即非如一禅师中兴了长崎的崇福寺，协助隐元禅师开创了日本黄檗宗，成为黄檗宗第二代祖师，并于1665年在福冈北九州地区创建了广寿山福聚寺。即非如一禅师和他的法系，后来被

林希逸墓志铭拓片

称为"广寿派"，属于日本黄檗宗第二大派系。

即非如一禅师这一派长于诗文，工于书法。他和本师隐元隆琦、法兄木庵性瑫并称"黄檗三笔"，对日本江户时代的文化影响很大。日本岩波书店在 1989 年出版的《佛教辞典》里，于众多的黄檗东渡禅僧之中，仅仅收录了隐元隆琦禅师与即非如一禅师，由此可见日本佛教界对即非如一禅师的重视。即非如一禅师在住持广寿山福聚寺期间编撰了《福清县志续略》。一位僧人去编写方志，这在历史上比较少见，而且还是在异国他乡。

林希逸读书处竹溪寺大殿及《重修竹溪寺碑记》拓片

刘震孙——人物当今第一流

崇祯版《黄檗寺志》"九渊潭"一条有这样的记载：咸淳丙寅（1266年），仓使刘震孙改其额曰九渊第一。那么，这黄檗九潭，也就有了一个总名——那就是"九渊"。也就是说把黄檗山龙潭命名为"九渊第一"的是福建仓使刘震孙。

刘震孙（1197—1268），字长卿，号朔斋，祖籍东平，寓居于蜀。他为人正直，为官仁慈，交游甚广，诗文创作也很活跃。人称刘震孙"敏明直谅""人物当今第一流"。刘震孙与刘克庄同朝供职，后累官至宗正少卿兼中书舍人，但因为刘震孙爱作诗，有的诗句犯了时忌，而被弹劾丢了官。从刘震孙的仕途轨迹来看，他是由起居郎兼中书舍人改秘阁修撰、提举福建常平茶盐公事，知建州兼福建转运司转运使。

刘震孙和刘克庄、林希逸等人往来密切，与吴文英、袁桷等人有诗词唱和。《全宋词》《全宋诗》《全宋文》都附有刘震孙的简略小传，遗憾的是大多阙略不全。刘震孙的岳父是南宋著名理学家魏了翁。林希逸有一首诗《诸侄约至黄檗因思前岁刘朔斋同宿约后村不至慨然有感》。林希逸在这首诗后做了一个注解："朔斋戊辰仙去，后村以目青不可出。""戊辰"乃宋度宗咸淳四年（1268年），刘震孙已是72岁高龄。咸淳二年（1266年），

刘震孙由起居郎兼中书舍人改秘阁修撰、提举福建常平茶盐公事。第二年，知建州兼福建转运司转运使，与吴坚一起重刻祝穆的《方舆胜览》，被称为"泽被文林，功莫大焉"。

咸淳元年（1265年），刘震孙任礼部侍郎。正赶上赵孟頫的父亲辞世，为其作诔文。赵孟頫在《先侍郎阡表》中写道："府君讳与，字中父，胄出宋太祖……君生于嘉定癸酉十一月八日，享年五十有三……先友礼部侍郎东平刘公震孙诔之，曰府君于时为循吏，于朝为名卿，于国为信厚公族。"

需要说明的是，乾隆版《福建通志》卷二十一"职官二"载："提刑司提刑，刘震孙，咸淳间任"；卷二十二"职官三"载："福州府福清县，宋知县事，刘震孙，咸淳间任"。经查乾隆版《福清县志》，宋代知县中并没有刘震孙的名字。

明代

王恭——石头焚香忆大休

　　大休禅师是明朝初期洪武年间（1368—1398）高僧，福建莆田人。结茅修行于福清黄檗山中，法从颇众。王恭就是大休禅师的外护和信徒。大休禅师圆寂后，王恭饱含深情地作诗一首——《挽黄檗大休上人》：

　　　　只履复还西，令人忆我师。
　　　　空门了生灭，尘世漫凄其。
　　　　驯鸽栖新塔，灵花落故枝。
　　　　愁来双树下，空有泪如丝。

　　王恭是什么来历呢？人们都知道《永乐大典》是中国国家图书馆四大镇馆之宝之一，也是世界上最大的百科全书，已经成为中国文化的一个重要符号。这部大典是明成祖朱棣亲自组织、亲自作序并赐名。解缙任总裁官，参与其事的内外儒臣及四方才子众多。其中，有三个福建人重点参与：解缙所推重的副总裁、闽中诗派成就最为突出的诗人之一的王偁，他是福建永泰县人；副总裁王褒（侯官人）；除了这两位外，还有一位是60岁高龄的长乐人王恭，他以儒士被荐为翰林待诏，参与编修《永乐大典》，书成之后被授予翰林院典籍，所以人们尊称他为王典籍。

　　王恭（1343—？），字安仲，长乐沙堤人，出生于元至正三年，他家里贫穷，少年时代游走江湖之间，中年隐居长乐七岩山砍柴 20 多年，自号"皆山樵者"。王恭善诗文，名重一时。诗人王偁曾专门为他作过《皆山樵者传》。七岩山在长乐县西南三十里，山上有七岩，山的北面有诸山环立，围绕如城，也叫罗山。隐元禅师 50 岁时登上罗山栖隐寺，写下"不耐折腰应世间，轻风扶我上罗山。高高峰顶平如掌，同气连枝尽破颜"。

《四库全书》所收王恭著作书影

　　王恭和洪武年间重兴黄檗寺的大休禅师相交友善。大休禅师是莆田人，当时福清黄檗寺因战乱和水火之灾，几乎成了一片废墟。大休禅师在黄檗山结茅而居，因道德高尚、禅法精妙，跟随他修行的僧人众多。开篇的诗中，王恭称大休禅师为"我师"，把大休禅师圆寂比作达摩只履西还。他慨叹：禅门的高僧大德，证得了空性，了却了生灭，摆脱了轮回之苦；而我们世间之人，只能在漫漫苦海之中，忍受煎熬，度过一个个凄凄惨惨戚戚；怀念大休禅师，以致泪水如丝一般不停地流下来。

　　王恭诗风多凄婉，隐喻颇深。王恭有《白云樵集》四卷，《草泽狂歌》五卷以及《风台清啸》，《闽中十才子诗》也收录他的诗作。王恭留下的诗词，总体上有超过 700 首之多，其中写寺院读书、夜宿寺院、与僧人问禅、游览山寺、缅怀僧人等方面的诗作不少于 50 首。比如，其中有《夏夜寄宿僧房》《林下逢僧》等。值得一说的是，王恭有多首写给日本僧人的诗，仅标题是《送僧归日本》的就有两首，一首是：

> 沧波杳无际，望望入扶桑。
> 杖锡游何处，归途信一航。
> 龙宫朝洗钵，鲛室夜焚香。
> 法侣遥相待，松枝偃旧房。

　　另一首是：

> 法师东南秀，成行独清苦。
> 一锡行挑贝叶书，孤帆笑别扶桑树。
> 茫茫海水无行路，水月澄澄印禅悟。
> 经梵朝残五老云，钵盂夜洗三山雨。
> 随缘忽复东归去，万里鲸波一杯渡。
> 夜半龙吟丈室云，天边鸟没千峰曙。
> 尘缘未断那可攀，别后知师向何处。

　　还有一首是《赠倭僧》：

> 参方离日本，乞食向中州。
> 沧海无行迹，浮天但法舟。
> 扶桑孤岛曙，贝叶旧房秋。
> 借问西来意，无言坐石头。

　　除了写给日本僧人，他还有一首《送人奉使日本》：

> 扶桑东海际，望望水云深。
> 晓月都门别，秋风别使心。
> 鱼龙惊汉节，獠蜑贡南琛。
> 且复勤王去，归朝早赐金。

　　除了60岁奉诏赴京参与编修《永乐大典》外，王恭一直在长乐老家过着山林隐居生活。从诗中可判断在王恭生活的洪武、永乐年间，闽中有日本的留学僧人，用王恭的话说是"参方离日本，乞食向中州"。王恭在山林间浸染，不仅和禅门交往过从，而且和扶桑西渡而来的日本僧人也有唱和。不仅如此，对出使日本的中国人，他也有送行的诗句。

　　王恭对于大休禅师有着深深的思念。有一年秋天，他来到黄檗山，又写下一首《秋日游山寺》："更与询休辈，焚香坐石床。"——王恭在泉水叮咚与嘤嘤鸟啼声中，踩着秋雨之后的金黄落叶，听着悠远的古刹钟声，端坐在石板凳上，为大休禅师点燃一炷香，默默送上发自内心的祝祷。

周心鉴——第一檀越行方便

他是黄檗山中兴第一大檀越，此公生平惯以"行方便"为格言，为人仁厚慷慨，乐善好施，每见穷困必接济，修桥筑路，谋利乡里，因此备受百姓敬仰。

周志，字德贤，号心鉴，遗憾的是，周公的生卒年月不详。大约是生活在元末明初。他是莆田里清浦上廊（今莆田市荔城区黄石镇清后村）人。周心鉴一生笃信佛教，明洪武二十三年（1390年），他的同乡、僧人大休禅师路过黄檗寺，见到千年古刹梁朽墙塌，便在山中结下茅屋，发愿重建伽蓝。作为檀越的周心鉴，听闻大休禅师有如此宏大志愿，就赶来山里造访。相传，周心鉴到来前一天，大休禅师就预感将有大檀越来山相助，就对随行的侍者说："最近会有檀越到来，这下子，我们这座寺院复兴就有望了。"第二天，周心鉴来到，两人心缘相契，相谈甚欢。周心鉴家有千亩良田，他毅然决定变卖一部分田产重修殿宇。随后建大殿于法堂旧址，筑月台于其前，构东西方丈和前廊，一时香火旺盛，使黄檗古寺迎来了元破明立初期的第一轮中兴，"一时殿阁伟丽而田产亦盛"。朱元璋推行整顿归并寺院政策，福清有48所寺院并入黄檗寺。当时黄檗寺与报慈寺、灵石寺并称福清三大丛林。周心鉴也因此名载《黄檗山寺志》第一檀越，留下千古佳话。

对于这段史实，《莆田县志》是这样记载的：志（周心鉴）素好佛，福清黄檗寺久废，一日，寺僧曰大休和尚者，闻异鸟鸣，曰："功德主且至矣。"翌日，志藜杖幅巾入山门，休出往就曰："是也。"遂相与兴复本寺，所费不赀。寺僧塑像祠之。就是说在黄檗寺，当年专门为周心鉴塑像入祠堂供奉。

我们曾专程到莆田，凭吊黄檗历代檀越的护持善举，也到学者专家那里查阅相关资料。一位朋友告诉我们，《钦定古今图书集成》"兴化府关梁考"记载，莆田两桥一寺，也是周心鉴所建。一是莆田的东林桥，建于洪武初年。二是普照桥，俗称小桥，也是周心鉴所建。桥的北面有普照庵，这是周心鉴舍掉自己家的良田而建。定明法师给我发来的《莆田县志》的影印件里这样记载："周家巷其东南有所谓小桥者，旧时架木为梁，沟面宏阔，危不可渡，志捐赀以倡，率乡人作砥柱四，伐巨石为梁，大可通舆。"可见，由于周心鉴发心出钱出力，凿潭引水，把木制危桥改建为石桥，最后不仅桥身加固了，水面也宽到可以行船通舟。周心鉴经常造桥修路，以利乡里。当地凡是题有"心鉴""觉志""得贤"的，都是周心鉴出资修建的。

《重刊兴化府志》对周心鉴有着很高的评价，说周心鉴以"行方便"作为自己的为人处世三字符，再加上"己所不欲，勿施于人"。这就是周心鉴平生的信条，也是他受用、得力之处。周心鉴总是存善念、施善行，无愧于长者之称。

周心鉴重修的黄檗寺在黄檗山屹立160多年。遗憾的是到了嘉靖三十四年（1555年），黄檗山又一次经历劫难，遭到倭寇无情的践踏和抢掠，整个寺院被焚毁殆尽，千年祖庭再度凋零。

陈第——乘春遥入上方游

　　明万历年间，有一位来自福州连江的游击将军，他出守古北口，坐镇蓟门达十年之久。将军于万历十一年（1583 年）辞官归乡，建起了一个"倦游庐"作为住所，另建了一处藏书楼叫"世善堂"，专心研究古音。这个人叫陈第，善诗文。在他致仕回到连江老家的时候，他曾来到黄檗山，并且住了下来，与黄檗寺住持彻夜长谈，写下一首《游黄檗寺与主僧夜话》：

　　　　乘春遥入上方游，更喜相逢有惠休。
　　　　云气昼将山色暝，竹风夜带雨声秋。
　　　　开畲石径迷荒草，说法天花坠小楼。
　　　　千载维摩今未见，十年空病海东头。

　　从诗里我们可以看出，陈第是这一年的春天来到黄檗山的，令他感到高兴的是遇到了黄檗寺的住持惠休。满天的云气，遮住了山色，感觉像是傍晚的薄雾，风过竹林，雨声霖铃，好似一般秋雨来过。蜿蜒的山间小径，全是高高的荒草荆棘，一点点都把草除掉，老和尚的讲法开示坦坦荡荡，天花纷纷坠，片叶不沾身。陈第叹息道，很可惜，千年以前的维摩诘，我至今没有见到，只是在海东留下了一个老病之躯。

126

福建连江县陈第公园陈第塑像

陈第，字季立，号一斋，晚号温麻山农，别署五岳游人。说起这位陈第，他的突出成就是在音韵学和藏书这两大领域。万历三年（1575年），陈第在福州任教官，喜好谈论兵家军事，后结识了都督俞大猷，俞大猷又把他举荐给了戚继光。他曾上书戚继光，献了一个平定倭寇之策。

对于陈第来说，他虽然继承了家里的世代藏书，也有颇多的珍本，但这仍然不足以广见闻。所以，陈第从年轻到年老，他的足迹走遍天下，他的买书经历也与之相随，可以说是遇书就买，也不选择是不是善本。他听说金陵焦竑家富藏书，不顾64岁的高龄亲自来到焦家藏书楼，读抄未见之书，阅读了焦家的大量藏书。甚至干脆在南京住下来，搜访图书五年之久，归家连江的时候，装了满满两大车书。就这样，先后积书达到近2000种，1万多册，其中有300多种是珍稀善本。他的数万卷藏书编成《世善堂藏书目录》。这个目录，比以前的各种私家书目录都要详细。经过陈第数十年的努力，世善堂成为闽中内容最丰富、数量最大的藏书楼。天启六年（1626年），陈第的孙子陈肇复修筑了一座四进三出的院落，取名积庆堂，取《周易·坤卦》里"积善之家必有余庆"的含义。这座陈家大院坐落在福州市连江县凤城镇，曾是四进三院的完整格局。2022年2月16日，我们曾去连江寻访，但未找到这个所在，查阅有关资料，说原址不复存在，现已建为小区。

万历三十年，陈第跟随沈有容奔赴台湾征剿倭寇。当兵船开到澎湖列岛海面时，天气起了变化，狂风大作，恶浪掀天，有几艘兵船在风浪颠簸中沉没了，形势十分险恶，船上官兵大惊失色。陈第陪沈有容将军在指挥船上，看到这种情况，他泰然自若、毫不惊慌地走上甲板，指挥士兵抗击风浪，并叫人做好一切救生准备，以防万一。为了安定军心，陈第即兴吟诵了一首《泛海歌》："水亦陆兮，舟亦屋兮，与其死而弃之，何择于山之足海之腹兮。"陈第的沉稳吟诵，使官兵受到鼓舞，齐心协力抗击风浪，最后平安脱险。

军务之余，陈第考察台湾高山族的风土人情，写下了《东番记》，成为研究台湾的一篇珍贵历史文献。到了万历三十九年，年逾古稀的陈第再次踏上旅途，作"万里河山行"，终于实现了遍游五岳的夙愿，为后人留下了《五岳游草》诗集，世人称他是"南方徐霞客"。

说起陈第研究的音韵，他认为《诗经》《楚辞》反映的是古音，不能用唐宋今音为标准，随意改读来求韵脚的谐合。他明确提出"时有古今，地有南北，字有更革，音有转移"的观点。他对古音的考证，至今依然有着重要的实践价值。

何乔远——十二祖师身沧海

　　万历四十三年（1615年），隐元禅师的剃度师父鉴源禅师重建了黄檗寺大殿和法堂，何乔远赠诗称颂。何乔远是明末福建大儒，做的官名目繁多，历任刑部主事、礼部郎中、光禄寺少卿、太仆寺少卿、左通政、太仆卿，官至南京户部右侍郎，立朝正直敢言，曾经三度被贬官去职。何乔远不止一次来黄檗，他曾写下《游黄檗寺》，称赞道：黄檗山是名山，黄檗山峰远近分明，龙潭水深幽不可测，能来这里是很高兴的事情；到黄檗山，就会想起黄檗禅师弟子裴休丞相的故事，每当看到藏经阁上金碧辉煌的琉璃瓦，就会感受圣上御赐龙藏给黄檗山的加持。

　　何乔远是黄檗寺的有力外护，他写了一本书，叶向高帮他作序，赞其"平生笃学真修，无愧宋儒"。这本书的名字叫《闽书》，有这样的说法：一部《闽书》在手，福建历史尽在掌握。叶向高能够亲自作序，两人交情自然非同一般。

　　何乔远（1558—1631），字稚孝，晚号镜山，泉州晋江人，性格刚直不阿，在史学上敢于秉笔直书，发表自己独特见解，学者称之为镜山先生。八岁时他父亲说了一句上联：乍雨乍晴天未定。何乔远脱口而出：有麟有凤国将兴。万历十四年（1586年）何乔远中进士，踏入仕途，先后任刑部云南司主事、礼部精膳司员外、礼部仪制司郎中等。叶向高写下一首游黄檗诗，何乔远就步其韵写下《和叶相国游黄檗韵》，他说黄檗山的风景殊胜，山峰如金，巨石如铜，苍松遒劲，千奇百怪。何乔远说，他也读过江淹游黄檗的诗，不过让他感受最深的不是诗里旖旎的风景，而是殿堂供奉的黄檗十二祖师，他们的法身不啻为大自然的造化，是沧海桑田一般的巨变而来的。诗中何乔远说道：我们来到山里巡游，到黄檗寺参拜，感

何乔远绘像

觉就像是来到西域佛国，是那样的让人目眩；既然我们已经登上了后山那层层高台，我们就借此机会来一个居高临下的寺院巡礼，把方方面面都看个究竟；虽说山之阳有山穴山洞，山之阴有峭壁悬崖，既然来了，谁说我们不能一个个都探究个遍呢？

何乔远书迹

何乔远为政的事迹很多，举两个和科举有关的故事和大家分享。浙江一位考生王某考中顺天府的乡试，但因冒籍被革除。冒籍大致就相当于改迁户口异地参加高考。没承想这个考生复读后在浙江和应天府两地又考中，但官方还是以学籍的事找他的茬。何乔远说："有才如此，就不要管他是本地户口还是外地户口，别再拿户籍的事去禁锢人才了！"就录取了这名考生。海南一位考生范时化，赶考的路上准考证掉到了水里，路途遥远自然

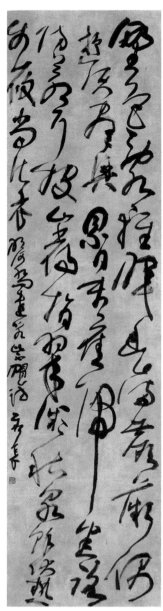

何乔远诗文书法

来不及回去补办，这件事报到何乔远这里，他马上表态，特准参加考试。十五年后范时化做了福建永春县令，来拜访告老还乡的何乔远，递上去的名刺自称是门生，何乔远纳闷没这样的学生啊，听范时化把过去这段事说了一遍，才恍然大悟。

何乔远在老家呆了近三十年，厌倦了官场，不想出去做官。他写了一副对联：人心中无私便圣，天理内行事最乐。明光宗（泰昌皇帝）即位，召他赴京为光禄少卿。可惜泰昌皇帝在位不到一个月就驾崩了。明熹宗即位后，叶向高给何乔远写信，说明出山的重大意义，何乔远这才在天启元年赴京上任光禄少卿。过了两年，何乔远旧病发作，上书要退归乡里，皇帝说他旧学清修，再加上起用不久，不同意他辞归，反而把他提拔为通政史，后来官场就有了何乔远因病得升的说法。何乔远听到这个传言后，又上书请辞，皇帝不允，就又上书，一连上书五次，最后才获准回福建。

何乔远进入福建境内后，先到建阳参拜朱熹的祠墓，为张载（张横渠）先生的后人书写《祠记》，然后到了闽北将乐县拜谒杨龟山祠。崇祯四年（1631年）十二月十九日晚上，地震如雷，相传有巨星闪闪，由大地腾空而起。第二天，何乔远去世，享年74岁。清人李清馥评价说：乔远终始四朝，后先一节，安贫乐道，鞠躬厉行，

平生德容冲粹，自少励志前修，既立朝，以文章气节自砥；里居多年，益加意学问，因人设教诱迪，以躬行语默之常。乾隆版《泉州府志》说："乔远和平乐易，与人交，洞见肺腑，奖掖后进不倦。田夫野老，接以至诚。"

何乔远除了《闽书》之外还有十几部鸿著，刑曹方面有《狱志》，礼曹方面有《膳志》，在粤有《西征集》，假归有《泉州府志》。还有专门辑录明代十三朝遗事的《名山藏》。需要强调的是，最有创新和建树的是荟萃八闽郡邑各志并参考前代记载而成的《闽书》，《四库全书》把《闽书》收存入目。《闽书》问世几百年来，一直为中外史学家所重视，如史学家张星烺的《中西交通史料汇编》、法国伯希和的《摩尼教传入福建考》等，都引用了《闽书》的资料。何乔远的人品，他的治学精神，他的巨著《闽书》，都已经深深地镌刻在人们心中。

林尧俞——南宗古德传心印

在黄檗山留下诗文的朝廷命官，级别较高的除了宋初丞相丁谓、大明首辅叶向高两个宰辅之臣外，就应该是万历朝的礼部尚书、莆田人林尧俞了。林尧俞来到黄檗山寺，写下了一首《游黄檗》：

南宗古德传心印，千载来人尚礼瞻。
再辟琳宫增崒嵂，新颁法藏倍庄严。
群峰拔地环如障，一水从空洒作帘。
阳岫阴溪寻欲遍，惭无彩笔续江淹。

在林尧俞笔下，黄檗寺是六祖南禅的法脉，秉承的是以心传心，明心见性；千年以来，人们顶礼瞻仰新建造的梵宫巍峨庄严，皇帝新敕赐的法宝威力殊胜；十二峰环绕护卫着幽幽古刹，一条山间飞瀑，

林尧俞祖居地

从空中洒下如珠似玉般的水花，就像挂着一道晶莹的水帘；登上黄檗山，眼睛真的不够使，只好不停地四处环视，山之阳是绿树掩映的山洞，山之阴是九曲蜿蜒的溪涧；很惭愧，我没有才子江淹那么五彩斑斓的文笔，无法把眼前的美景一一呈现。

天启元年（1621年），叶向高在龙潭的龙堂旧址扩建了亭子，林尧俞书匾两个大字——"作霖"。可惜的是，后来亭子毁于一次山火。

林尧俞（1558—1626），字咨伯，号兼宇，明兴化府莆田县人。林尧俞出身于仕宦之家。他的祖父是广西南宁府丞，他的父亲在一次兵变中，以单骑定变之功为朝廷所重，被任用为刑部员外郎。万历十七年（1589年）林尧俞中进士，由庶吉士进入仕途。他久居翰林，历官南京国子监祭酒、礼部尚书。魏忠贤阉党当道，他居官端直，胆略非凡，不怕阉党淫威，屡次忤逆魏忠贤。

林尧俞对古今治乱与政治清明时代的典章故实，苦心探究，不遗余力。而对于荣光华贵，则不屑于争名夺利。翰林院本是清要之地，亲近帝王，一般而言提拔比较快，但林尧俞任职十年之后，才调任东宫以劝谏太子为职。其升职留滞之久，在当时翰林官员中不多见。因林尧俞无意攀附逢迎，北京官场十年后，林尧俞请假回莆田探亲，相继服父、母之丧，居家八年之久。天启元年（1621年），熹宗朱由校登基，起用林尧俞为礼部侍郎，掌管国子祭酒事，林尧俞拒绝赴任。熹宗皇帝又下旨，以礼部左侍郎诏他还

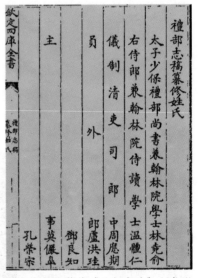

林尧俞领衔纂修《礼部志稿》之书影

部，不久拜为礼部尚书。礼部是掌管国家礼仪、祭祀、贡举及部分对外事务的内阁机构。林尧俞掌礼部，恭谨虔诚，持心清正，章程法度，灿然明

备。每有上殿面君，他都神意安详，威仪堂正，为群臣瞩目，也为熹宗皇帝所看重。后来，林尧俞累加太子太保，诰赠三代。

太监魏忠贤为扩展宦官势力，屡次要求增加太监名额。但林尧俞极力反对，多次上疏制止，为此得罪了魏忠贤。其实，此前的魏忠贤对林尧俞颇为敬慕，因林尧俞善书法，魏忠贤修建府第时请他题写匾额，林尧俞没有答应。魏忠贤说是皇帝旨意命令他题书，林尧俞不得已大书"畏天堂"三字，并特地落款注明是"奉旨书"。字写好后，魏忠贤拿出饼来，说是他亲手做的，打算拉拢林尧俞，林尧俞以南方人吃不惯面食推辞了。

魏忠贤自号九千岁，迫害东林党人，残酷至极，人们避之唯恐不及，林尧俞却一再与其斗争，颇显胆略与智慧。天启五年（1625 年），鉴于魏忠贤阉党之祸越来越厉害，林尧俞离开朝廷的想法更加迫切，坚决要求辞官还乡。熹宗皇帝多次慰留无果后只好批准。

林尧俞回到莆田后，在城南南溪岭建了一栋别墅，取名"南溪草堂"。又建了留云阁，与名僧、故友染翰赋诗，以此为乐事。《明诗综》这样评价他的诗："其诗温润典则，浏丽轻飔。见若其易，而不知其磨错之难。卑不可抑，高不可亢，浅而有章，深而不穷"。

回莆田的第二年林尧俞卧病不起。他为人简朴，临终时说："衿（衫）帽惟时，含敛不施，欲造极乐之国，以登兜率之天。"林尧俞以 69 岁之龄病逝。朝廷赠他少保，谥"文简"。林尧俞的墓，位于莆田市涵江区苍林前黄，今天还存有石翁仲、石马、石虎，当地民众称为林尚书墓。

林尧俞墓道石像生

欧应昌——名山黄檗峙海邦

　　这个人曾命名福清一座山，并为福清两座山立传，此人名叫欧应昌，字世叔，号遵于居士，他是福清东瀚万安茶林村人，明万历年间的太学生。他一生不仕，与叶向高友善。他为福清两座山立传，为福清成为文献名邦奠定了基础，这两部山志，堪称福建乡邦文献中的不朽之作，它们是《瑞岩山志》和《万石山志》(又名《万石山笔啸集》)。欧应昌多次来黄檗山，他对这里是真心的喜欢，曾经一度想在黄檗卜居归隐。还曾写下一首表露心声的《卜隐黄檗山》，诗中写道：

　　　　名山黄檗峙海邦，标崇列秀吾之乡。
　　　　中有九潭龙所藏，峰峦十二披霞光。
　　　　珠珠隐隐山色苍，我思结屋苍山阳。
　　　　山云随意入我房，山月随时照我床。
　　　　……

　　欧应昌诗中说：黄檗是一座名山，在我的家乡福清所有的名胜里，应该是一枝独秀，力拔头筹的；黄檗山中有九潭，山上有十二峰，我是多么想在黄檗山之阳结屋居住下来，白天，让盘旋在黄檗诸峰的朵朵白云，轻轻飘进我的房子里；晚上，让那迷人的山月，洒下皎洁的银辉，随时映照

在我的床上。可见，如果不是发自内心对黄檗的喜爱，欧应昌笔下是写不出如此真挚、优美的诗句的。

为什么说欧应昌和叶向高友善呢？因为叶向高几乎有记载的在福清山山水水的游览都是欧应昌在陪着。特别著名的一次是在明万历四十六年（1618年）闰四月初七，叶向高在欧应昌等人陪同下，游览了位于福清六十都（今福清东瀚镇）境内的万石山。万石山上，奇石嶙峋，曲径通幽，赏心悦目。叶向高即兴吟诗："群峰争赴海，乱石欲参天"，这是万石山最为形象生动的写照。在叶向高笔下，"遍山皆石"，是万石山的奇绝特色。

万石山其实并不是一座山，而是一群由二三十座小山丘形成的峰峦叠嶂的群山。这些山丘的海拔也就一二百米，这群山丘没有总的名称。叶向高在游记中说："山故未有名，其名万石，世叔所定也"。叶向高这里说的"世叔"，就是欧应昌。欧应昌撰写的《万石山志》的书名用了"万石山"，叶向高作的序言。自此，这里的群山才被定名为"万石山"。明朝正德、

万石山下福清万安"五目井"

万石山

万石山下万安茶林寺旧额

万历两部《福州府志》都没有"万石山"的记载。万历四十六年（1618年），叶向高应欧世昌之约，与友人专程到此一游后，这座山就随着名人的登临和诗文的记载，开始声名远播。

欧应昌对福清乡邦的第二大贡献是在瑞岩山风景区的"桃源洞"边一块称为"雪山岩"的高岩上写下了《开桃花洞记》，这是一幅楷书摩崖，纵有20行，幅宽大约1.2米，高约1.8米。欧应昌在《开桃花洞记》写道：余闻瑞岩之最胜在桃花洞。万历庚戌（1610年）四月，来游觅兹洞不可得。僧人海宁告诉他，桃花洞就是现在的飞来岩。但是，欧应昌觉得岩怎么会是洞，会不会是搞错了？所以他这次专程来山探个究竟。说来也巧，由于这一年雨水大，他们登山之后不久就听到了潺潺的水声，看到了桃花洞口。他们进到洞里，发现这简直就是武陵佳致。出洞后他跟僧人说，看来是真有桃花洞，你怎么说是一块大石头呢？僧人说，福清乡贤林、谢诸公，那是最喜欢山间洞窟的，他们找了多次也没有找到啊。欧应昌很感慨，他说看来是山灵显晦，也是自有它的时间安排。今天幸运，是因为山灵给林、谢诸公显灵了，但也好像是为我吧。

黄檗山定明法师曾带着黄檗诗文考察小组来到瑞岩山，拜观弥勒大佛，到瑞岩寺观看摩崖题刻。特别是观摩黄檗檀越叶向高、欧应昌的诗文题刻，以及叶向高之子叶成学唯一留世的笔迹摩崖遗存。我们查阅了明万历三十八年欧应昌所写"修瑞岩山志引"，文中说："岩洞辟，遂为千年之胜迹。"福清已故老文史学者俞达珠认为，欧应昌在当年即认为瑞岩辟自唐代，但不知瑞岩寺肇自何年，还说："沙门真干，未必为开山祖师。"

欧应昌提出瑞岩辟自唐代，但又不下定论。这是有原因的。欧应昌早在万历二十九年（1601年），也就是重修《瑞岩山志》九年前，他就到过瑞岩几次，在瑞岩寺前见到了一块残碑，碑上刻着历代住山和尚的题名和重兴瑞岩寺有功的八十位高僧法号。很遗憾，因为这一年他还没有担纲撰修《瑞岩山志》，所以并没有在意。九年后他又两次来瑞岩，下决心住在瑞岩，动笔撰修《瑞岩山志》。此时他才想起寺前的旧碑。可惜那块旧碑已不复存在，导致一些史实失去了直接证据。俞达珠认为，欧应昌是个非常谨慎的学者，他在汇集瑞岩山史料过程中遇到互异的说法，但又无法找到有力证据来下定论的时候，采取了多说并存、以待后者论证的态度。

但有一点俞达珠很肯定，他说瑞岩山辟自唐代，开山祖是陈灿、真干（贞干、正干）。开山时间大约在唐德宗至唐武宗之间（780—846）（俞达珠：《瑞岩开山探源》）。这就是说，瑞岩寺的开山有可能和黄檗山的开山不但同时，而且开山祖师也是同人，那就是正干禅师。

叶向高——黄檗史上最檀越

在福建乃至中国，一旦说起叶向高，那是大名远扬。黄仁宇的《万历十五年》让人们记住了万历皇帝，记住了首辅大臣张居正。那么，如果黄仁宇再写一本《万历三十五年》，相信主角除了万历皇帝之外，另外一个一定是首辅大学士叶向高。

对于黄檗山来说，历史上最大的外护应当就是叶向高。是他鼎力相助，才为黄檗山请来了大明朝廷刊刻的大藏经——《永乐北藏》，也因此让黄檗寺弘基永镇、坚牢巩固；是他修建了法堂和藏经阁，开堂焚香、为国祝圣；是他修建了纪游亭，使黄檗山门多了一道亮丽的景色；是他的家风家教影响了他的后人，儿子叶成学、孙子叶益蕃、曾孙叶进晟都是黄檗的大护法、大檀越；是他写下了一首首歌咏黄檗的诗词美文，使黄檗成为传之永久的文献名山。接下来的几篇文章将从不同的角度走近叶向高，与读者一起感受叶向高在黄檗朋友圈的分量。

万历首辅叶向高

2009 年，北京国际饭店会议中心三层紫金大厅，中国嘉德秋季拍卖正在举行，一件由叶向高撰写、董其昌手书的《龙神感应记》手卷拍出了4480 万元的天价。

福清龙田夜市叶向高介绍牌

叶向高，字进卿，号台山，别号"紫云黄檗山人"，晚年自号"福庐山人"，福建福清人，曾任万历、天启两朝首辅大臣。这件《龙神感应记》所记载的是天启元年，叶向高应皇帝之召，北上进京的经历。这一年九月，黄河因为天降大雨导致水位暴涨，淮安清口为大量淤泥堵塞。叶向高舟不能行，一筹莫展。乡人告诉他这里的土地神、龙神都极为灵验，如果设一个灵位祭祀祷告，必定有求必应。叶向高本来是不信这种事情的，但船走不了，耽误进京的行程，无奈之下那就姑且试一试吧。第二天早晨，淮安清口果然河水大涨，他们的船赶紧扬帆起航。为了这件事，叶向高郑重地撰文以记，写下了这篇《龙神感应记》，并请董其昌来书写成一部手卷。

《明史》记载，叶向高的父亲叫叶朝荣，曾经做过广西养利的知州。叶向高母亲怀他时为了躲避倭寇，在大马路旁边的一个破厕所里把他生了下来，因而他的小名叫厕仔。他从小体弱不堪，几次都差点丢了性命，之所以能活下来，他们家族认为这是神明的帮助。叶向高考中的是万历十一年（1583年）的进士，万历三十五年（1607年）的时候进入了朝廷内阁，第二年首辅大臣朱赓病死，次辅李廷机因为人言可畏，干脆长期闭门不出，更别说上朝了。叶向高成了当时唯一的首辅而独撑朝政，历史上称其为大明孤相。万历皇帝十岁即位，第二年改元万历，万历十四年（1586年）后就开始持续不上朝；万历十七年（1589年）元旦后以日食为由，免去了元旦的朝贺，也就是说以后每年元旦皇帝再也不上朝了。万历皇帝在位48年，加起来有30年都没有上朝。《明史》上说，由于神宗皇帝懒于上朝，国家大事无人过问，有些重要的官职都空缺着，官员、士大夫的任命总是拖着不下达。朝廷内部逐渐形成各种帮派，而宦官更是不安分，皇帝又宠幸郑贵妃，福王不肯就藩，老是在北京待着，不肯回到他自己的封地。

　　叶向高作为首辅，忧国忧民，一心为公，他主持每一件政事都竭尽全力，尽忠尽责。皇帝表面上对叶向高的态度也很好，但对于叶向高递的折子、提的意见却不大采用，十条意见多了说也就象征性地接受个两三条而已。京师锦衣卫百户王曰乾，此人进入皇城后放炮奏了一本，举报郑贵妃的内侍用巫术诅咒皇太后和皇太子死，暗中拥立福王。皇帝一听十分震惊愤怒，绕着宫殿走了大半天，说："出了这种大事，首辅为什么不出来说话？"话音刚落，太监立即跪着呈上了叶向高递过来的奏折。这份折子上说："王曰乾弄的这一出，跟往年的妖书有些类似，然而妖书是匿名的，难以查询，现在原告、被告都在，一经审讯就可以得出实情。陛下应当以不变应万变，若稍有惊慌，那么朝廷内外就会大乱。至于他的言辞牵连到贵妃、福王，实在是叫人痛恨之极。我跟九卿的意见是一样的，冒昧地向皇帝报告。"

　　这件事之后叶向高紧接着又上了一份奏疏："当今天下酿成危害动乱的根源，朝廷人才匮乏是第一点；君臣之间闭塞隔阂是第二点；官员们好胜喜争，是第三点；对金银财宝的横征暴敛，必有狂悖的事端出现，这是第四点；道德风气一天比一天败坏，没有办法挽救，是第五点。假若陛下不奋然振作，选用一些老成持重

福清向高街街角

的大臣，充实朝廷官署，将多年来废弛的政事一举革新的话，我担心国家的危亡，不在于外敌的侵略，而就在于咱朝廷的内部啊！"可以说言辞还是极其恳切，但神宗明知叶向高的忠诚与用心，就是不肯去实行。

万历四十年（1612年）春，神宗皇帝在位整整40年。叶向高以历代帝王中在位到了40年以上的，从上古夏商周三代以来直到现在只有10人为例，规劝神宗大力推行新政，大胆选用人才，但神宗就是不答复。叶向高的建议得不到重视，每月都上书请辞，而神宗每次都降旨勉励挽留。万历四十二年（1614年）二月，皇太后驾崩，三月福王回到封国。叶向高乞求辞职更加频繁，加起来连上了62道奏疏请求致仕。到了八月，神宗才准许他辞职，加封了一个少师兼太子太师，赏赐了百两白金，大红坐蟒一件，还派官人护送他回乡。

叶向高离职回到福清六年后，光宗即位，立即下诏要召回他任首辅。这个明光宗就是泰昌皇帝朱常洛，万历皇帝的长子。朱常洛命真的不算

叶向高倡修的福庐山入口

好，出生之后不受他父亲喜爱，在皇权和臣权激烈对抗之中成为太子，当了太子之后差点丢了性命。好不容易当了皇帝，却因为服食红丸丹药，只当了二十八天皇帝就死了，史称"一月皇帝"。叶向高是在光宗下诏赴京途中知悉皇上驾崩的。不久，明熹宗即位，就是天启皇帝，又下诏催促叶向高回京。叶向高实在是不想出山了，多次推辞，但都没有获准。天启元年（1621年）十月，叶向高回到朝廷，获授中极殿大学士，再次成为了内阁首辅。他跟明熹宗丑话说在前头，他说："我服务陛下的祖父八年，当时奏章都由我草拟。即使是陛下想实行它，也要派遣中使向我宣布。如有不同意的事情，我都极力争取，您的祖父也多半能听从，不会强行拟任何旨意。陛下您虚怀若谷，谦逊有礼，信任辅臣，但不免会因流言生出难以决定的争论。应当慎重地对待诏书，所有的事情都要命令我等草拟上报为好。"熹宗高兴地答应并且很快采纳了叶向高的建议。

虽然叶向高二度入阁成为首辅，但是困扰于太监的势力，叶向高不甘忍受误国的骂名，又连上了数十道奏疏请辞。天启四年（1624年），叶向高以太子太傅致仕，回到家乡福清。

万历赐藏其功著

走进修葺一新的黄檗寺，外山门内立着一块巨大的石头，正反两面均有题刻，背面是万历皇帝的明神宗敕谕：敕谕福建福州府福清县黄檗山万福禅寺住持僧人正圆及僧众人等，朕发诚心印造佛大藏经颁施在京及天下名山寺院供奉，经首护敕，已谕其由，尔寺住持及僧众人等，务要虔洁供安，朝夕礼颂……落款是万历四十二年，也就是1614年。当年能够请得这份经书，多亏了叶向高的鼎力相助。

叶向高在内阁任上，恰逢为振兴黄檗的中天正圆禅师进京请藏，以作镇寺之基。正圆禅师前后努力八载未蒙谕旨，未偿夙愿，最后病寂于京城长荣庵，可以说是壮志未酬、饮恨京师。他的徒孙鉴源兴寿和镜源兴慈两位禅师，继承师祖遗志，矢志不移，继续请藏，又前后经历六载，此间正是叶向高孤撑相位七载之际。万历四十二年（1614年），叶向高伸出援手，奏请神宗万历皇帝，黄檗寺才得以获敕赐并改额"万福禅寺"。后人有"金殿御试，获庸高选"之说，资料记载：兴寿、兴慈二位禅师在金殿之上把《楞严经》倒背如流，万历神宗叹其为"和尚状元"，下旨御赐黄檗寺《大藏经》六百七十八函、帛金三百两、敕书一道、紫衣三袭，还有钵盂等法物，并敕额"万福禅寺"。神宗皇帝还特派御马监太监王举赍护藏经到寺安奉。此番"宣赫天章，照耀寰宇"，以致"万里海疆，莫不骇瞩"。从此黄檗宗风再振，一时名噪霄壤。也就是在御赐黄檗寺《大藏经》的当年，

福清龙田福庐山上的"石仙造像"——右手拊耳，意为"倾听北方之消息"

叶向高辞官获准，告老返乡，荣归故里。回到家乡的叶向高对黄檗山万福禅寺关心尤加，时时来山各方照应。他还捐出了自己的薪水银四百两，在法堂旧址之上重建了大雄宝殿和藏经阁。他亲自募集缘金，与福清迳江的檀越外护一同倡募善款，重建了山门殿。

叶向高还亲自撰写了《重兴黄檗募缘序》，以纪其盛。福清的正月里十分热闹，人日这一天，叶向高登山访寺，写下了《人日游龙潭》一诗：

> 人日看山雨乍收，溪光山色向人浮。
> 晴云不散澄潭景，新水初添曲涧流。
> 选石移尊同取醉，扪萝觅伴共寻幽。
> 陵源深处何须问，但见桃花便好游。

人日是每年的农历正月初七，又称人庆节，是中国古老的传统节日。传说女娲初创世，在造出了鸡狗猪羊牛马等动物后，于第七天造出了人，所以这一天是人类的生日。唐代之后，尤其重视这个节日，如果正月初七这一天天气晴朗，那么意味着这一年人口平安，出入顺利。叶向高笔下人日这一天的黄檗山，天气怎么样呢？叶向高登上龙潭，天气是"山雨乍收"，有旖旎的"溪光山色"，最重要的是，这一天是"晴云新水"，晴朗的蓝天，预示着来年的平安喜乐，万福随身。除了自己进山登临，叶向高还经常和当地乡绅名流、老朋旧友一同游览黄檗，这里承载着叶向高离开都城，回归山林之后的身心寄托。

几种版本的《黄檗山寺志》还收录叶向高多首黄檗诗，计有《同欧阳邑侯游黄檗》一首、《观龙潭纪游》四首、《登黄檗山绝顶·有引》四首。其中《登黄檗山绝顶》引言中有"黄檗，名山也，而寺久废。余谢事日，适皇上念及海邦，遣中使赍经来赐。余与亲友重兴新刹，为藏经祝圣之所。……是山之高可数千仞，其岭为大小帽二峰，有留雪嶂、蟒洞、九渊潭诸胜。而第一潭最奇，深碧无底，真神龙所居。水帘瀑布，仿佛九鲤"的深情记述，可以说是极言对黄檗之喜爱。

同样在福清，人们说起叶向高，大都会亲切地称为"叶相"，都知道是叶向高开辟了福清福庐、灵岩，是他为黄檗山万福寺请经，是他重建石

竹山九仙楼和瑞岩山石佛阁，还以灵石山苍霞亭之"苍霞"，作为自己的文集名。他还为黄檗山写下了这样一副口口传颂、大气祥瑞的对联：

千古祥云临万福，九重紫气盖三门。

叶相国洪护俨然

太监王举带着御赐经书，千里迢迢来到黄檗山。可以想见，当时的盛况是多么的殊胜。北京的皇室代表团离开之后，地方政府赶来黄檗山，给予诸多关心。对此，永历和道光版本的《黄檗山寺志》都有记载：是年相国告归，同邑侯汪公泗论疏，令寿慈募化重兴，太学林守玄、林泊春董其事。建宝殿于法堂旧址，垒筑月台于殿前廊之下。由台而南，构藏经阁，珍崇御藏。又构择木堂于殿之东，今相国像在焉。移旧佛堂于殿之西，为方丈。又西为香积厨及诸寮舍。鸠工于万历乙卯之冬，断手于天启改元之辛酉。而兴寿、兴慈亦相继归寂。

正是由于叶向高的护持，黄檗山才迎来了明代的再度中兴。《黄檗山志序》一文中，这样写道："大藏永镇山门，起自神庙四十二年相国叶文忠公请于朝也……自大藏入山以后，龙宫渐出。以至大师南来，断际之灯再传矣。"

叶向高还捐资修复了纪游亭，对此，《黄檗山寺志》"纪游亭"一条记载如下：距外拱桥左半里许，内有石碑，载叶相国诗。在"黄檗山"一条记载：本邑叶文忠公有纪游亭于道左。在"九渊潭"一条记载：国朝天启元年，叶文忠公复构亭于龙堂旧址。

上面几则古籍文献中的内容，还透露了几个重要信息。一是在寺内大殿之东，有一个择木堂，里面供奉有叶向高的画像。二是在山门外有纪游亭，亭内有石碑，石碑上雕刻的是叶向高的诗。三是由叶向高主导的黄檗山伽蓝重建，耗时整整六年，始于万历四十三年（1615 年），止于天启元年（1621 年）。除了修复黄檗寺藏经阁等建筑之外，这期间，叶向高着手筹建福庐寺，重修了瑞岩山弥勒佛阁，还热心瑞岩山风景区的开辟，逐渐开发了佛窟岩、天章岩、大洞天、振衣台、桃花洞等 37 处景观。

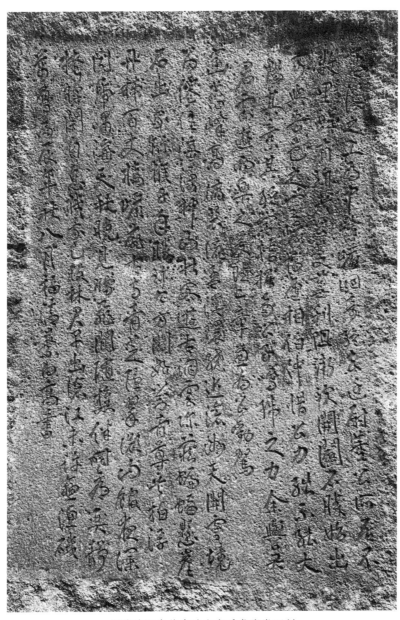

福建连江青芝寺叶向高手书摩崖石刻

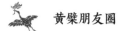

　　隐元禅师曾有上堂语极力称赞黄檗山寺复兴的两位有功之人，他们是一僧一俗：中天祖丹心毕露，叶相国洪护俨然。这样朴实无华的评价，方最为切当。

　　叶向高是当时知名的书法家，文献记载叶向高"工书法，宗二王，书体姿媚，行笔流畅，苍润遒劲"，尤精草书，与黄道周、张瑞图并称"福建草书三大家"，他有不少墨宝，流传至今。叶向高还是有名的藏书家，与藏书家邓原岳、曹学佺、谢肇淛等人交谊很深。另外，他还特别热心乡邦文献的出版，曾热心刊刻唐宋时期闽籍名人的文集和汇集本地名人文集，曾参与《福清县志》和《福庐灵岩志》的编修。因为叶向高的护持以及他本人的亲力亲为，推动了《黄檗山寺志》的编修。《黄檗山寺志》的初修，就是在叶向高重兴山寺之后。清顺治九年（1652年），隐元禅师在密云圆悟、费隐通容禅师和居士林伯春、僧行玑所编辑的旧志基础上重修。崇祯十年（1637年），福清县知县费道用在《黄檗山寺志序》中写道："万历中，叶文忠公在政府，为请于神宗皇帝，得赐藏经，焕然再新殿阁，金碧辉煌相好，光明隆隆之象，一时未有，凡闻风而至者，莫不咨嗟叹息，生皈依心。三十年来徒众日繁，宗风大畅。于是居士林益夫、比丘行玑等，哀集

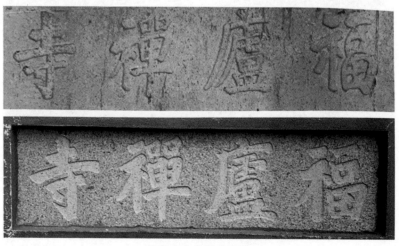

福庐山上的福庐寺额

过去见在一切见闻而为之志,以待夫来者。"从县令这篇序文中可以看出,正是因为叶向高倡缘修复黄檗寺后的鼎盛,才有了《黄檗山寺志》在崇祯年间成稿刊布。

叶向高对佛教的护持与践行,有不少记在文字之上。比如,在《同欧阳邑侯游黄檗》一诗中,他曾经写道:"惟有青山怜傲骨,不妨终日坐跏趺。"在林阳寺,至今仍然高悬他的手迹——"安知住世君非佛,想是前身我亦僧"。

从叶向高的《登绝顶》诗中,人们能够感受其护持佛法之发心,感触他胸怀桑梓、兼济天下的仕宦之情:

> 琳宫新敞古坛场,贝叶琅函出尚方。
>
> 自识禅心超色界,还凭帝力礼空王。
>
> 龙潭倒影千岩碧,鸟道斜萦一线长。
>
> 此地归依情不染,更于何处觅慈航?

在叶向高自撰的《重兴黄檗募缘序》中,有这样一段话:"夫兹山自开辟至今,不知更几千万年,始得圣天子被之宠灵,不难遣中使,发帑金,跋涉万里而来。煌煌帝命,宏耀于重严深谷之中,父老儿童,莫不奔走聚观,以为旷古盛事,微独山灵之幸,亦吾乡里之光也。而祇林鹿苑,鞠为蒿莱,贝叶琅函,珍藏无所悉君命于草莽,宁非吾邦人之过欤?"可见,他既有为皇帝敕赐藏经等物竟然因寺废导致无处供奉而难过,亦有畏惧因果、业力共感的隐意。就在该文结尾,以"其福田因果,彼三藏中彰明较著,不待余为赘矣"戛然而止,叶向高的因果思想表露得一清二楚。

《明史·叶向高传》谓叶向高:"为人光明忠厚,有德量,好扶植善类。"

从古来宾有如乎

对于福清来说,叶向高毫无疑问是历史上对福清影响最深的一个历史人物。福清不少地方都还保留着他的资料、遗迹,流传着他的故事、传说。叶向高不仅是一位优秀的政治家,也赢得了家乡百姓的广泛认可。由于叶向高的大力支持,黄檗山寺声名鹊起,成为东南一大禅林,形成了独立的

黄檗僧团，大大提升了黄檗山寺的影响力。

在研究叶向高与佛教、与福清黄檗山寺的甚深渊源的时候，有一些奇特的事情让人感觉好奇，那就是叶向高于佛道之外，对国外传来的天主教抱有开放的态度，是兼收并蓄的。叶向高崇道、信佛，尊崇理学，但也不拒西学。这从他和利玛窦、艾儒略的交游中可以看出来。

意大利传教士利玛窦（字西泰）于明万历十年（1582年）来到澳门学习中文，次年到广东肇庆、韶关等地传教。他聪明好学，几年下来就已经是一个中国通了。万历二十六年（1598年），利玛窦来到北京，向神宗呈送了一张木刻版的世界地图《山海舆地全图》，叶向高见到地图后惊讶不已，他在文章中描述说："西泰（利玛窦）到中国，他说天地皆由造物者创造，造物者就是天主，他活在天国，人们听了都觉得很惊讶；他还画了地图，在图里中国仅如掌大，人们更加惊讶了。"这段话表明了叶向高对西学的好奇与浓厚兴趣。

利玛窦于万历二十七年（1599年）获准定居南京。他在南京结识了徐光启，两人合作将欧几里得的几何学著作翻译成了中国版的《几何原本》。同一年，叶向高在吏部尚书王忠铭的引荐下第一次结识了利玛窦，两人相谈甚欢，并一起切磋了围棋技艺。在南京住了两年后，利玛窦得到进紫禁城向万历皇帝献礼的机会。他带上了精心准备的插画书、威尼斯画像、反射光的棱镜，还有一架西洋古琴。而他最聪明的选择还是带上了两台机械钟，万历皇帝十分喜欢这两台能自动行走还会发出悦耳声响的钟。按照惯例，外国使团不能在北京长驻，利玛窦为了能够长期留下来，就告诉皇帝说，这钟很容易坏，坏了很难修。利玛窦因此成了第一个被默许常驻紫禁城，还拿朝廷俸禄的外国人。

万历三十五年（1607年），叶向高升任内阁首辅，在北京的私宅中他多次招待过利玛窦，两人在一起还是下围棋，并通过围棋结下了很深的友谊。对于这一点，利玛窦在他的著作《利玛窦中国札记》中，对围棋之事做了记载。据说，这些文字是欧洲历史上第一次对中国围棋进行记录。叶向高对结识学识渊博的传教士也感到高兴，写下《诗赠西国诸子》一诗：

> 天地信无垠，小智安足拟。
>
> 爰有西方人，来自八万里。
>
> 言慕中华风，深契吾儒里。
>
> 著书多格言，结交尽贤士。
>
> 淑诡良不矜，熙攘乃所鄙。
>
> 圣化被九埏，殊方表同轨。
>
> 拘儒徒管窥，达观自一视。
>
> 我亦与之游，泠然待深旨。

这首诗的手稿，现在保存在法国国家图书馆。

1610 年 5 月，利玛窦在北京病逝。依照惯例，客死中国各地的传教士，都必须迁葬到澳门神学院墓地。利玛窦生前曾经有在京郊购买墓地的愿望，外国传教士和中国教友也希望皇帝能赐地埋葬利玛窦。但假如这样，就等于认可了外国教会在中国的合法地位。外国传教士经过协商，便以一个西班牙神父的名义向皇帝呈上奏疏，明神宗让叶向高按惯例处理。叶向高与利玛窦已经结下友情，便吩咐手下把奏章从户部调出，转由礼部处置，最后准许利玛窦葬于京郊。

对于此事，艾儒略在其所撰《大西西泰利先生行迹》一文中记载："时内官言于相国叶文忠曰：诸远方来宾者，从古皆无赐葬，何独厚于利子（即利玛窦）？文忠曰：从古来宾，其道德学问，有一如利子乎？姑毋论其他，即其所译《几何原本》一书，即宜赐葬地矣。"意思是：自古以来的外国人，其道德学问，能找到有哪一个像利玛窦这样的呢？不要说其他的事情了，就是翻译《几何原本》这一件事，就应该给他赐予葬地了。利玛窦的墓地现位于北京西城区官园桥附近的北京行政学院院内。2022 年清明节前一天，笔者到此墓凭吊，只见前立螭首方座石碑一座，碑额十字架纹饰，碑身刻中西文合璧"耶稣会士利公之墓"。公墓东边墓碑数十块，西边有墓碑三块：面向墓穴，中间为利玛窦，左右首分别为汤若望和南怀仁。外国人埋葬在京城，利玛窦算是第一人。

叶向高对待西方来华的传教士可谓独具慧眼。为什么会这样呢？从他为杨淇园写的《西学十诫初解》一书所作的序中可找到答案。叶向高说："学之道多端，即吾中国已不能统一，自孔孟时，即有老庄杨墨辈与之角立。近乃有泰西人自万里外来……其人皆绝世聪明，于书无所不读，凡中国经史，译写殆尽，其技艺制作之精，中国人不能及也。"这就是叶向高对待外来文明的态度。

作为一个受理学正统教育的封建士大夫，叶向高对待外国人及不同信仰的态度，体现了超越时代的海纳百川和开放平和的胸怀，这是值得关注的。

西来孔子论生死

可以说，艾儒略在福州与退休相国叶向高的三山论学，是明末中西文化交流史上一次重要的耶儒对话，注定给明末的福州社会打上学术与历史的烙印。

1627年是一个特殊的年份，在人生即将走到终点的时候，叶向高做了一件名垂青史的大事。据叶向高《蘧编》一书记载，这一年的四月初七，他来到福州。福州也称"榕城"，因境内有于山、乌山、屏山，故亦称"三山"。这次叶向高是在患有重病情况下前往福州，也是他人生中最后一次在福州的交友游访活动。《蘧编》载：四月初七日入省，至则游闽王墓、胭脂山，又时泛舟西湖，或至洪江避暑，亲朋咸集。余老而自废，且获戾于时，耽耽者尚未已。因放荡山水间，不复以衣冠为绳束，人多乐其坦夷，易与而昵就焉。端午后十二日归。其间，他瞻仰了闽王王审知的墓，在其至交曹学佺的石仓园避暑度假，会见昔日的好友，并在自己的芙蓉园接待了一个意大利传教士艾儒略，他以生死大事为主题向艾儒略请教，这就是著名的三山论学。辩论时间共两天，地点在福州朱紫坊。

艾儒略是继利玛窦之后又一蜚声中外的明末传教士，他在福州与相国叶向高的三山论学，学界已多有研究。叶向高在福州下榻的地方是他的私宅——"芙蓉园"，位于今天的福州市鼓楼区朱紫坊。叶向高就是在这个庭院迎接艾儒略的来访。艾儒略生于1582年，而这一年是意大利传教士利玛窦刚刚来到澳门学习中文的时候。1610 年，29 岁的艾儒略到达澳门，在广州、北京、开封、南京、上海、扬州、杭州、绛州、常熟等地居留，在福建的福州、泉州、兴化、永春、延平等地均待过。1631 年，艾儒略去世，葬在福州的十字山。史料记载，"三山人皆知客有自西洋来者，其人碧眼虬髯，艾其名，盖聪明智巧人也"，因学识渊博，艾儒略被闽人誉为"西来孔子"。

　　艾儒略来到朱紫坊叶向高宅邸，两人相见尚未寒暄，叶向高就直奔主题，请在他的芙蓉园宅邸等候已久的曹学佺与艾儒略开始对话。后来，艾儒略在他的《三山论学记》写道："丁卯年初夏的一天，我来到福州朱紫坊造访叶相国，正好赶上观察曹学佺先生在座。叶相国笑着说：你们两位都主张出世，但是一个信奉佛教，一个信奉天主，趋向是如此的不同，这是为什么呢？艾儒略说：我们各自大多以生死大事为重。曹学佺说：我对于佛学，也是选择我认为合理的法意而从之。就好像是临习古代书法名人的法帖，年代久了，多处都被虫蛀，而我只临摹没有被虫子蛀过的字。释迦牟尼的佛教，我还没有找出时间深入到它的根本上，我仅仅摘录其中一二点，比如对于六度梵行，有人说这是人生在世的指南，是怎么都不可以少的。就这样，一个信的是天主，一个信的是佛祖，在生死大事这个问题上展开辩论，各自发表自己的看法。所谓的三山论学，便由此而揭开。

　　三山论学的时间离叶向高辞世不到半年，面对死亡的即将降临，他感到"死亦是福"。叶向高之孙叶益蕃说："祖自年来，触事感伤，郁郁不乐。……对客谈，每学范文子祈死以自况，且曰：吾今死亦是福。病来又为不孝，诵陶靖节'应尽便须尽，无复独多虑'。"因此，当叶向高拖着病躯见到艾儒略的时候，便很自然地以"生死大事"为主题，展开三山论学。他要请教艾儒略的问题，就是天主既然是万能的，为什么惩罚不了坏人。他把自己的郁结带到了三山论学中。从艾儒略回答的内容来看，显然是要人们"尊崇天主，欲人遵行教诫，返锄吾身从何而生，吾性从何而赋，今日作何服事，他日作何归复，真真实实，及时勉图，如人子之事父母起敬起孝"。

叶向高书迹

但从叶向高发问的问题来看，他所祈望的是外来信仰能够像一服灵丹妙药，回答并解决他在现实中所遇到的许多愤愤不平的问题。论学第一天，艾儒略来朱紫坊。第二天，叶向高到艾儒略的住处，提的第一个问题是："天主全能，化生保存万有，固无烦劳，如昨论甚悉。但既为人而生，必皆以资民用，不为害人者。乃今爪牙角毒，百千种族，不尽有用或反害焉，生此于天地间，何用？"第二个问题问得更明白："造物主为人而生万物，未尝无益于人，人之受其害者，人自招之，于理甚合。然造物主用是物以讨人罪，可也。乃善人亦或受其害，何耶？"第三个问题则通过几个发问，委婉地表达他自己的愿望："人稍亦为善者，天主尚谴其阴恶，则人共见其为恶者，当何如谴之？且不谴之，何复有反加之世福者，抑不谴其身，而谴其子孙乎？若其不然，则留一恶名于世，万年不涤者，亦当其恶一罚乎？抑以心劳日拙，自足为罚乎？"第四个问题则把不敢说的话也说了出来："人之善恶赏罚，既不可免，则天主生人，何不多善少恶？善或不可多得，何不荐生贤哲之君？君仁莫不仁，君义莫不义，而天下万世治平，不亦休哉！"第五个问题，叶向高的项庄之意更是跃然纸上："第天主生人为善，人顾为恶，天主有权，何不尽歼之，为世间保全善类？岂其不能，抑不欲乎？"

三山论学的两天里，叶向高、曹学佺共提出了二十余个问题，涉及佛教信仰、天主主宰万物、善与恶、生与死、天主降生等几个方面。叶向高、曹学佺站在儒家的立场上，对天主教这种海外舶来的西方信仰，提出了种种质疑。艾儒略则站在天主教的立场上，对叶向高的提问一一解答。黄景昉在《三山论学记序》中说："文忠所疑难十数端，多吾辈意中喀喀欲吐之语。"这个"喀喀欲吐之语"真是形容得太贴切了，点出了叶向高发起这场论学的政治意义大于个人的郁郁不乐。

综上所述，叶向高这次三山之行，是他人生的最后一次瞻仰之旅、会友之旅、休闲之旅、论学之旅，也成了他人生的告别之旅。作为三朝元老致仕归里的叶向高，称他自己是"老而自废"。然而，阉党还是咄咄逼人，对他严加防范，这使他在身病之外又患了心病，乃至"无聊日甚一日"，抑郁了。因此，叶向高的三山之行，是想通过"放荡山水间"来解除心中的郁结。

叶向高是在致仕归里途经杭州时结识了艾儒略，并把他带到了福州。二人见面，叶向高提的问题是真心诚意的，真诚希望艾儒略能帮他解开心中的郁结。但是，面对天启年间阉党横行天下之乱局，又有谁能力挽狂澜？天主乎？显然不可能。最终叶向高还是带着他的心结，在身病与心病交织之下，于1627年8月走完了他自谓"死亦是福"的一生。

隆武年间的礼部尚书、泉州人林欲楫这样评价叶向高的一生："不营身，不肥家，不徇私，不媚上，不以成心违众，不以胜心败群，不以党心植交，不以患得患失固位"；"休休大度，在内阁七年，未尝害一人，未尝受人钱，未向六部请办一件私事"；在用人上，坚持"用其君子，去其小人，不论其何党"。

身后何以葬闽侯

黄檗书院在田野调查中，偶然发现了一张叶向高墓志铭的拓片。由于叶向高的墓志铭此前没有在学术界出现过，一些博物机构也没有相关记载，所以引起人们的强烈兴趣。

叶向高在万历四十二年（1614年）8月致仕后回到福建老家。明神宗万历皇帝驾崩，长子朱常洛继位，又诏叶向高回朝。可惜泰昌皇帝在位28天就驾崩了。朱常洛死后，他的儿子朱由校继位，是为熹宗皇帝，年号天启。此时叶向高已经退休六年，熹宗催他回京。叶向高多次推辞未准。天启元年（1621）十月，叶向高又回到朝廷，再次成为内阁首辅。但是，由于魏忠贤一手遮天，阉党胡作非为、祸乱朝纲，叶向高觉得自己对此无能为力，就多次上书乞求离职。

叶向高1621年到北京二度出山，一共干了三年左右，熹宗皇帝批准他退休，下诏加封叶向高为太傅，派礼部主事熊文灿护送他返乡，赏赐大量财物。熹宗皇帝还命令福建地方官，按八十岁以上老臣退休的惯例给叶向高定时慰问，以示殊恩。

这次退休回福建，叶向高用熹宗赐予的千两白银，在福清建造了一座桥，名为"赐金桥"，欲使乡人"共沐天恩"。叶向高在这座桥建成后，还写了一篇《赐金桥记》，告诉后人莫忘皇恩。

根据叶向高年谱资料记载，在叶向高人生的最后一年，也就是1627年的盛夏，叶向高病危，前往福州求医。叶向高自撰的《蘧编》记载："二十六日，偕龚克广往省。自入夏来，食辄饱闷，闷揣胸膈，间有痞块，而邑中罕知医者，故往就。"这几行字是叶向高一生中写下的最后文字，堪称"绝笔"。但最后福州的医生也没有妙药，只好无治而返。中秋节过后，叶向高病症加剧，八月二十九日溘然长逝，葬于闽侯县五虎山。

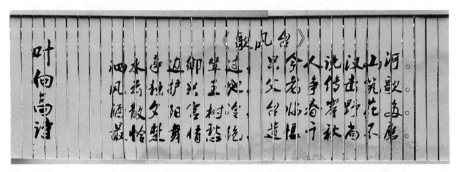

福清向高街叶向高诗《歌风台》三首之一

　　叶向高是福清人，为什么把坟墓选在了闽侯呢？这个问题我问过几个人，后来在喜马拉雅平台"福州 plus"里，听到了王新先生的《叶向高与五虎山》。王先生说叶向高修墓于闽侯五虎山，背后是一段父子情深的感人故事。福州有一句俗话："状元没仔翁正春，宰相没仔叶向高。"叶向高娶一妻、纳一妾，先后育有三子三女，三女长大后都出嫁了，但次子和三子都患天花早亡，只有他的长子叶成学长大成人。

　　叶向高对长子疼爱有加，寄予厚望。不幸的是，有一年叶成学进京探望父亲，归家途中染上风寒，途中没有及时休息治疗，经过闽侯和福清之间的山岭时，叶成学病重身亡，年仅 36 岁。白发人送黑发人，叶向高痛不欲生，后来他回家和进京途中，总要来这里凭吊爱子，还把这儿的山岭取名为"常思岭"。如今此地称为"相思岭"，在福州话音"常思"与"相思"类似，估计后来习惯读成了相思岭。常思岭东面东台山上有一座小山峰，两山隔空相望，近在咫尺。叶向高在这座小山峰上给自己修了一座大

福建闽侯县东台镇叶向高墓

墓，明天启七年（1627年）叶向高病逝就归葬于此。这座小山峰，后来因墓得名，被人叫做了"墓亭山"。

天启皇帝和叶向高同一年离世，朱由检登基后，开启崇祯朝，很快追赠叶向高为太师，加谥号"文忠"。叶向高的孙子叶益蕃在续写的《蘧编》中记载：赐银五十两，彩缎二表里、大红坐蟒一袭。崇祯元年（1628年）七月二十九日，礼部尚书何如宠疏请祭葬：叶向高，三朝元辅，绩懋励勤。准照例与祭九坛；遣本省布政司上官致祭……赐祭，是大臣身故之后，皇帝敕特使前往祭奠。坛数越高说明级别越高，最高为九坛。叶向高被赐祭九坛，也是至尊的哀荣。

叶向高的墓于解放前夕被毁，解放初又遭了一次洗劫。除部分翁仲、石兽淹埋到了地下之外，石牌坊、墓亭等地面文物荡然无存。1998年8月，在闽侯东台村出土了一块神道碑，后来有学者曾见到叶向高墓志铭的墨拓。因为叶向高的墓志铭已经失落数十年，所以这个拓片弥足珍贵。从这张拓片可以看出墓志铭的概貌。这方墓志铭通高140厘米，宽78厘米。上篆

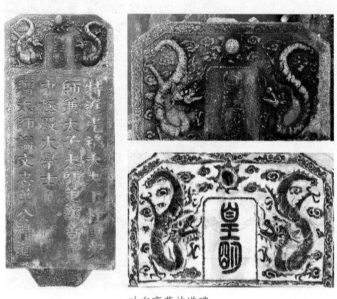

叶向高墓神道碑

叶向高墓志铭拓片

盖，右读直下双排文字，写的是："明故特进光禄大夫上柱国少师兼太子太师吏部尚书中极殿大学士加赠太师谥文忠叶公墓志铭"，共计 40 个字，每个字的直径大约 4 厘米，字体工整瘦朗，颇具功力。接着是墓志铭文字，共计 76 行，每行约 130 字，直径很小，大致是 1 厘米，书韵隽永。整块墓志铭近一万字，洋洋洒洒，很是壮观。

这份墓志铭在简要介绍了叶氏自河南固始迁徙福建的渊源历史，回顾叶向高的一生，展现他"纵谈无失言，信笔无失手，入俗无失色，胶结忙迫无失步……"风范的同时，还以较大的篇幅概述了万历、泰昌、天启三朝的内忧外患、忠奸纷争，展现了叶向高独撑残局，整饬朝纲，忍辱负重，力保忠良的高风亮节以及"宰相肚里能撑船"的博大胸怀。墓志铭中所涉及的官宦有数十人之众，也在一定程度上揭示了明末尔虞我诈、钩心斗角的朝政内幕。对于明史研究而言，这份墓志铭当具有一定的证史、补史价值。

墓志铭的撰文者朱国祯（1558—1632），字文宁，乌程（今浙江湖州）人，万历十七年（1589 年）进士，天启初年拜礼部尚书，兼文渊阁大学士。魏忠贤乱政，朱国祯辅佐叶向高，多方周旋护持。叶向高、韩爌这两位首辅相继去职后，朱国祯接替他们出任首辅，最后累加太子太保，但还是被逆党李蕃所弹劾，于是就称病退休回老家了，最后获谥号"文肃"。他的著作最有名的是《涌幢小品》，这是一部笔记。涌幢，就是指海上涌现出佛家的经幢，形容时事变幻，就好比是昙花一现的意思。

墓志铭的书丹者文震孟（1574—1636），字文起，长洲（今江苏苏州）人，为明代著名书画家文徵明的曾孙。他的书法名迹，遍布天下，可与他的曾祖文徵明相媲美。

墓志铭的篆盖者郑三俊，字用章，池州建德（今安徽东至）人，万历二十六年（1598 年）进士，天启中累迁户部右侍郎，上疏弹劾魏忠贤；崇祯初年任南京户部尚书，兼掌吏部。

这块墓志铭，不但是研究叶向高生平事迹的宝贵史料，同时也是难得的书法珍品。就字数而言，极有可能是我国目前发现的文字最多的古代墓志铭。

福清叶向高"黄阁重纶"牌坊及已拆掉的向高街牌楼

徐㷇——觅得云房聊借宿

有一位闽侯人，应童子试后，就再也不玩科举了，跟着哥哥作诗，成了大气候。这个气候大，也不是白说的，大到什么程度呢？这个人和叶向高、翁正春、曹学佺、谢肇淛等文坛、政坛元老大腕互相唱和、切磋诗作，结成了一个诗社，名叫"芝社"。从万历三十一年至万历四十二年，玩了十二年诗，开创了一个诗派，人称"芝山诗派""兴公诗派"。此人叫徐㷇，他和曹学佺一起并主闽中诗坛。

徐㷇精通禅理，颇负声望，一般文人诗僧都以能得到他的好评为荣。他来黄檗山住下，写了《宿黄檗寺》。他还登上龙潭，写有《黄檗山观龙潭水濂洞瀑布》等多首黄檗诗词。

在历代写黄檗山龙潭的几十首诗中，徐㷇的《黄檗山观龙潭水濂洞瀑布》应该是最长的一首。在诗里，徐㷇说龙潭是黄檗山的制高点，沿途是山岩危壑，登上绝顶就像披上了一层云纱，周围群峰拥簇，万山屏障，但沿途溪流潺潺，移步幻形，千姿百态；快到峰顶的时候，是幽幽深洞，这汩汩清泉不知从何处而来，到了龙潭飞流直下，飒然作响，如粒粒明珠，喷银吐玉，如一挂珠帘，从空中而来，又像晴日的雨丝悬挂在崖上；这股龙潭源头活水穿岩而来，喷泻弥急，瀑布水花飞溅，足有数丈之高；此处

164

龙居的窟宅，如此幽隐；要想获得愉乐，就得看轻尘世的诱惑，把世间的烦嚣得失，抛到九霄云外，这个道理是如此的简单真切，恐怕没有谁说这个道理是虚妄的吧。

《黄檗山寺志》收有徐𤊹的《宿黄檗寺》：

> 青峰十二削芙蓉，黄檗开山第一宗。
>
> 阴洞有灵蟠巨蟒，古潭无际蛰神龙。
>
> 门通十亩林间竹，路指千年壑底松，
>
> 觅得云房聊借宿，半天残月上方钟。

在这首诗里，徐𤊹主要是描写了黄檗青峰十二座，说黄檗寺山门外，有数亩竹林，大路正对的山间岩壑，沟底是千年古松。他们到来的时候，已是傍晚，就到云房借宿下来，此时已是一弯新月如钩。在这首诗里，他还专门写到黄檗山上有一个深幽的蟒洞，里面有灵蟠巨蟒，黄檗古龙潭深不见底，里面有盘蛰的神龙。

徐𤊹（1563—1639），字惟起，一字兴公，别号三山老叟、天竿山人、竹窗病叟、笔耕惰农、筠雪道人、绿玉斋主人、读易园主人、鳌峰居士。嘉靖四十二年（1563 年）生于福州鳌峰坊，祖籍侯官。徐𤊹工诗，擅长书法、绘画，远离科举，终生未得一官，平日身处书城，自以为乐。他博学多才，对地方文献很熟悉，先后三次参加《福州府志》编修工作，还修撰《雪峰志》《鼓山志》《武夷志》《榕城三山志》等。他提出修志的见解："省会人物之盛，载笔不得不严，在一州一邑，唯恨文献不足，不可一概严削。"他对荔枝种植和保管有较深研究，著有《荔枝谱》，所载品种就多达 100 多种，大可与宋代蔡襄的《荔枝谱》并美，很有价值。此外，他尚有很多著述，如《闽画记》《闽中海错疏》《红雨楼集》《闽南唐雅》《榕阴新检》《鳌峰集》《笔精》《茗谭》《荔枝谱》《蜂经疏》等。据不完全统计，他撰辑的著作约有 50 种。

徐𤊹不仅是诗人，而且善画山水及草隶书，然惜墨如金不肯多作，传世作品甚少，今福州法海寺还存有他手书的碑记。他一生最大贡献在于图书的收藏与校勘工作，是当时著名的藏书家之一，藏书七万余卷。他的藏

书楼有红雨楼、绿玉斋、汗竹巢和由曹学佺捐置的宛羽楼。他的藏书不仅数量多，而且质量高，"所藏多宋、元秘本"。万历三十年（1602年），徐𤊹把他收藏的书籍编为《红雨楼书目》四卷，其中辑录的"明诗选"还加注作者生平，是研究明代艺文的宝贵资料，著录的140种元明戏曲，是研究戏曲史，尤其福建戏曲史的宝贵资料。

徐𤊹精于校勘，他以严谨的治学态度纠正古学中的许多的舛误。陈寿祺在《左海文集·红雨楼文稿跋》中对他在这方面成就评价说："咸考证精核，有先贤遗风。"

徐𤊹不同于那些把善本秘籍当作古董、藏而不传的"书蠹"。他对于读书人不仅乐于借阅，而且还设几供茶，以礼相待，作为私人藏书家的徐𤊹当时能具有这种"以传布为藏"的观点，确是难能可贵的。徐𤊹晚年因从子不肖，家产荡败无存，穷困潦倒，"糊口四方"，于崇祯十二年（1639年）十月十三日去世。

徐氏藏书地——红雨楼

蔡联璧——金粟护法开功业

蔡联璧是著名的护法居士。在明天启四年（1624年）三月，应檀越蔡联璧之请，密云圆悟禅师入主海盐金粟广慧禅寺。密云圆悟禅师移锡宁波天童寺后，蔡联璧又先后礼请石车通乘、费隐通容、百痴行元、孤云行鉴等高僧大德前来住持。

在永历版《黄檗山寺志》卷六"外护·序启"之部，收录了顺治二年（1645年）蔡联璧所作的《密云禅师语录序》。其中写道：费和尚重加考定，法今垂后，命璧董校雠，因叙述如此。这说明，《密云禅师语录》是由费隐通容禅师主持刊刻，由蔡联璧负责校对和相关印务。

七年后的顺治九年，《隐元禅师语录》行将付梓，蔡联璧又为隐元禅师这本语录作序，落款写的是菩萨戒弟子蔡联璧拜序。序言写道：昔人有言，智过于师，方堪传授……俯仰二十年间。金粟秉拂，福严开山，龙泉正令，惟黄檗住久。这段话总结了隐元禅师二十年来先后住持的寺院。

蔡联璧的生卒年月都不详。他是明盐官金粟里拱坊（现在海盐县新拱村）人，字子谷，号明暹，人称"黄坡居士"，是著名的护法居士。在我们能看到的一些文献中，蔡联璧自称"古盐官菩萨戒弟子蔡联璧""盐官文学""檀越弟子蔡联璧"。

　　蔡联璧是浙江金粟广慧寺的重建者。据明版《金粟寺志》记载：嘉靖年间（1522—1566），海盐县遭到倭寇一再骚扰，金粟寺"楼殿半为灰烬"，出现了"僧众寥落，民宅其地，桑麻鸡犬，横满目前"的惨象。相传万历中，大体是1595年前后，蔡联璧做了一个梦，因而"缘感异梦"，下决心发愿修复金粟寺，他卖了自己家三十亩土地，和僧人广道一起，历尽艰辛，重建了大悲阁。紧接着，他又在海盐县令樊维城和浙江按察司副使赵国琦的支持下，请来了禅德本彦。在万历末和天启初，陆续修复和重建正殿、禅堂、方丈、祖师堂和僧寮。自打修复大悲阁开始，前后经历了三十余年！可以说是三十年峥嵘岁月！修复后的金粟寺十分宏伟，常住僧人过千人，开创了浙江第一寺——金粟寺历史上最为辉煌的时代。

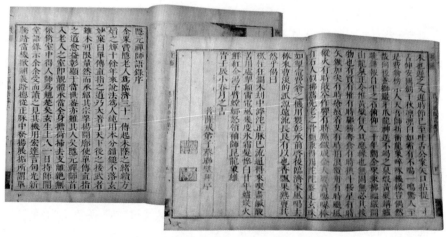

蔡联璧为《隐元禅师语录》所作序书影

　　天启四年（1624年），蔡联璧等人礼请临济宗30代祖师密云圆悟禅师住持金粟寺。密云圆悟禅师在金粟寺五载（1624—1630），大兴临济、德山的禅风，七百余僧众慕道而来，使金粟寺一跃成为全国著名的一大禅林。据明版《金粟寺志》序中所言："密老人自天台应请，携杖南来，披榛斫石，未几瓶锡四集，龙象盈千，化灌莽为宝坊，更烟榴为雕甍。自非圣智，何以致是。"

　　《密云禅师语录》卷九和卷十的年谱中明确记载：在明天启四年（1624年）三月，应檀越蔡联璧之请，密云圆悟入主海盐金粟广慧禅寺，至崇祯三年（1630年）十月"飘然拂衣而去"。圆悟在金粟寺六年的事迹，也记录得非常详明。密云圆悟禅师移锡宁波天童寺后，蔡联璧又先后礼请石车通乘、费隐通容、百痴行元、孤云行鉴等高僧大德前来住持，此等盛况一直延续到清初。金粟寺尚有密云圆悟禅师法衣塔。

　　顺治十六年（1659年），寺僧木陈道忞应召到北京觐见皇帝，被敕赐"弘觉禅师"称号，并赐予墨宝和宝印。这是金粟寺历史上最为鼎盛的时期，文献记载是"缁素云集，檀施山积，大厦鸿构"。

　　蔡联璧于金粟寺贡献厥功至伟，堪称古今护法金粟的在家居士第一人。令人可喜的是，金粟善男信女辈出，2011年开始重建大悲阁，《重建金粟寺大悲阁记》一文写道："追明代护法居士蔡联璧重建金粟之遗风，吾辈重建也自大悲阁始。更别出心裁，一阁而俱大悲阁、千佛殿、藏经楼之功，亦具体而微之古金粟一窥也。"

张瑞图——父子两代护黄檗

　　2011 年 12 月，北京匡时秋拍首次推出"晚明五大书家"专场，现场气氛热烈，29 件拍品悉数成交，总成交额达 1.86 亿元，其中张瑞图的《行书七言诗》以 3507.5 万元的成交价摘得专场桂冠。2022 年 7 月在福建省美术馆展出的"一脉传承　花开两邦——纪念中日邦交正常化 50 周年黄檗文化展"，精选了福建博物院院藏的黄道周、张瑞图、叶向高三位名家与黄檗文化密切相关的书画作品。这三位晚明著名的闽籍政治家都和黄檗山有着深厚的渊源，是黄檗文化形成过程中非常重要的人物。

　　《隐元禅师年谱》记载，崇祯十五年（1642 年），隐元禅师 51 岁，这一年收到张瑞图写来的诗句，并作诗回复。隐元禅师的《次二水张先生韵》：

> 既曰劳生于此世，丈夫岂可自偷安。
> 沧江水浊鱼龙涸，独坐石矶把钓竿。

　　这首诗，应该就是隐元禅师给张瑞图的回诗。

　　张瑞图之子张潜夫在明亡后隐居白毫庵，与禅僧交友，特别是与后来东渡日本的隐元、木庵交往密切。

　　说到晚明书坛的发展，张瑞图是一个怎么都无法绕过去的人物。张瑞图和黄道周、倪元璐、王铎、傅山并称"晚明五大家"，是浪漫主义书风的典型代表。这五个人都是名头山响的大师、大腕。

张瑞图（1570—1644），字长公，号二水、芥子、白毫庵主、平等居士，福建晋江人，万历三十五年（1607年）中进士，殿试位列一甲第三，被授予翰林院编修，后以礼部尚书进入内阁，又晋升为建极殿大学士，加少师。张瑞图的官场可谓春风得意。他红的时候，正是大宦官魏忠贤专擅朝政，势焰熏天之际。内阁首辅顾秉谦和先后进入内阁的冯铨、黄

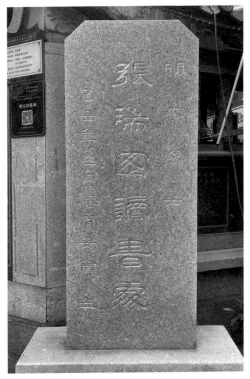

福建晋江白毫庵"张瑞图读书处"

立极、施凤来、张瑞图、来宗道等人，都成为魏忠贤的私党，时称"魏家阁老"。

崇祯三年（1630年），张瑞图因为魏忠贤生祠的碑文多为其手书，被皇帝定为阉党，获罪罢官，放归乡里。据《明史》记载："施凤来，平湖人。张瑞图，晋江人。皆万历三十五年进士。凤来殿试第二，瑞图第三，同授编修，同积官少詹事兼礼部侍郎，同以礼部尚书入阁。凤来素无节概，以和柔媚于世。瑞图会试策言：古之用人者，初不设君子小人之名，分别起于仲尼。其悖妄如此，忠贤生祠碑文，多其手书。"《明史》说施凤来素无节概，说张瑞图"悖妄"。可以说，这种评价还带有一种明显的羞辱。

张瑞图生活的年代官场也真的不好混。彼时党派林立，互相倾轧。东

林党和魏忠贤的阉党往
死了整。曾有传言说两
党之争导致很多官员整
天提心吊胆，早上出门
上朝前都慎重地跟家人
作揖道别，害怕不能活
着回来，如果晚上能够
回来则摆酒全家庆贺，
庆幸又多活了一天。张
瑞图就是在这样的氛围
中步入殿堂和终结他官
场生涯的。张瑞图的生
活就是两个部分：一是
在北京做官，二是在福
建晋江老家呆着。应该
说张瑞图还是非常幸运
的，他每次在老家赋闲
的时候都是两党斗争最
激烈的时候。

福建晋江张氏宗祠

　　张瑞图第一次回乡，朝廷内阁缺人，东林书院的顾宪成极力推荐有政
绩的淮扬巡抚李三才入阁，结果遭到反对派抹黑漫骂，说"东林党"结党
营私，不少士人不敢再与东林书院有瓜葛。此时张瑞图没有与哪一党有什
么瓜葛，自然没有被卷入党争。第二次回乡是1620年。这一年又是明朝
大动荡的一年，万历皇帝和继位不到一个月的明光宗相继离开人世。明光
宗的死引发"红丸案"，使一大批阉党官员得到惩处，可谓血雨腥风。张
瑞图则又一次躲过党争。但是，什么事都有无常。1626年9月，魏忠贤在
杭州西湖为自己建生祠（为活人修建的祠堂），张瑞图为他书写碑文。正
是因为这个原因，张瑞图不仅结束了在夹缝中生存的官场生活，还差点惹

来牢狱之灾。

天启七年（1627年），明熹宗天启皇帝过世，其弟明思宗崇祯皇帝继承皇位，同年十一月，崇祯皇帝勒令魏忠贤出京到凤阳去看管皇陵，将魏的全部财产充公，魏忠贤于十一月初六在阜城县南关上吊而死。十二月二十三日，崇祯皇帝发布政令，对形形色色的"阉党"分子进行彻底清查。崇祯元年（1628年）正月，张瑞图两次求退，不允。据说，最初朝里议定魏忠贤逆党，张瑞图并未列入。然而，崇祯元年（1628年）二月会试，施凤来、张瑞图任考官，所录取的考生几乎都是太监、勋贵的姻戚门人，这一下激怒了崇祯帝。崇祯二年（1629年）三月，施凤来、张瑞图被罢免。三月十九日，崇祯以谕旨的形式公布"钦定逆案"名单。张瑞图因"交结近侍"，赠送魏忠贤金字贺屏，帮魏忠贤生祠写碑，判张瑞图下狱三年，后来因为"认罚赎罪"的政策，张瑞图缴纳了不少钱，才获改判削职为民，躲过了牢狱之灾，被遣归原籍。这之后，张瑞图就一直在晋江生活，直到1644年离开人世。

张瑞图落职后，隐居在晋江青阳下行故里，生活恬淡，优游于田园林壑，忘情山水，经常往白毫庵中和僧人谈论禅理，力求"学禅定以求安心"。他还以诗文翰墨自娱，留下了不少书法及诗歌作品。所作《村居》《庵居》六言诗达300首之多。

有意思的是，南明隆武二年（1646年），唐王朱聿键站出来为张瑞图被列入"阉党"一案平反，赐谥"文隐"，并重新祭葬。吏部尚书、文渊阁大学士林欲楫为张瑞图撰写了数千言的《明大学士张瑞图暨夫人王氏墓志铭》，列举了十数件张瑞图与魏忠贤曲折斗争的大事为其翻案。林欲楫感慨"夫洁身以全名者，曲士之所易；濡迹以救世者，圣贤之所难也"。不过，也有人说林欲楫对张瑞图的评价有点过，因为他俩是姑表兄弟，又是同榜举人、同榜进士，张瑞图之子张为龙是林欲楫的女婿，其公正性被打上了问号，林欲楫的说法未能得到普遍认可。

日本书坛对张瑞图的书法一直很推崇。起因就是隐元禅师东渡日本时，带去了不少张瑞图的书迹，并且在丈室和茶会等重要场合张挂，使得日本

文化圈熟知张瑞图其人，说他的书法"气脉一贯，独自风格"。值得一提的是，相传张瑞图是水星转世。所以，不管张瑞图被判罪也好，平反也好，就因为大家觉得将他的书法作品挂在家里可以防止火灾这一点，喜欢张瑞图书法的还是大有人在。

福建晋江八仙山公园张瑞图书法石刻及其墓道石像生

唐世济——负心多是读书人

在《黄檗山寺志》卷六，收有唐世济于"崇祯壬午夏仲（也就是1642年的仲夏）"为《隐元禅师语录》所作的序，在这篇序言里，唐世济署名是"弟子唐世济稽首撰"，可见，唐世济是隐元禅师的俗家弟子。唐世济官居资政大夫、都察院左都御史。都察院的右都御史为总督的兼任衔，不设专员。所以，左都御史就是都察院的长官，他的主要职责就是专门监督纠查弹劾百官的所有事情。

唐世济是乌程人，乌程就是今天的湖州。万历二十六年（1598年）唐世济中进士，第二年授福建三明宁化县令。《汀州府·名宦》记载，唐世济在职期间，"仁声四彻，公余课士，多所造就"，曾重建龙门桥、广济桥，往来利涉，以廉洁著称官场；后被提拔为江西道监察御史，巡按淮扬。山东发大水、闹蝗灾，灾民跑到淮扬，唐世济全力以赴设立粥厂，并上奏拨漕运款给予救济，救活灾民十余万。天启年间唐世济历任南京刑部右侍郎、兵部左侍郎，但得罪了阉党魏忠贤，而被罢官。崇祯元年官复原职，五年后升任南京右都御史、左都御史。

崇祯九年（1636年），唐世济依附温体仁，温体仁和谢陛意图为阉党翻案。第二年，群臣参劾温体仁，唐世济遭连坐而去戍边。

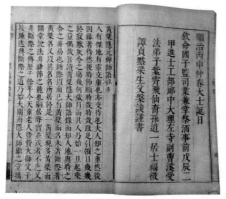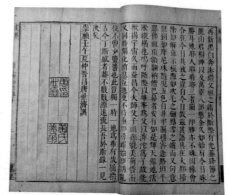

唐世济为《隐元禅师语录》所作序

从黄檗书院掌握的文献资料来看，唐世济也曾为隐元禅师的师父——费隐通容禅师的《费隐禅师语录》作序，这篇序言收进了《嘉兴大藏经》，创作时间是崇祯十六年（1643年）。这篇序言的落款是"乌程唐世济顿首撰"。唐世济给隐元禅师的序里称弟子，而且是稽首；给费隐和尚，用的是顿首。顿首也是磕头正拜，但过去多用于书信等书面表达，或者说是一种书面客套。而稽首，是古代的跪拜礼，为九拜之中最隆重的一种，常为臣子拜见君主时所用——跪下并拱手至地，头也要磕到地上。稽首的稽，就是"停留，拖延"的意思，稽首的意思就是头触碰在地上且停留一会儿。由此可以看出，唐世济和费隐禅师、隐元禅师师徒二人有着很深交往的。但对于隐元禅师，有着更深、更多一层的尊奉和崇敬。

在《隐元禅师语录》序言开篇，唐世济就讲道：人有杰，地有灵，交重也。因为交情很重，所以彼此之间的因缘就凝聚得很深，而且随着时间的流逝，显得越来越珍贵。唐世济说：我是读了黄檗山隐元大师的语录，才知道人与地利、天时之合是多么的难得，是多么的不易；捧读隐元禅师语录，句意俱到，如摩尼珠随现五色，扫除了很多迷茫的一知半解，可以说是直示根源，如吹毛之剑，点雪之炉，辉天鉴地；黄檗法脉，源远流长，我在隐元禅师的语句之中，有了更多的遇见；浙江天童山密云老人和费隐大师、隐元大师手持接力棒，传承黄檗希运祖师禅法，使断际之道大张大显大阐发；而隐元大师所承继的，是堂构的焕然再新，是为断际祖师的增益增光，能够有今天这样一个殊胜，真是人和、地利与天时，三者缺一不可，这就是人们所说的因缘和合。

1644 年农历三月，崇祯皇帝在煤山自缢；不久，万历皇帝的孙子福王朱由崧在南京登基，史称"弘光政权"，撑持着风雨飘摇中的大明半壁江山。1645 年农历五月，多铎率军围攻南京，危难之际，弘光皇帝在五月初七召集了一个会议，参加者都是南明最高层的官员，讨论国家下一步怎么办，会场气氛凝重。唐世济出来讲话，主意却是"降志辱身，亦所心甘。"也就是投降！三天后朱由崧逃离南京。五月十五日，南京众大臣投降，清军进入南京。

由于唐世济力主降清，因此后世不少史家对唐世济评价很低。

公元 1645 年，南明都城南京城破前夕，一个乞丐写下这样一首绝命诗：

　　　　三百年来养士朝，如何文武尽皆逃；

　　　　纲常留在皁田院，乞丐羞存命一条！

令人不禁想起曹学佺的一句话：负心多是读书人！

欧阳劲——青山何处坐跏趺

《黄檗山寺志》卷七存有欧阳劲与叶向高同游黄檗山万福寺时所作的一首七律，题为《同叶太史游黄檗次和》：

> 天风浊酒洒蘼芜，面面芙蓉削处孤。
> 托乘谁应攀鹤驭，裁诗君独握骊珠。
> 黄符绛节还高下，琼树瑶花定有无。
> 著就一家言秘否，青山何处坐跏趺?

诗词的内涵意思大致是：天风浩荡，吹洒着漫山的香草蘼芜，黄檗山峰，矗立苍穹，是不是在托举仙鹤落足；如果论及作文裁诗，那当然是您叶相国，手里如同把握着骊珠；黄檗山绛节峰依然是那么高大巍峨，山顶上自然是琼树瑶花遍布；修行深厚就会自有心得，成一家之秘言；眼前是满目青山，我们应该到哪里去盘下双腿，独坐跏趺?

既然是和叶向高的诗句，那我们不妨也把叶的诗句拿出来比对一下，叶向高不仅多次来黄檗，而且留下多首黄檗诗文。其中有一首是《同欧阳邑侯游黄檗》：

> 千盘历尽俯平芜，万顷烟波入望孤。
> 竹里布金留慧月，岩前飞瀑放鲛珠。

中天绛节还临否？玉井仙浆可在无？

惟有青山怜傲骨，不妨终日坐跏趺。

这位欧阳邑侯叫欧阳劲，字懋节，广东从化人，万历十四年（1586年）赐同进士出身。从化的欧阳家祠一块碑文上记载说，欧阳劲初任福建莆田县令、后任大理寺评事，曾陪同皇后前往南海神庙祭神，被封钦差。在今广州从化区江浦街道凤院村的月竹公祠内，建有欧阳劲进士功名牌坊一座，记载他的功德，现该祠仍存有牌坊的石柱框架。而《从化县志》记载，欧阳劲为万历十四年进士，官大理寺评事。实际上两种记载可能都不太准确。《福州府志》和《福清县志》中的《官政志》记载，欧阳劲是从化人，曾为福清知县。总之，文献中没有他在莆田任职的记载。

大凡造福一方、为民立言的为政者，人民不会遗忘，历史不会缺席。叶向高在其《重修天宝陂记》中有关于欧阳劲组织民众重修天宝陂的记叙："吾邑滨海，土田瘠薄，又鲜泉源灌溉之利，雨旸一不时，苗立槁矣。惟西南有陂名天宝，历清源、善福，达新丰、仁寿二里，沃田数千顷。宋元符间，知县庄柔正修之，故又名元符陂。其后屡圮屡筑。万历己丑，则耆民周大勋奉邑令欧阳侯之命，筑石圳二百余丈，农民赖之。抵今将三十载。"在这里，叶向高提及的"邑令欧阳侯"，指的就是欧阳劲。2020年12月8日，天宝陂成功入选第七批世界灌溉工程遗产名录。2021年2月27日，《人民日报》整版图文并茂点赞天宝陂千年治水智慧。如今来到位于龙江上的天宝陂遗址，这里巨幅汉白玉雕刻的壁画展现了郎简、庄柔正、崔宗臣、欧阳劲等四位不同时期的县令为治理天宝陂所作出的贡献。

欧阳劲与叶向高颇有私交，他不仅陪同叶向高登黄檗山，他还陪叶向高登上福清瑞岩山，今天在福清瑞岩寺左侧的石磴路边，有欧阳劲的诗词题刻：

境入招提胜事多，前身或恐是维摩。

慈云绝岳寒初敛，慧雨疏林存并过。

岁暮衣裳虚薜荔，天空霜雪点松萝。

平畴极目俱沾足，田畯耕夫尽醉歌。

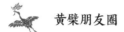

这首诗署名"岭南欧阳劲和叶太史次韵"。

在福清有一个过桥山垦区，这里也流传着"过桥山"的传说。其中提到：一位福清籍官员蔡学仁，他有个同年进士名叫欧阳劲，当时为官福清县令。欧阳劲有一儿子叫欧阳仁，文采兼备，于是蔡家与欧阳家结成联姻。蔡家的千金给欧阳家生了两个儿子，欧阳家就把其中一个男孩儿，过继给了蔡家，以延续蔡氏香火，即所谓"过桥"。

福清弥勒岩欧阳劲手书摩崖石刻

江朝宾——牧笛已随溪水去

作为明代黄檗的大檀越，首辅叶向高多次来黄檗并留下诸多诗文，而且几乎每首诗词都有同代人或者是后人的唱和之作，或短或长。但有一位比叶向高晚二十年中进士的福清人江朝宾，一口气写下了四首和诗，是为《步叶相游黄檗寺四韵》。2013 年在成都举行的一场专场拍卖会上拍了王铎、张瑞图等人 59 件绫本书法，其中就包括江朝宾手录唐人韦应物的诗：

今朝郡斋冷，忽念山中客。

涧底束荆薪，归来煮白石。

欲持一瓢酒，远慰风雨夕。

落叶满空山，何处寻行迹。

江朝宾，字如见，福建福清人。万历三十二年（1604 年）甲辰科殿试金榜第三甲第 197 名同进士出身，先为合肥丰城知县，后为南京户部员外郎，官场名气不大，但有一定文名。他写下的《步叶相游黄檗寺四韵》，不仅是四首诗，更是一份珍贵的明代黄檗文献。

步叶相同游黄檗寺四韵

其一

> 山中隐隐一道场，天语迢迢到上方。
> 不有庐山居慧远，空谭西域梦君王。
> 龙湫拟接曹溪近，宝篆升封华祝长。
> 共说南宗多胜派，谁知此地大舟航？

其二

> 纡迤鸟道郁千盘，到处峰头入眼宽。
> 谷口衔杯为避暑，龙渊喷雾转生寒。
> 诸君共爱上方趣，此日谁同万仞端
> 更有诗篇留在壁，琳琅应恣客游看。

其三

> 独立孤峰意不穷，萧萧杖屦度天风。
> 河山点缀微成象，身世鸿濛总是空。
> 倦鸟不忘春谷语，归鸦犹带夕阳红。
> 何时了却尘缘累？习静长随鹿苑东。

其四

> 青山寂寂暮来阴，天际归云傍翠岑。
> 牧笛已随溪水去，禅钟还向梵林寻。
> 惊心险径休相问，回首晴岚已欲沉。
> 不有空门忘色相，更于何处觅初心？

在江朝宾看来，黄檗寺是隐在黄檗深山之中的一处道场。东晋时期，慧远大师来到庐山，直至生命的终点，三十余年，不曾踏出庐山一步。因此，庐山因为有慧远大师居住，而得以显名；而黄檗山的龙湫潭，就好像是广东曲江流过来的曹溪水，承接了六祖南禅的绵绵法乳。南宗多胜派，一花开五叶，黄檗山浸润长流曹溪水，成为一处度人出离的大舟航，也是到达彼岸的渡口和桥梁。

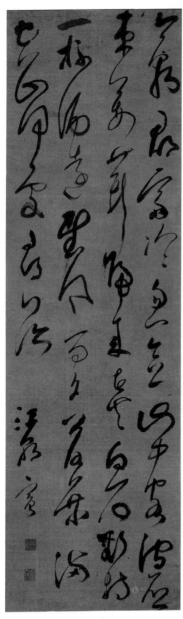

江朝宾书迹

黄檗山的风景自然更美，这里的鸟儿百鸣千啭，这里的松树绿荫蔽天，这里的山路犹如花径，这里的山峰入眼而宽。这里的龙潭、九渊潭，镶嵌在黄檗山巅，炎炎夏日喷雾生寒。一代代名士携友登临，勒石壁上留下诗篇，琳琅满目，珠光斑斓，客游其间，驻足观看。

江朝宾说，他深爱着黄檗山的十二峰头，是那样的安然独立，意趣无穷。特别是在秋高气爽的时节，看着无边落木萧萧下，手拄竹杖，攀缘而上，脚下好像踩着天风。有一次江朝宾登黄檗，下山已是傍晚时分，倦鸟纷飞归巢入林，归鸦隐入夕阳的红霞。青山寂寂，白云苍狗。遥远的天际和如黛如翠的黄檗山色相接。若有若无的牧笛，伴着龙潭流下的溪水潺潺流去，黄檗寺的禅钟回响在渐渐沉寂的晴岚之中。江朝宾不由得慨叹：大好河山，成就盛世气象，也点缀五彩人生。山河万朵，永远与大地同在，而人生在世，鸿蒙短暂，如梦如幻，只不过是过眼云烟，虚空一场，转瞬即逝。

江朝宾沉重地说，面对如此的生死无常，只有福慧并在的禅林空门，才能使人忘掉色相的贪着，了却尘缘的赘累，找到人生最为究竟的那份初心。

李开藻——黄檗西来自有山

　　为了走访黄檗朋友圈的历史遗迹，黄檗书院调研组专程去了一趟福建永春。一行人行走在永春东平镇太平街旧街，看到一座高大的石牌坊，上刻"世德流光"四个大字，在明媚的阳光下熠熠流光。这座"世德流光"石牌坊建于万历三十四年（1606年），是朝廷为旌表太仆寺卿李开芳、太常寺卿李开藻一家"为官方正，买粟赈灾、修桥造路、筑陂灌溉、兴办学堂"的功绩而敕建的。

　　这座"世德流光"石牌坊，高 8.5 米，宽 30 米，花岗岩构造，规格制式是三间五楼。在永春，李开芳、李开藻兄弟，同登万历癸未进士，成为尽

福建永泰县老街李氏"世德流芳"牌坊

人皆知的佳话。同样，在永春，李开芳、李开藻兄弟俩的孝悌之名，也口口相传，流传至今。兄弟俩的父亲去世，官至太仆寺正卿的李开芳于墓侧建房亭守孝，八载如一日，不忍离去。后因"弃仕途而侍养"，获皇帝御题《一庭孝友》。官至四省文宗、太常寺卿的李开藻，三年服丧满后，调官不赴任，倾全力在家乡建造学宫、乡祠、桥梁和道路。所以，时至今天，"敬祖宗，敦孝悌；睦宗族，端伦常；友昆仲，和夫妇；教子孙，尚勤俭……""积修美德光世祖，善守门风振家声。誓做好人心正身安魂梦稳，多行善事天知地鉴鬼神钦……"成为永春李氏的四世家训。

张瑞图曾专程到永春拜访李开芳、李开藻兄弟。歌颂两兄弟的《永春李二有道先生合祠功德碑》，书丹者就是张瑞图。这块碑为黑灰青石，精研细磨，雕刻细腻，书法俊逸，现藏于永春县博物馆。

李开芳，字伯东，人称"鹏池先生"，授户部主事，历任广西布政使，南京太仆卿。他为官清廉，在司管地方财物粮库时，不论收入支出，严格按制度办事。有一次他发现地方国库有四千金没有登记在册，气愤地说：一分一厘都是公家的东西，为什么不登记，难道是要让官吏从中渔利吗？那个时候，正逢边关吃紧，朝廷追加军饷，户部催促甚急。为了不增加民众的负担，他将长期库存而未在册的粮饷，用今天的话说就是小金库，悉数上缴，解了燃眉之急。

李开芳有书名，他的字浑厚有力、大气自然。陶宗仪在《书史会要》一书中说"开芳好以篆隶八分作署书"，《中国人名大辞典》评价他"善诗文工书法能丹青，字以篆隶见长，有李斯、程邈的遗风"。李开芳的文名也盛，留下不少著作，其中艺文类有《农乐图歌》《黄庭经跋》《兰亭跋》《四灵山赋》等。

李开藻，是李开芳的弟弟，人称"鹏岳先生"，历督鲁晋川赣四省学政，官封太常寺卿。万历二十七年（1599 年），吴越一带闹旱灾，朝廷委派他管理淮河水上运输，他看到百姓受灾严重，便放松关运，让民众自由运输粮食，以缓解灾情。同时，打开粮库，赈济灾民，使当地民众渡过了难关，老百姓无不颂扬他的美德。

张瑞图为李开藻、李开芳作《永春李二有道先生合祠功德碑》拓片

　　李开藻曾在多地任督学，当主考官，他本着唯贤是举的原则，举贤纳士。他的家乡常常为旱所困，为彻底解决这一难题，他带领众乡民修田筑陂，后又加以扩大，扩蓄的水库，可灌溉六百亩地。《南安县邑志》记载着他修桥造路的功绩，他曾在九都重建大力桥，在十八卢溪修建永安桥。他留下不少诗文，如《游永春魁星岩》，镌刻在魁星岩石壁上。李开藻著有《性余堂草》数十卷，《酌言》十卷。

　　特别要说的是，李开藻多次来黄檗山，并写下多首诗词，仅《黄檗山寺志》，就收录了三首。第一首是《黄檗山》：

　　　　黄檗西来自有山，石桥初度野云还。

　　　　分明一滴曹溪水，流与龙潭出世间。

　　这首诗里，李开藻讲了黄檗的曹溪法脉，讲到石桥、龙潭等风物，用"出世间"三字，点明了自己的处世态度，那就是"出世"。这种思想，在他的第二首诗《藏经阁》中，表达得更加充分，他写道：

　　　　岩峣杰阁倚云根，中有瑶函亿万言。

　　　　努目扬眉都是也，凭谁解报圣人恩。

　　诗中以"倚云根"言明藏经阁所处位置之高，用"亿万言"说明所藏大藏经之广大，最后点题修行才是对于佛陀言教"圣人恩"的报答。我们以李开藻的第三首诗——《阅黄檗心要》结束本文：

　　　　祖祖相传只一心，心心相印到如今。

　　　　当机不遇河东宰，千载何曾闻法音。

曹学佺——仗义每多屠狗辈

"仗义每多屠狗辈，负心多是读书人。"这是明代诗人曹学佺的著名对联，意思是说，讲义气的多半是从事平凡工作的普通民众，而有知识的人却往往做出违背良心、背弃情义的事情。曹学佺精通音律，擅长度曲，他谱写了闽剧的主要腔调逗腔，被认为是闽剧始祖之一。曹学佺藏书万卷，著书千卷，是闽中大才，对诗文、天文、地理、禅理、音律、诸子百家等都有深入研究，尤其是工于诗词。清兵入闽，他壮烈自缢殉节。曹学佺曾来黄檗山，写下一首《游黄檗》：

朝辞石竹路逶迤，暮入禅林境自移。

桥下清渠为草积，门前古树作藤垂。

诸峰翠黛分深浅，一勺寒泉历岁时。

昔日江淹来此地，悬崖何处有题诗？

曹学佺（1574—1646），字能始，号石仓居士，福建侯官人，万历二十三年（1595年）进士。诗中写到曹学佺一大早离开石竹山，沿着逶迤起伏的山路，傍晚时分抵达黄檗寺，一入禅林，庄严静谧，意境自然不同。山门外大石桥下的渠水里，积满了密密麻麻的水草，桥头的参天古榕树，长长的气根垂落下来，像山坡上爬满的藤条。黄檗山十二峰翠色如黛，远近分明。后山下来的泉水，汇聚到这里，已然是有些清凉。昔日的江淹曾经来过这里游览，只是不知道他的题诗，写在悬崖峭壁什么地方。

曹学佺于万历二年（1574 年）出生在侯官县洪塘乡的一个小商贩家庭。他的父亲卖饼为生，母亲早逝，家庭贫寒。曹学佺自幼好学，十八岁入府学，万历二十年（1592 年）会试落第后，回乡和龚用卿的女儿结婚。龚用卿是状元，曾奉诏出使朝鲜，归国时婉谢朝鲜国送的贵重礼品，回国后提升为南京国子监祭酒。当时，尽管龚用卿已经辞官在家，但借助龚的关系，曹学佺得以结识乡绅名流。1594 年曹学佺再赴北京备考，并有机会和诸多名士交流，次年中进士，授户部主事。他的主考官张位被罢官，门生故吏不敢前往看望，唯独曹学佺带着许多干粮赶往码头为张位送行。这件事看似不大，实际影响不小，这之后曹学佺被闲置了七年多，但这也恰好给曹学佺留出了研究学问的时间。

万历三十九年（1611 年），曹学佺升任四川按察使，后因得罪蜀王被罢职，给他送行的蜀人遮道相送。这一年他回到福建老家，在故乡洪塘建造石仓园，邀请文朋茶友赋诗会文，谈古论今，并创剧社"儒林班"，闽中文风因此而昌盛起来。十一年后的天启二年，曹学佺被起用为广西右参议。桂林宗室素来骄横，常有不法行为，曹学佺执法不阿，遇到宗室犯法者，即命主管官吏严治。他也亲自反复开导，使宗室肃然奉法。广西少数民族众多，官吏、差役敲诈勒索，驻军要酒要肉，骚扰得民不聊生，所以经常激起民变。曹学佺对官吏严加约束，严禁驻军扰民，局势很快就安定下来。四年后曹学佺升任陕西副布政使，但是世事无常，他还没有来得及赴任就突发变故。事因是他写的一本书《野史纪略》，里面有"梃击案"的本末详情，魏忠贤的党羽借机弹劾，说曹学佺"私撰国史，淆乱是非"。曹因此被囚禁 70 天，之后削职为民，《野史纪略》的书版被劈烧毁。

崇祯皇帝登基不久，曹学佺又被起用为广西副布政使，但他力辞不就。当时，福建沿海海盗猖獗，曹学佺建议官府在闽江口梅花、双龟一带屯兵并建碉堡，与居民共同防守。当局采纳，海寇从此远遁。曹学佺热心故乡公益，曾筹资疏浚城内外河道与西湖，并建造洪山、万安、桐口 3 座桥，

乡亲们感念他的德行，在洪山桥头建立祠堂塑像来祭祀他。

　　崇祯十七年（1644 年）崇祯皇帝在煤山自缢。曹学佺闻讯投池自杀，后来被家人救起。第二年，唐王朱聿键在福州登帝位，改元隆武。曹学佺进见，被授为太常寺卿，不久迁礼部侍郎兼侍讲学士。曹学佺后以纂修《崇祯实录》，进礼部尚书，加太子太保。当时南明草创，朝中大事大多由曹学佺和大学士黄道周参与决断。

福州曹学佺故居遗址

隆武二年（1646 年），他捐银万两助饷，力助隆武帝亲征，收复失地，但亲征没有成功。清军打入福建，朱聿键在汀州被俘杀。九月十七日，清军攻陷福州，第二天，曹学佺沐浴更衣，在西峰里家中自缢殉国，死前留下绝命联："生前单管笔，死后一条绳。"另有一说他是在鼓山涌泉寺自缢的。当时的明鲁王监国追谥他为"文忠"。乾隆十一年（1746），即曹学佺殉国一百年之后，清政府追谥他为"忠节"。

曹学佺毕生好学，对文学、诗词、地理、天文、禅理、音律、诸子百家等都有研究，尤其工于诗词。他的私人藏书上万卷，储藏于"汗竹斋"，有《汗竹斋藏书目》行世。徐𤊹记道："予友邓原若、谢肇淛、曹学佺皆有书嗜，曹氏藏书则丹铅满卷，枕藉沉酣。"

曹学佺因先后两次被罢官，家居"石仓园"，著书 20 年。他曾经说：佛家有佛藏，道家有道藏，儒家岂可独无，决心修儒藏与之鼎立。于是，采撷四库书，分类编纂，历时十余年，但还没有完稿，就遇到了明亡。曹学佺一生著书达 30 多种，1300 多卷。他的《石仓诗文集》，在清初被列为禁书而失传。曹学佺也有画作传世，林则徐的福州府第"七十二峰楼"大堂悬挂的就是曹学佺的《贞松图》。

当年被罢官的曹学佺来到黄檗山，礼佛登山之余，曾写下一首《登绝顶》，面对绝壁深渊，他发出了由衷的慨叹："好游不学道，来此亦何补？"是啊，一个人没有信仰不学道，即使你爬得再高登上了绝顶，那又有什么用呢？这，难道就是他一生的了悟……

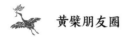

王志道——大藏入山龙宫出

　　明末林伯春、释行玑、释行元等编修了《黄檗山寺志》，为这部志书作序的人叫王志道。此人任过都察院左副都御史，相当于现在的最高检一把手，后来被削职回乡。王志道在序中说，自古以来，都是以人名山，而黄檗是以山名人。希运禅师在这里出家，自师门下出了临济一宗，宗风大振，禅师法名前也因此冠上黄檗而大显。而且，江表、岭南一带，希运禅师驻锡之处，都称"黄檗道场"，这就又成了"山因人名"。

　　王志道（1574—1646），字而宏，号东里，漳浦官浔人，万历四十一年（1613年）进士，历任江苏丹阳知县，礼科、兵科给事中，大理寺少卿，都察院左副都御史，南明户部侍郎等职。

　　王志道中进士后，初授镇江府丹徒知县，后授丹阳知县，他为官清廉，体察民情。天启年间，丹阳遭受特大蝗灾，王志道坐镇蝗灾最重的柳茹村，身先士卒，发动百姓灭虫，保住了庄稼。百姓感念他治蝗之恩，自发集资为他建造王公祠。因治蝗有功，王志道获提拔进京任礼科、兵科给事中。作为京官，他处事公正，不趋炎附势。针对令而不行、行而不决、决而无果，他直言上疏，称这些弊端都是臣下懈怠不恭造成的，皇上要维护至高无上的天子尊严和权威，就必须问责这种行为。

崇祯二年（1629 年），太监王坤对翰林院文官关于国政大事的上疏横加指责，诬陷首辅大学士周延儒。当时王志道不干了，他本来就是极力反对宦官擅权干政，他立即向崇祯皇帝上奏说："作为一个内臣，对朝政无端指手画脚，如果开了这个头，就会流祸无穷。现在竟然对首辅大臣开始挑三拣四，这纯粹是越职。"王志道不仅参了太监王坤一本，而且步子有点大，顺便把崇祯皇帝批评了一顿，说崇祯皇帝只信宦官，不信廷臣，这才导致宦官肆无忌惮、胡作非为。崇祯皇帝一下子龙颜大怒，大叫停停停，不准再奏。可王志道仍然继续上奏说："治兵在于选择将才，如果使用宦官作为监军，以今天这样的一个军容，即使李广、郭子仪再世，这仗也无法打赢。"王志道因此触怒了崇祯皇帝，直接被削职回乡。

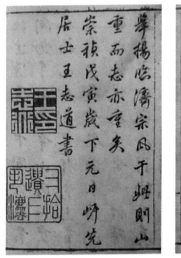

王志道作《黄檗山寺志序》书影

都察院除"专职纠劾百司"的错误毛病之外，还有两项重要职能，其一为天子耳目，即所谓的言官，在特定时期特定情况下甚至可以风闻奏事；其二为重案会审，即重大案件由三法司会审，三法司就是指刑部、都察院、大理寺。王志道尽管削职回乡，但他的身份和地位都还相当高。所以，黄檗山寺志出来之后，就由王志道作序。这篇序，作于崇祯十一年（1638年）。他在这里叙述：黄檗寺额起自唐朝贞元，塔院起自北宋太平兴国，古物有唐九松；神宗皇帝所赐大藏，永镇山门；法宝将兴，必有轮王；自大藏入山以后，龙宫就渐渐出来了。王志道说：他对于黄檗的山山水水是永远都不能忘情的；密云禅师来到黄檗寺后，仅是通过书信来往，而不能亲自来到九龙潭；黄檗山近在我乡，是我的同学林侍御的故里；龙藏大檀樾叶向高相国，是我的老师；不管是因人重山也好，还是因山重人也好，我秉承的是"初心不忘"，所以黄檗寺里的僧人请我作序，我自然乐而为之；但愿黄檗山的后代儿孙，当如黄檗希运禅师、密云圆悟禅师，不忘家山，高举高扬临济宗风于黄檗，这样才会有山重而寺志亦重矣。

王志道回乡后，适逢明末福建漳浦沿海倭患猖獗，他和横口村王姓家族一道，聚族建造了横口城，用来防御海上倭寇的侵扰，守护了一方百姓的平安。明亡后，南明王朝征召王志道为户部侍郎、吏部侍郎，最终王志道以吏部左侍郎致仕。顺治三年（1646年）王志道在家中去世，终年73岁。王志道一生刚正不阿，忠直敢谏，崇尚实干。他的言行伴随着黄檗寺志的流传而为人千古传颂。

吴钟峦——福唐丛林最著者

　　《黄檗山寺志》卷七"文"之部，开篇就是明代人吴钟峦的《游黄檗山记》，大儒真德秀著名的《龙潭祈雨词》却屈居第二篇，这种编排体现了寺志编者对吴钟峦的重视。吴钟峦在《游黄檗山记》中写道：

　　黄檗山寺，福唐丛林之最著者也……寺在翠微，松竹森蔚，望之已居然胜境矣。入寺，群峰回合，梵宇庄严，为宝殿，为转轮藏，为香积厨，为僧众寮，结构都备。

吴钟峦绘像

　　吴钟峦（1577—1651），字峦稚，号霞舟。学界普遍称他为霞舟先生。他是南直隶常州府武进县人（今江苏省常州市武进区）。南明弘光元年（1645年）吴钟峦被提拔为礼部主事，后从鲁王朱以海监国到达福建，由钱肃乐推荐，被召为通政使。钱肃乐和吴钟峦是丙子同考同一科的进士。吴钟峦后升任礼部尚书，往来福建与普陀山之间，组织抗清。《明史·吴钟峦传》记载，大清兵至宁波，吴钟峦慷慨激昂地对人说："昔仲达死珰（宦官）祸，吾以诸生不得死。君常死贼难，吾以远臣不得从死。今其时矣！"

吴钟峦所说的仲达是谁呢？他就是江阴的李应升，是吴钟峦东林书院弟子，因为忤逆魏忠贤及其死党，后来被阉党整死。南明永历五年（1651 年），舟山破。吴钟峦当时正在普陀，他慷慨悲愤地对人说："昔者吾师高忠宪公与吾弟子李仲达死阉难，吾为诗哭之；吾友马君常死国难，吾为诗哭之；吾门生钱希声从亡而死，吾为诗哭之；吾子福之倡义而死，吾为诗哭之。吾老矣，不及时寻块干净土，即一旦疾病死，其何以见先帝、谢诸君于地下哉？然吾从亡之臣，当死行在。"

吴钟峦《十愿斋全集》刊本书影

说完，他就立即渡海入城，与大学士张肯堂诀别，然后来到孔庙，抱来很多柴火，堆积在左侧的殿堂屋檐之下，怀里藏着他所注的易经，怀抱孔子的木主，点火自焚而死。死前赋绝命词写道："只为同志催程急，故遣临行火浣衣。"终年 75 岁，后乾隆赐谥"忠烈"。据说，吴钟峦死前曾对门人说："我死遂焚，无令此身入清土。"但他的门人没有照办，后来还是把他葬到了吴氏的祖墓。

吴钟峦是位有气节的英雄不是偶然的，这自有其家教的渊源。他的先人吴肇，是建文帝的大臣，靖难之变后隐居不出。吴钟峦少年时喜欢读《坛经》，又好钻研黄老长生之术，后在东林书院听了顾宪成的讲学，慨叹说："保身养性，取之儒学就可以了，不必远求佛教和道教。"于是拜入东林党门墙，成为东林重要人物李应升的座师。

话说当年吴钟峦随鲁王朱以海入闽后，和他的两个姓林的朋友一起来到福清黄檗山，带着他的三儿子吴裔之，进山礼佛后还在寺院住了下来。他在《游黄檗山记》中写道：

> 黄檗山寺，福唐丛林之最著者也。……寺在翠微，松竹森蔚，望之已居然胜境矣。……殿后历数十级而上，上为法堂，为方丈，为客堂。堂中有叶文忠公像。临高望远，心目敞豁，遂栖宿堂左。……行上从山至塔庵，庵静而整，有松径、有竹林、有茶坞、有泉、有石，可小憩。……临济法嗣密云、费隐、隐元诸禅师相继提倡宗风，以迄于今。

这篇游记在诸多黄檗诗文之中，是最全面的一篇。里面有人物、有情节、有风物，更是有历史沿革、有寺院格局、有兴衰分析。一个三百多年前的庄严丛林跃然纸上。

叶成学——未尝以声色加人

　　叶向高的文章前篇已经述及，本文把视角投向叶向高的儿子叶成学。叶成学受家风影响，亦是黄檗的大护法。叶成学虽贵为大明首辅的公子，但能上正父母，中洁自身，下束家人，未尝以声色加人。叶成学谦虚低调，谨言慎行，慷慨好义，急人所急，深得乡里百姓爱戴。叶成学死后，老百姓每当遇到急难的事情或是不平之事，常常说："成学在，不至此。"家乡人把叶成学和他的父亲叶向高对比说道："父不如子。"因为叶向高以清官自律，对乡里之事很少关涉，乡党有事来求，一般是婉拒或者直接谢绝。叶向高听到这个议论，也只好是笑而受之。

　　叶成学生于他爷爷的江州官舍，六岁时他母亲随着叶向高来到北京城，他就回到福清老家替父母侍候奶奶；万历四十一年（1613年），他曾进京省侍他父亲，还被朝廷录为尚宝司丞。这个官是尚宝司的属官，原定制是三人，正六品，辅佐尚宝司卿掌管宝玺、符牌和印章之事，大多为勋贵子弟才能够得到这份职务。叶成学拜官仅一个多月，就因事回福清，没承想数月后就染病去世了。

　　由于叶成学自幼在福清老家长大，长期接触社会底层，他深知老百姓的艰苦，一点都没有自恃门第高贵而盛气凌人。

　　史料记载，叶向高进入内阁的时候，林计部要把女儿嫁给叶成学的儿子，当时叶向高没有答应。不久，林计部去世，家道中落，林计部的妻子又提起这门婚事，叶向高迟迟不回话。叶成学就对他父亲说："这事不可不听啊。父亲你虽然当时未曾答应，但人家早已有心了，倘若应允，林公纵使在九泉之下，也以此慰藉，我们怎么能拒绝呢？"叶向高听了儿子这段话，豁然明悟，还担心叶成学的妻子会不会不愿意和林家联姻。叶成学讲："这种事怎能和妻子一起计较门第呢？我妻子这里待我自己去说服。"叶向高听后高兴地说："你能做到如此，我还有什么可犹豫的呢？"

　　叶成学在家的时候，不仅他自身检点，对家人的约束也很多，每当遇到老百姓有冤屈，他总会挺身而出，为之出力，解决问题。他不仅处处为黎民百姓伸冤争利，还劝官府革除弊政，重视地方建设。福清县城有一座桥直通县衙，相传从风水学上看不适宜，整体景观也不好看。叶成学的祖父叶朝荣想改移，没做成。县城的人后来寄望于叶向高，叶向高担心资金不够，人力困难，也不敢贸然答应。叶成学知道后带头到处募捐，得到数千两银子，召集了一批能工巧匠把这座桥做了改移，起名为利桥，又叫龙首桥。移完桥，他又与知县凌汉翀募捐，在利桥东北侧建造了"精丽甲于海内"的名塔——瑞云塔。

　　瑞云塔"补龙江地势之旷""点缀融城风景之不足"，被建筑大师梁思成誉为"江南第一塔"。瑞云塔八角七层，高约 30 多米，用雕琢精致的花岗石砌筑，外形仿木构楼阁，底基为须弥座。第一层北面开门，其余七面设佛龛；第二至第六层，两面开门，六面设佛龛；第七层四面开门，四面设佛龛。塔外作八角空心室。各层转角倚柱为海棠式，柱顶斗栱二层，叠涩出檐。塔的各层细部都浮雕着比丘、罗汉、花卉、飞禽、走兽和佛教故事等图纹。此塔由名匠李邦达负责设计施工，立面纤巧，造型均衡，雕工精雅，素享"凌霄玉柱"盛誉，是艺术价值较高的一座明代石塔。桥、塔双双建成之后，福清城的风光更加壮丽。这件事让叶向高刮目相看，叹服叶成学的胆识、能力都在自己之上。

　　此外，叶成学还与凌汉翀募集资金，修建了瑞云寺。相传奠基之日，有五彩瑞云飘来覆盖其上，所以竣工的时候，瑞云塔、瑞云寺塔寺同名。光绪十六年（1890年）十一月，一个乞丐在瑞云寺外烧火做饭，火星从门孔飞进来，附着在大梁上，寺院大火蔓延，烧成灰烬，石头全部烧裂，墙垣倒塌，成为平地。很可惜这建寺之功，毁于乞丐一炊之火，这是何等的无常。

万历四十二年（1614年）秋八月，叶向高辞职获准，准备趁秋凉季节起行还乡。就在此时，叶成学派人送信到京，叶向高拆开信一看，信中除了问候请安等语外，只简单地说："世路艰危，一木难支，望大人早归。"叶向高看罢，连连点头自语："知父莫若子，吾有此佳儿，更有何求？"便下决心提早动身。八月廿七日，叶向高偕夫人俞氏离京，心想此次归山，决不再出，家中事又有儿子照料，不必"归心似箭"，借此机会也可沿途会友，游观山水。因此，到十一月初叶向高才抵达杭州，准备在此多待一些时日，过年前到家就可以了。想不到又接到一封家信，说成学病重，于是他匆匆离开杭州，十二月初三到家，而儿子叶成学却在他到家的前两天病逝，暮年失子，白发人送黑发人，实在是人生的一大不幸，叶向高止不住老泪纵横。

叶成学虽然出身于官宦家庭，但他长期住在家乡，为百姓做了不少好事。他病重的时候，福清城从士绅到庶民奴仆，不论认识与否都奔走相告，在神灵牌位前为他祈求平安。后来叶向高为儿子立碑，撰写墓志铭，他无限感慨地写道："当儿在时，余不以为贤，乃生而能为德于乡，病而群为之祷，殁而悲恸路人，万口同声，翕然无间。"

叶成学葬于福清新宁里（今东张镇）华阳山。此墓遭到严重破坏，4尊石狮、2个大文笔及部分石板条散落在洋尾村。这4尊石狮形态各异、憨态可掬，保存比较完好，被村民搜集后，有的安放在墙头，有的丢弃在草丛。而2个文笔则被砌在围墙上，部分石构件则被用来铺设路面。现在，海口镇瑞岩山留下了叶成学唯一摩崖题刻文字"第一洞天"。

福清瑞岩山叶成学书摩崖石刻

福清叶成学墓

徐昌治——无依道人崇儒释

他曾经为隐元禅师的《云涛集》作序；也曾为费隐通容禅师所撰的《五灯严统》作序，并且独立担纲刊行；他还为《径山志》以及百痴行元等人的语录作序。他就是徐昌治。

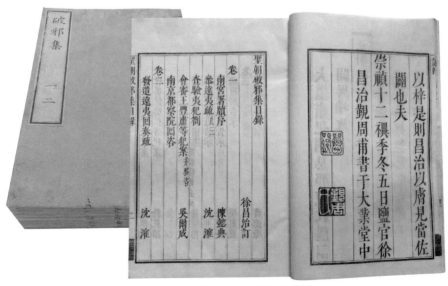

徐昌治订《圣朝破邪集》书影

　　徐昌治是明末武源（今海盐）人，字觐周，法名孝廉，别号无依道人，是在家居士。他是崇祯六年（1633年）的举人，曾任杭州府海宁县的盐官，因为读楞严经有所得，而弃官舍儒，趣入禅门。他在崇祯元年（1628年），拜谒金粟寺的密云圆悟禅师，受密云圆悟禅师的法嗣石车通乘的钳锤点化。崇祯十一年（1638年），徐昌治跟随费隐通容禅师住于宁波天童山，受命撰写《圣朝破邪集》。这部书十万余言，是明末反天主教的著作，后来传到日本，日本安政二年（1855年）被翻刻，德川齐昭作序，使用的是明版底本，其中收有徐昌治崇祯十二年（1639年）的序。李敖高度评价徐昌治的《圣朝破邪集》。他说，三百年前，徐昌治编了《圣朝破邪集》，这八卷论丛是中国人对西洋文明最早的抗议文献，也是最有力的反西化理论的集成。

　　这之后，徐昌治又参谒了金粟寺的隐元禅师、福严寺的寿和尚等。顺治十三年（1656年），在江苏虞山维摩堂，徐昌治接受了费隐通容禅师的付法，成为临济宗第三十二代。因此，徐昌治也是隐元禅师的法弟，他们之间一直保持着交流。这期间，他撰有《祖庭指南》二卷、《醒世录》八卷、《高僧摘要》四卷（这部《高僧摘要》，一共选了42位高僧，其中有密云圆悟禅师，最后一位是费隐通容禅师），还有《无依道人录》二卷、《百痴和尚梵胜散录》一卷等。《五灯全书》卷七十一收有徐昌治的传记。

　　在给隐元禅师《云涛集》所作的序言中，徐昌治写道：黄檗隐元禅师，是费老人的法嗣。他渡江北上，来金粟参谒费隐通容禅师；隐元禅师巍巍器宇，棱棱侠骨，满口珠玑，遍体德业；他的道法，如山之峻，如海之深，是高深不可测度的；这部《云涛集》是辛卯年冬，也就是顺治八年（1651年），良上人带来的（这位良上人，据黄檗山方丈定明法师讲，是良冶性乐禅师）；读后感觉是一字一真金，一语一至宝。

　　在为《高僧摘要》所作序中，徐昌治说出了他眼里高僧的四个标准：道之高、法之高、品之高和化之高。

　　徐昌治还是一个慷慨不羁充满血性的人，崇祯年间他的哥哥徐从治在山东当巡抚，一时被叛军围困。徐昌治单枪匹马奔赴山东莱州，请求督师

　　刘宇烈拯救危机之中的哥哥，但是遭到刘宇烈拒绝。这下他不干了，直接跑到朝廷去控诉，最终使刘宇烈被撤职。

　　崇祯初年，徐昌治还著有一部史书——《昭代芳摹》。书中记载：天启皇帝病重的时候，召集阁部科道诸臣到乾清宫，表示"魏忠贤、王体乾皆恪谨忠贞，可计大事"。天启帝驾崩之后，遗诏命信王嗣位，宫中传言遗诏颁出之后，魏忠贤与阉党党羽崔呈秀密谋很久，至于谈了什么，外人不知道。但有人猜测是，魏忠贤打算篡位，而崔呈秀认为时机未到而制止了他。这段记载，甚至被清修的《明史》所采用，流传甚广。从徐昌治书里这段记载我们可以看到，天启皇帝向各位大臣说，魏忠贤和司礼监太监王体乾十分忠心，今后朝政大事要与他们二人商议，这就含有或者说相当于向魏忠贤托孤的意思。不过，从天启皇帝对魏忠贤家族的封赏来看，两个侄子，一个封为宁国公，一个封了东安侯，连四岁的孙子都世袭了安平伯，家族中有官有爵的更是不计其数，这在有明一代是前所未见的。这样，就反证出，天启皇帝真是有可能向魏忠贤托孤的。

黄端伯——南来硬汉仅此人

　　黄檗山外护黄端伯是一位了不起的人物，密云圆悟禅师从黄檗山回到宁波阿育王寺，就是黄端伯牵头诸绅士，请密云圆悟禅师主理天童寺。他更是明末因抗清而名重一时的烈汉子，同时他还是著作等身的散文家、诗人。黄端伯（1585—1645），字元公，号迎祥，生平好佛，尝镌刻一枚私印，印文是"海岸道人"。黄端伯是江西黎川县人。他从小聪敏好学，博览经史，崇祯元年（1628年）中进士，次年就被授予浙江宁波推官。那时候倭寇经常进犯浙江沿海一带，黄端伯集思广益，提出了防倭十条计策，使当地的倭患一时大为减轻。

　　黄端伯在宁波从政，史书记载是"布衣素食，货利不撄其心"。对初次犯法的，念在是初犯，他讲究重在教育，但是对于贿赂者，那可是深恶痛绝。对于穷书生，只要是有文才，他便加以勉励，给予资助甚至是推荐。黄端伯后来又改任杭州推官。他办事干练，广知博闻，公务之余，常常邀请浙江的学士讲学于西湖。崇祯十年（1637年），他父亲去世，就回家丁忧七年。这时期，他耳闻目睹了住在建昌的明益王朱慈𤆢作威作福、穷奢极欲的种种行为，于是上书朝廷，列举益王在建昌"擅增兵甲""骗害良民"等恶行。但是官官相护，他最后反被明益王诬陷为挑拨离间皇亲和藩王的关系。黄端伯气不打一处来，愤而弃官为僧，避居庐山。

　　七年后清兵入关，崇祯自缢，福王朱由崧在南京称帝，建立南明。黄端伯面北恸哭，盼为国效力，经礼部尚书姜日广推荐，授为礼部仪制司主事。福王弘光元年（1645 年）五月，南京失守，福王出逃，礼部尚书钱谦益等百官俯首迎降。这时候，只有黄端伯在他的寓所能仁寺避而不降。清军多铎大怒，把他关押在江宁大牢。狱中他谈笑如常，并作《明夷录》一首写道"丹心倾汉室，碧血吐秦廷"以明其志。六月十四日，清军下令剃发，他指着自己的脖子说："我宁剃（杀）头不剃发。"

　　人在行将就义之时，文天祥向南而拜，引颈受戮；瞿秋白面对刽子手的枪口，择一草坪席地而坐，一句"此地甚好"显示出多少的从容潇洒；张苍水面对他为之戮力奋战之大好河山，慨然道"好山色"，亦让后人崇

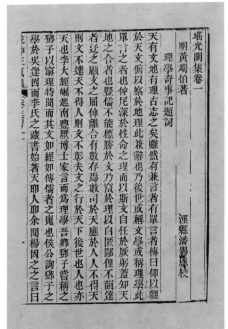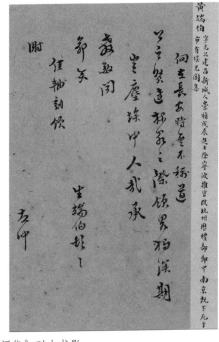

黄端伯著《瑶光阁集》刊本书影

敬有加。黄端伯也是这样一条硬汉，他始终不降。在被押一月有余后，多铎只好下令处斩黄端伯。清军将其押送至水草庵，黄端伯停止脚步："愿毕命于此。"随即口占一首，其中有句"问我安身处，刀山是道场"，何等的大义凛然，何等的气派豪迈！及至行刑时，黄端伯朝北遥拜，面不改色，他整肃冠履，昂首引颈受刃。时观者万余，焚香拜泣，而刽子手则心惊目眩，不敢举刀。其慷慨之情将那刽子手也震慑得不知所措，一人以刀捅之，手颤刀坠。黄端伯大声言道："何不直刺我心！"大笑凛然，英勇就义。连多铎也叹称："南来硬汉仅见此人。"黄端伯死后，清军为他敛尸入棺，并把他的灵柩送到他的家乡，葬于忠孝桥侧。鲁王朱以海在绍兴监国时，赠黄端伯太常寺卿，谥"忠节"。唐王朱聿键隆武年间，封黄端伯为礼部尚书，谥"忠毅"。有意思的是，后来乾隆皇帝还赐谥"烈愍"。

黄端伯在文学创作上有所建树。其散文文笔犀利，淋漓流畅。其诗真实生动，感人肺腑，表达了他忧国思安、保卫河山的忠节气概。因黄端伯好佛迷禅，多用禅语，这也是他创作的一个特点。黄端伯传世的著作有《易疏》五卷、《东海集》《庐山集》《瑶光阁集》十三卷，都被收录到了《四库全书》。

在《黄檗山寺志》卷六"外护·序启"之部，收录了两则黄端伯的文字。

一是崇祯五年三月，黄端伯为木陈道忞编修、福清优婆塞弟子吴侗所集的《禅灯世谱》所做序言：昔世尊以正法眼藏嘱咐迦叶、阿难，副贰传化，毋令断绝，迨至五家分唱，而宗风遍满十方矣。然黄檗犹有不道无禅、只是无师之叹。……大地人亡锋结舌去，黄檗记以吾宗到汝，大兴于世。

二是崇祯五年三月所作的《密云禅师语录序》：达磨受西天般若多罗密印，六传而至曹溪。曹溪之后，分为二枝，而临济之儿孙独盛。临济之后，又分为二枝，而杨岐之儿孙独盛。盖监寺受慈明遥记，与黄檗之记临济正同，故禅道独为天下冠。

林汝翥——生成侠骨截棱棱

崇祯十年（1637 年）五月，林汝翥发起迳江父老数十人，邀请隐元禅师住持黄檗山。隐元禅师在《住福建福州福清黄檗山万福寺语录》中记载："崇祯十年五月十四日，侍御林公汝翥同乡绅林宗赈、林朝龙、文学林景台……请师住黄檗山万福寺。于十月初一日入院。"隐元禅师有不少写给林汝翥的诗，从这些诗偈中，可以看到他们之间来往很亲密。有一首《寄中台林檀越》，隐元禅师写道：

君在天边看落霞，谁怜清冷野僧家。
彤云密布千秋月，白雪飘零几点花。
龙藏久封无法说，山田典尽没生涯。
有人借问西来意，独饮赵州一夜茶。

林汝翥（？—1647），字大葳，号心弘，福清万安乡灵得里土堡境人（今福清上迳镇梧岗村）。他和隐元禅师是同乡同姓，而且年龄相近，因而十分关注黄檗寺和隐元禅师。尤其在致仕后，更成为黄檗外护的重要牵头人。如今黄檗山龙潭的摩崖石刻，依然保存着他书就的榜书"灵湫"。

林汝翥于万历三十四年（1606）任江苏沛县知县，后升任四川监察御史，又迁广东琼州道员。林汝翥以不畏强权，大义灭亲著称。

林汝翥七十大寿时，隐元禅师特作诗庆贺，诗中写道：

> 生成侠骨截棱棱，七十年来履汉冰。
>
> 今日华堂歌舞罢，丈挥剑气逼寒僧。

林汝翥英勇就义后，隐元禅师写下《挽中台林缘首》，哀悼林汝翥：

> 婆婆业识正茫茫，若个如君护法王。
>
> 德挂空门声愈重，名垂浊世骨还香。
>
> 却堪洗耳南轩踞，何事翻身北斗藏。
>
> 不见台星临涧石，青山坠泪暗凄凉。

从诗中"却堪洗耳南轩踞，何事翻身北斗藏"这句诗里，我们可以看出，隐元禅师对林汝翥没有以隐居而全身，感到痛惜。这种心情跟他在悼念黄道周的诗中"既知豺虎猛，何不入禅关"一句所表现的心情大体一样。

隐元禅师东渡五年后写信给弟子慧门如沛禅师，特意交代要在黄檗山辟建护法祠，供奉有功于黄檗的重要檀越外护。信中写道："迳江当立心弘公、位中、文若三居士，县中立真象普、龚赛友二居士，此数位得力法护。非泛泛可比也。"心弘公就是林汝翥，名列法护之首，这说明，隐元禅师是始终怀念、挂记着林汝翥。的确，林汝翥的事迹也得到同乡赞誉。林汝翥回乡家居后，惩治了抢劫过往商民的族人，使地方得到清靖，过往的福、兴、漳、泉四府商民感其功德，为林汝翥立颂德祠，春秋两季祭祀，实际上这就是为他立了一个生祠。

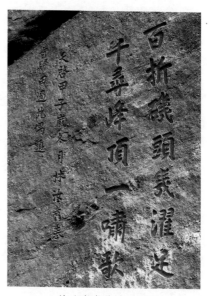

林汝翥书摩崖石刻

《明史》之中专门列有《林汝翥传》。这个传记写道："福王时，起云南佥事，已而解职。鲁王次长垣，召为兵部右侍郎，……战败被执，谕降不从。系之，吞金屑而死。"

南明鲁王召见林汝翥时，授他兵部右侍郎，这时的林汝翥已是80高龄。他表示，自己学的是孔孟之道，行的是忠君爱国，时局如此，只能挺身而出。抗清兵败后，清军劝降林汝翥，他宁死不屈，厉声喊道："休要多言，我生不做'清'官，死也不沾'清'土。"清军把他双手钉在门板上，挖去他双手的指甲，严刑拷打。叶向高的如夫人汤氏是林汝翥的表嫂，获悉林汝翥遭钉门、挖甲之刑，心痛难忍，命奴婢送饭，暗放金箔于碗内，让林公吞金而逝，免受痛苦。

后来，顺治皇帝追谥林汝翥为"忠谏名臣"。解放初，林汝翥塑像被抬往渔溪万安文武祠，后被毁。

后人曾为林汝翥建了五座牌坊：一在黄蓬山下林汝翥父亲墓前，一在南阳山下林汝翥墓前，还有三座是"忠谏名臣"坊、"直谏面天"坊和"乡邦颂德"坊，均在林汝翥生祠门前。

林氏家族三居士林汝翥、林位中、林文若都热心护法。而福清上迳林氏家族也是黄檗山的忠实檀越。隐元禅师语录中有许多与林氏族人交往的记载，足以体现林氏家族和黄檗山的密切关系。

福清上迳林氏宗祠林汝翥匾

谭贞默——龟毛拂子重千斤

顺治十三年（1656 年），也就是隐元禅师东渡两年后，《隐元禅师语录》刊刻出版。为这部书作序的是一位钦命国子监司业兼掌祭酒事，曾任工部郎中和大理寺副卿的高官，名叫谭贞默。在这篇序言的落款，谭贞默署名职务之后，接着落上了另外两个身份，那就是：曹溪受法弟子、紫霄飞仙裔孙。

从上面的序言落款看，谭贞默真的是高人，横跨儒道释三界。其实，谭贞默笃信佛教，在考中进士以前，曾拜名僧憨山大师（1546—1623）为师，后来还为憨山大师编写了《憨山老人年谱自叙实录》，该书还附有《曹溪中兴憨山肉祖后事因缘》等相关作品。

谭贞默（1590—1665），字梁生，号埽庵，别署髯道人、道一居士，法名德清，崇祯元年（1628 年）进士，历任工部虞衡司主事、大理寺寺副、太仆寺少卿、国子监业兼祭酒等，清初，以国子监司业辞归，而终老家乡嘉兴。

虽然谭贞默为《隐元禅师语录》所作序被列为第一篇，实际上这是全部四篇序文中写作时间最晚的。

谭贞默在序文里说：他仔细读了这部隐元禅师三会开堂语录后发现，

隐元禅师在福建黄檗山的语录占了约 90%，在福严寺、龙泉寺的，大体上占 10%；这一段时期的黄檗寺，运水担柴、搬砖弄瓦、建殿阅藏、百废俱兴，了却了中天正圆老人四十年法席种种未了之事，这些都记录在隐元禅师的行实之中了；当年，黄檗希运禅师出道闽中的时候，福清黄檗山的名字还默默无闻，正是因为断际禅师，用黄檗之名，命名他所住的丛林道场，从他开始，黄檗才驰名江湖；到了费隐和尚，更是继承断际禅师的祖业。而隐元禅师出于蓝而胜于蓝，使黄檗的名头更加亮丽。谭贞默慨叹，隐元禅师的开堂法语，如醍醐灌顶，让人透彻心扉。他印象最深的一首是：

> 龟毛拂子重千斤，挂在虚空待个人。
>
> 磕着无情真铁汉，不妨拈起再尖新。

他说，每当读到这个地方，总是使人叹息不已。就好像是汹汹鲸涛，层层蜃楼，眼前出现的是逍遥广漠的无尽荒野。不管是隐元禅师在普陀山潮音洞当茶头，还是在狮子岩遇到自平石，这都是六祖大师那曹溪一滴水的因缘。百川滔滔，奔流不息，不知道何时去而不盈，又不知何时来而不虚。世出世间诸多劳烦苦恼、牵肠挂肚，在隐元禅师的法语面前，已经是点化的不过一顿家常粗茶淡饭罢了。在序言最后，谭贞默次隐元禅师原韵，作诗一首，赞叹不已：

> 惯运成风匠石斤，天涯海角泣珠人。
>
> 杖头挑取双丸弄，线断收场曲调新。

从谭贞默所撰序言中可以看出，隐元禅师与黄檗山的深厚感情。另外，序言中也隐含着重要的信息，例如"出入始终黄檗山者什九，应请福严、龙泉者，不过什一"，更重要的是从时间方面来看，隐元禅师"自前丁丑以迄后辛卯，结制解制，大开炉鞴二十四番，多在黄檗"。"前丁丑"，是崇祯十年，即 1637 年；"后辛卯"是顺治八年，即 1651 年。由此可见，隐元禅师在黄檗山住持，是整整 14 年。也就是说，隐元禅师升坐黄檗寺住持到东渡扶桑，总共 17 年，其间先后到浙江嘉兴福严寺、福州长乐龙泉寺两寺任住持，大体是两年多时间。这条历史文献说明了一个重要问题，那就是隐元禅师在东渡前 17 年里，两度住持黄檗寺，共计 14 年，而不是

17年。

在明清之际，谭贞默是一位颇具影响力的人物，是嘉兴文坛的巨子。谭贞默博览群书，号称"无所不读"。虽然他著书甚多，但后人怕因藏书罹祸，将家里所藏典籍，包括他的许多著作都烧掉了。传世的只有《谭子雕虫》《埽庵集》《三经见圣编》等。其中《谭子雕虫》是我国第一本关于虫子的专著，全书记述了62种"虫"，这些小虫，在谭贞默笔下充满趣味，他这样描写蜘蛛：

> 相蜘蛛兮罗织，俨经纬兮若思。
>
> 邈结绳兮上古，作网罟兮是规。
>
> 身自缲而自织，足为杼而为机。

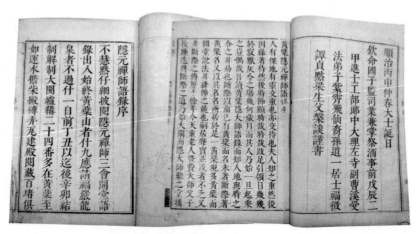

谭贞默为《隐元禅师语录》所作序及书影

唐显悦——云涛声影各相变

他的儿子与郑成功是亲家，他与何氏九仙的传说也相关联。道光版《黄檗山寺志》卷六"外护"这一节收录了唐显悦为隐元禅师《云涛集》所作的一篇序言。序言里写道："诗有近于禅而不可以禅名，禅有寓于诗而不可以诗名也。……黄檗隐元和尚，今之断际也。中秋游我仙邑，从游如云，瞻礼如岳，余惭非裴居士，曷敢谬附唱和？缘阅其语录，观之触机纵横，批竅挥洒，已知老和尚胸中磊落，品调不凡也。"

这里说的是有一年的中秋节，隐元禅师来到仙游，这里是唐显悦的老家，当时是前呼后拥，跟随者众。他读过隐元禅师语录，认为隐元禅师是超凡脱俗的。唐显悦说："（隐元禅师）以《云涛集》示余，展卷微吟，云涛满眼。夫云触于石，大则为雨为霖；涛怒于海，小则为松为茶。云有影而无声，涛有声而无影，大小有无，各相变幻，取以名集。"唐显悦在这篇序言里把隐元禅师《云涛集》得名的由来讲得一清二楚。序言最后，唐显悦说："云涛自有诗，诗自有云涛。……余且不得以禅名，又安得以诗名？惟顶礼唱叹而为之序。"唐显悦说自己既没有诗名，又不以禅名，虽有自谦的成分，但能被隐元禅师拿出自己的诗集请唐显悦写序，可见唐显悦也不是一般人。

　　唐显悦，字子安，号泊庵，梅臣、云衲子等，福建仙游人，生于万历二十一年（1593年），是仙游名儒金石书院掌教唐大章的次子；天启二年（1622年），30岁进士及第，到浙江诸暨任知县，后来又到湖州、南京、扬州、襄阳、北海等地担任知府、兵备等各类官职；在御贼、剿匪、屯田等方面颇有建树。后来唐显悦回到仙游，为他母亲守丧。不久就发生了甲申之变，此时他已52岁。郑成功的儿子郑经的妻子就是唐显悦的孙女。也就是说他的儿子与郑成功是亲家。

　　仙游这个地名灵气十足，很梦幻。这里的九鲤湖，也是中国祈梦文化的发源地之一，传说当年何氏九仙君就是从这里乘坐九条鲤鱼升天的，后来再到石竹山用梦点化黎民百姓。唐显悦"梦悟顺应潮流"的故事更是为这里增添了不少"仙气"。

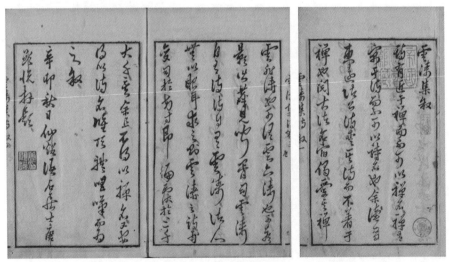

唐显悦为隐元禅师《云涛集》所作序书影（手书上板）

　　天启二年（1622年），唐显悦与黄道周、倪元路同科登进士第。甲申之变后，南明唐王起用他为右通政、兵部右侍郎，以兵部尚书致仕。

唐显悦"祈梦"之地 ——莆田九鲤湖

　　唐显悦是明代仙游史上的大名人，他是达官、诗人，又是忠臣孝子，而且文武兼备。他在湖北襄阳知府任上，唯有他所坚守的襄阳城固若金汤。后来麻城被困，也是唐显悦去解围。尤其是清军南下，他毫不犹豫投身于抗清战斗中。据《南明史》第三十一章"郑成功收复台湾"记载：郑成功以厦门、金门、南澳一带为基地，建立强大的抗清武装；之后，荷兰殖民者密切关注着明、清双方战事的发展；顺治十八年（1661 年），参加誓师礼的有原兵部尚书唐显悦，兵部侍郎王忠孝，浙江巡抚卢若腾。这期间，唐显悦曾与郑成功一道抗清。能不能这样分析，正是抗清的志同道合，使唐郑结成了亲家，唐显悦嫁孙女与郑成功之子郑经为妻。后来，郑成功的部队攻打仙游县城的时候，唯有唐显悦的府邸受到了特殊保护。

　　可是后来，唐显悦驰骋的战马戛然止步，"归隐于云顶岩，自号云衲子。以寿终"。这个变化有点大，未免让人转不过弯。为什么会这样？追

根溯源，相传居然因为唐显悦在九鲤湖做的一个梦。

说起这祈仙梦，仙游人几乎是家喻户晓。早年间，唐显悦的父亲唐大章，年轻时本来就是名闻遐迩的博学才子，偏偏命运作怪，屡屡名落孙山，后来爱上了王阳明学说，好不容易考上秀才，正打算考举人之际，却犹豫不决，据说最后还是到九鲤湖祈梦后，决定放弃科举，退隐做学问。唐大章建书院教徒20多年，还参与倡修文庙，劝立义仓，接济贫民与捐资修桥等许多义行善举，撰写了《大学原本阐义》《中庸与知》等著作。

唐显悦和郑成功一道反清复明的时候，唐父病逝，唐显悦便赶回仙游老家奔丧，就在这次丁忧后不久，唐显悦按照他老父亲生前的习惯，上九鲤湖祈梦于九仙公。据说，唐显悦当年赶考进士，也是得九仙赐梦的鼓励而一举成名的。相传，这回唐显悦来到九鲤湖，梦见"蓬莱石"被浩浩荡

九鲤湖畔黄花香

荡的激流冲击得坑坑洼洼，像石瓮又似石臼，于是唐显悦请何大仙赐教，大仙挥起拂尘，凌空轻轻一抹，说道："白浪滔天，瓮臼枉然。雷轰有像，道法自然。大海无边，白云往还。"唐显悦不禁恍然大悟，想起他父亲唐大章题咏九鲤湖的那首诗："我欲从之路漫漫，坐看幽禽自往还。"于是，脱口而出一首七绝，里边有"仙人入耳皆清响，听到无声得大还"。这句诗充满玄机，又蕴含着禅机。从此，唐显悦遵循其"听到无声得大还"含义，隐于云顶岩，自号云衲子，以其有生之年，著书立说，有《亭亭居》《天涯纪事》等多部著作存世。

　　是啊，唐显悦以其前朝铮铮遗臣之躯，怎么能仰承新朝权贵鼻息而为奴？又怎能混迹于新朝食其俸禄？又怎么能流落于海域占岛为王，与新朝分庭抗礼？他不当这个违逆历史潮流的"逆行者"。这就是为人、为官，为文都有意境和格调的唐显悦，这也可能是隐元禅师邀请他为自己的诗集写序的原因之一吧。

黄景昉——好古能文出天赋

　　大家都知道来自福建的明代首辅叶向高。其实到了大明最后一朝崇祯朝，福建又出了一个首辅，此人就是晋江的黄景昉。这两位首辅，叶向高给黄檗山请来大藏经、修建了法堂，黄景昉钦慕隐元禅师的道行，为已经东渡扶桑的隐元禅师七十大寿祝寿，并饱含深情地写去寿章。

　　黄景昉（1596—1662），晋江东石檗谷村人，字太稚，号东崖。《泉州府志》赞他"好古能文，出于天赋"。黄景昉是明末天启年间的进士，初授官翰林院编修，参与编纂《熹宗实录》，后官詹事兼掌翰林院，官至户部尚书兼文渊阁大学士。

　　黄景昉踏入仕途，正是魏忠贤气焰最炽盛的时候。入仕不久，赶上御史吴裕中因进言得罪了魏忠贤，被廷杖身亡，他的同乡没有一个敢去吊丧，唯独黄景昉毫不畏惧，"割俸金赙之"，就是拿出自己的薪金前去吊唁吴裕中，慰问他的家属。后来，写过《西湖梦寻》的明人张岱，在《石匮书后集》卷十三专门为黄景昉作传，称"人服其胆"，也就是当时人们对黄景昉有如此的胆识，十分佩服。

　　崇祯元年（1628年），魏忠贤作恶多端，伏诛而死，臭名昭著的阉党作鸟兽散。黄景昉终于迎来重新崛起的机会，是年六月圣旨下，授其为翰

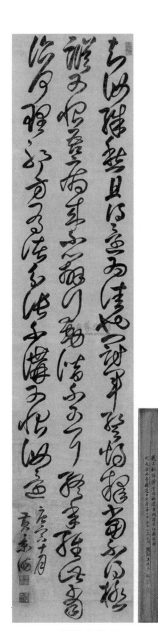

黄景昉书迹

林院编修。

崇祯十三年（1640年），黄景昉升任詹事府少詹事兼翰林院侍讲学士。这一年八月，震惊朝野的"黄道周案"爆发，黄道周是个素来敢于忠言直谏的人，因在上朝时当面顶撞崇祯皇帝，被连降六级，调任江西按察司勘磨（即待查之意）。一批官吏也因探视黄道周而受株连下狱。黄景昉却不管这些，他直接到狱中探望黄道周，后被密探打了小报告，不过最终凭着皇帝对他的信任而躲过了一劫。

这一年十二月，黄景昉升任詹事府詹事。第二年四月，又以原官身份改掌翰林院印。在掌管翰林院大印之后，黄景昉到大学士谢升处求他搭救黄道周，不料谢升却哀叹着说，黄道周必死无疑，不肯出面相救，挽救忠良的行动受挫。又过了五个月，事情有了转机，皇帝起用前大学士周延儒入阁。这时候刑部正准备为黄道周拟罪，周延儒出面求情，崇祯皇帝让黄道周永戍辰州卫，算是网开一面了。崇祯十五年（1642年）六月，黄景昉与蒋德璟（晋江人）同日入阁，史称"温陵盛事"，后黄景昉加太子少保、户部尚书、文渊阁大学士。八月，在一次召对时，黄景昉与周延儒、蒋德璟竭力在皇帝面前推荐复用黄道周，认为黄道周品质清修、学识渊博，顺便诉说黄道周家贫子幼之苦。崇祯帝心有所动，不久，黄道周"得赐复官"。

　　崇祯的明王朝已是风中残烛，崇祯皇帝对于阁相的猜忌也与日俱增，阁相这个宝位坐起来也并不舒坦。纵观崇祯皇帝在位 17 年间，阁臣多达 50 人之多，这些阁臣不是被杀、戍边、削籍为民，就是挂起来闲置不用。比如薛国观、周延儒被缢死；刘鸿训、钱龙锡、吴甡被遣戍等。如此频繁处分阁臣，对于国家元气的伤害之重，是不言而喻的。但黄景昉"自编修以至台辅，与崇祯一朝相终始"，最后以光荣退休得到善终，在崇祯一朝所有内阁中也是屈指可数的。回顾黄景昉的一生，人们会发现他从幼时直到晚年，一直坚守着八个字：知礼懂节、清慎恪敏。这也许是他在明末清初的乱局之中，能够"完璧犹存"的缘故。

　　崇祯十七年，清兵入关，大明灭亡。唐王朱聿键在福州监国，不久称帝，是为隆武帝。黄景昉任南明唐王政权礼部尚书，后来，因为受郑芝龙排挤，不久就去职回家了，在晋江老家待了十多年，后因病于康熙元年（1662 年）去世，安葬在磁灶山。

　　黄景昉是晋江檗谷黄氏，宋朝时期，这个地方叫"唐家崖"，黄姓祖先羡慕这个地方"檗阴谷幽"，就定居在这里，并且改地名为"檗谷"。这个"檗"，就是黄檗的"檗"。

　　隐元禅师东渡七年后，是他的七十寿辰，黄景昉为隐元禅师写下寿章——《隐元和尚七十初度》。黄景昉在文中说，一个人的功德在于一乡一国的，那么他的寿数在一乡一国；如果他的功德不仅在于一时而且是数世的，他的寿数也

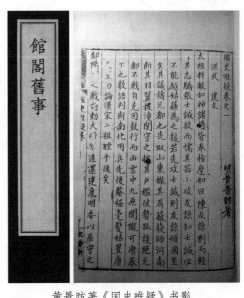

黄景昉著《国史唯疑》书影

会是一时数世；如果你的功德在天下万世，那就会与霄壤同坚。黄景昉说：隐元和尚在少年的时候杖锡游四方，所到之处度化不少有缘人；中年的时候开堂黄檗山，先后十有八载，江南士民得以亲近佛法，度化了人天正果；东渡扶桑之后，更是婆心悲悯，法音远播，定会流传千百世，这可不是总一世一时所能衡量的。黄景昉觉得，隐元禅师东渡弘法的功德和达摩来我震旦大畅宗风同出一辙；所以，在寿辰之日，很虔诚地以须弥为笔，以大海为墨，写下对隐元和尚的祝寿之语，遥祝隐元和尚寿量无尽期。

　　在这篇寿章最后，黄景昉署名是：赐进士出身、资政大夫、太子少保、户部尚书兼文渊阁大学士，法友黄景昉顿首拜撰。

林化熙——不负君亲不愧人

在南明的抗清斗争中，福清是抵抗很激烈的地方，隐元禅师当时的佛教活动跟这些义士有着各种各样的关联。比如他在黄道周捐躯后写下多首诗哀悼；他购地营葬钱肃乐，让义士入土为安，还写下营葬偈。在《隐元禅师全集》中，有一首《挽殉节皣如林先生》，诗里这位林皣如，就是林化熙。诗中写道：

> 看破阎浮梦幻身，纵饶百岁也成尘。
> 一刀两段酬恩毕，不负君亲不愧人。

史书上记载，林化熙为人端正自持，不正衣冠不见客，独处时如对古人，而且博洽多闻。林化熙是福州陷落不久，在福清被清兵抓获，押往福州被砍杀，是死得很为壮烈、很有影响的一位福清人。

顺治三年（1646年），南明隆武帝朱聿键在福建汀州被清军俘虏，随即被害。两广总督丁魁楚、广西巡抚瞿式耜、巡按王化澄与吕大器推举桂王朱由榔于广东肇庆称帝，这就是朱明王朝的永历皇帝，也是南明最后一位君王。隆武帝被害不几日，福州陷落。福州失陷后，其他城市还在不断抵抗清兵，而福清是抵抗最激烈、最突出的一个地方。为什么？因为福清靠海，恰好处于从广东潮州，经福建厦门，到浙江舟山群岛的海岸线中间位置，很容易与海上的抗清力量相呼应。也正因此，福清首先成为清军的攻击目标。最为惨烈的是，清廷的浙江、福建总督张存仁，以海滨不可测为借口，屠杀福清海口、镇东卫两城。

福清海口林氏祠堂林化熙匾

《隐元禅师年谱》记载，顺治四年（1647年）二月，"镇东、海口二城陷，杀者数千人。师噩然伤心。六月，诣东岳建水陆普度者两月余"。家乡福清两地被屠城的不幸遭遇，使得隐元禅师痛苦不已。作为一名僧人，按照佛教的仪式，他很坚定地为被清兵杀害的海口、镇东（即今城头镇）二城的数千亡灵，做了两个多月水陆道场，超度亡灵，追思无辜遭难的乡亲。这个慈悲大善之举，完全是源于隐元禅师的信仰，也源于隐元禅师对抗清义士们的崇敬，对家乡百姓的同情。

水陆法会期间，隐元禅师作了多首诗偈，寄托哀思，表达内心的伤悲。在《龙江修水陆普度》一诗中写道：

> 余见三灾苦，辄兴悲悯心。
>
> 搅河为酥酪，变地作黄金。
>
> 普济饥虚者，共登解脱林。
>
> 一弹三昧曲，若个不知音。

到了晚上，隐元禅师辗转反侧，夜不能寐，起身一口气写下《龙江修水陆普度夜怀》：

其一：

> 谁迷方寸混天经，百万华居一斩平。
> 故国英贤何处去，唯余孤月照空城。

其二：

> 睫得眼来春复秋，海门浪吼更添愁。
> 两城人物今何在，一片悲风起髑髅。

其三：

> 辟面一刀酬债毕，皮囊脱落寄谁家。
> 愧无道力资冥福，聊借金风剪业花。

其四：

> 头陀磊落出烟霞，各展神通岂有涯。
> 不涉人间幻梦事，单提佛子尽归家。

在这段极其惨烈的历史中，需要强调的是这位被害的林化熙。林化熙是海口牛宅村人，因不愿涉足官场，就在龙江书院教授学生读书。因他学识渊博，而且文章诗词自成一家，所以生源充足，还都是慕名而来，学生有好几百人。甲申之变大明亡国，南明隆武帝挑起抗清大旗，就下旨调林化熙出山。国难当头，匹夫有责，已经是半隐居状态的林化熙奉旨赶到福州，朝见隆武帝。两人一番对话后，林化熙被任命为国子监博士，不久升为户部主事，协助户部尚书为抗清筹措粮草财源。

顺治三年（1646年）五月，清兵攻陷福州，林化熙潜回福清，在龙江书院号召学生起来抗清。第二年三月，清兵攻破海口城，500名学生全部战死。林化熙被清兵抓获。清兵抓到林化熙之后，转送到福建总督张存仁处。张存仁想让林化熙投降。于是问林化熙：我听说在海上的周鹤芝，蛊惑他人留头发而不剃头，你也是受他的蛊惑吧。林化熙直立着，哈哈大笑说：人生发肤，不能自主，怎么会受他人所惑呢？如果说拒绝剃发是被人所惑，那么我林化熙今天如果剃发，不也是被人所蛊惑吗？说完，随口说了四句话：

> 宁为留发死，不愿剃发生。
>
> 愿做大明鬼，不做蛮清官。

张存仁不甘心，第二天又来劝降。林化熙很决绝地回答：

> 亡国之俘，义不图存。
>
> 死志已决，勿用多言。

张存仁见劝降无望，决定杀掉林化熙。第二天，林化熙被押解到西郊斩首。当他被押途经布政司衙门的时候，突然坐在地上不走，对押解他的清兵说，这是先帝的行宫所在，"我大明臣子也，当死于是"。他要求清兵"戮之于市"。临刑前，林化熙口占绝命诗一首：

> 吾头戴吾发，吾发表吾心。
>
> 一死还天地，名义终古钦。

他大声喊在旁的人，快拿笔给我记下来，记录的人把林化熙诗里的钦佩的"钦"字，误书为矜持的"矜"，林化熙当场让改正过来，乃慷慨迎刃，从容就义。

被崇祯皇帝评价为"忠臣孤子"的黄宗羲，在他的《海外恸哭记》一书中，郑重记下了林化熙的存在："林化熙，字皥如，福清人也。隆武元年授国子监博士。福京陷，避之海口镇。虏破海口，得化熙，执之至其酋张存仁所……"

费道用——海口有口福清清

黄檗山万福寺的寺志，初修于明代内阁首辅叶向高重兴黄檗山寺之后，由居士林伯春和僧人行玑、行元等编修，书前有两篇序言，一是崇祯十一年（1638年）王志道所作《黄檗山寺志序》，二是崇祯十年（1637年），福清知县费道用所作的《黄檗志序》。据说这位来自贵州的知县在明崇祯初年知福清，到任才三个多月就能听懂当地老百姓所说的乡语土话。县城里有数不清的住户，他见过就知道这是谁家的孩子。各路官吏在他来福清之后，不敢再随便"动手动脚"，而且称他是"神君"。

在《黄檗志序》里，费道用提到：黄檗山自唐贞元以来，世为丛林，这里深山幽谷，清净隐僻，不杂尘俗，叹为仙境；如果你是白衣百姓而不是严守精严戒律的人，是不敢轻易进入的；这里世代都有禅宗高士住山，可以说是慈云笼罩，如果当地人说福清丛林之盛，一般都会提到黄檗寺，概莫能外。费道用特别讲道：自万历神宗皇帝赐予大藏经三十年来，徒众日繁，宗风大畅；他曾经和友人一起入山拜见费隐通容禅师，见费隐禅师白发满头，面容清癯，一语不发，来问事者自然而然自己就离开了；看到寺院里的僧人们进退有序，面色精进，当时他就慨叹："此黄檗之所以为黄檗也，向所称岂虚哉！"

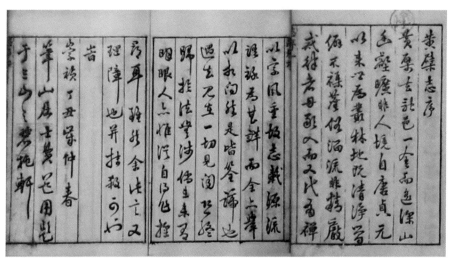

费道用手书上板《黄檗志序》书影

费道用，字暗如，号笔山，明石阡府（今贵州石阡）人，天启四年（1624年）举人，崇祯四年（1631年）进士，授福清知县。费道用自己对于佛法颇有见地，他说"佛之为教，其要在慈悲广济，而禅之为宗，其指又在使人自得、不落声闻"。费道用说，黄檗代以宗风重，望黄檗而来归者，亦代以宗风重。

费道用为官廉洁，尊崇学问，奖掖士子，建桥修路，留下诸多的善政。除了正赋之外，不增加其他零星捐税，以减轻百姓负担，也平反了不少冤狱。就是因为他执法不徇私情，被当地的土豪劣绅所中伤。福清有一个林姓豪绅，其子杀妻后逃匿，费道用下令追捕归案，林氏被追捕时自杀，该豪绅对费道用恨之入骨，诬蔑费道用导致费被罢官。费道用离任的时候，当地老百姓"遮道器泣"。这之后六年，每一位巡按到福清，老百姓都会为费道用鸣冤。后来杨鄂升任御史，重新整理材料上报朝廷，说："这个县官因为挂念穷民即为穷民所牵挂，因为力锄奸党反为奸党所伤，贪污并不是其真实情况。"上官知道他的廉洁后也叹息道："海口有口，福清真清

229

费道用手书扇面

啊！"最后，费道用被起用为兵部职方司郎中，后转任吏部考功司。

费道用好诗文，著有《碧桃轩集》，但已失传。《黔诗纪略》收录费道用16首诗。费道用还曾和杨德周等同辑《闽南唐雅》，集中收录福建唐代诗篇，搜集得很详细。顺治八年（1651年），费道用被崇祀为福清名宦。

黄檗山龙潭费道用手书摩崖拓片

林正升——雪里阳春点石泉

1645 年，也就是明朝灭亡的第二年，这一年的二月，隐元禅师回到福建，他专程来到位于福州东郊的鼓山圣泉寺，祭扫善灿禅师修建的瑞天祖塔（善灿禅师撰有《正宗心印后续联芳》1 卷）。三月，在籍的右通政马思理、刑部主事刘沂春、举人林正升联名礼请隐元禅师住持长乐龙泉寺。隐元禅师念在龙泉寺是百丈怀海祖师出家落发之地，就答应下来并于三月二十二日入主龙泉，隐元禅师和县丞叶时敏的儿子叶有禄一起，同建了龙泉寺的弥陀殿、观音堂等，并在龙泉寺开堂说法。

这里要说的就是这位和马思理、刘沂春一起请隐元禅师住持龙泉寺的长乐举人林正升。林正升的家距龙泉寺才二里多地，顺治二年（1645 年），林正升为《隐元禅师又录》作序。在序里说：百丈怀海祖师在龙泉剃度之后，到江西参拜马祖道一大师，得法后隐于江西洪州的百丈山，阐扬单传直指的祖师禅宗风，制定《百丈清规》；祖师禅肯定人人都有佛性，但是，这个佛性不是修得来的，只是见与未见的问题；所以禅宗讲的是"我宗门下，只是明心见性"；单传直指、向上全提，这才是祖师禅的风范；而黄檗希运大师承嗣了百丈祖师的法脉，到了明朝，宁波太白山天童寺密云圆悟老人接法，之后又传给嘉兴金粟山的费隐通容和尚，而隐元禅师则是金

粟费隐通容禅师入室弟子兼首座，先后在闽浙、吴越等地弘法。这里林正升把黄檗法脉渊源梳理了一遍。

林正升是因什么机缘而迎请隐元禅师住持龙泉寺呢？林正升在序里提到：当时的龙泉寺住持印虚上人曾经给他看了一部隐元禅师的语录。他阅读之后顿时感觉如露如电，内心惊异无比。于是就带着邀请函，亲自跑到浙江金粟山礼请隐元禅师。在这里，他感受到隐元禅师丰仪道范。不久，隐元禅师在龙泉寺的说法语录准备刊刻，林正升见到底稿，细细读来觉得当机直达，一指万彰，如日丽空，幽暗毕耀，如雷霆把人从睡梦中惊醒，觉得隐元禅师那单传直指的临济宗风，更加鲜明透彻，真不亚于百丈祖师重兴，黄檗希运复出；这可不仅是说一句隐元禅师是天童密云禅师的法孙、金粟费隐禅师的徒子这么简单的事情。

林正升有一位好朋友，名叫陈永武，也和他一起读了这本龙泉语录，提笔写下了一首赞语：

> 雪里阳春点石泉，龙归钵隐混玄天。
>
> 相逢漫说封侯梦，且向山中听法禅。

林正升觉得这几句诗说到了他的心里，就抄录过来，加到了这个序言里。

2021 年 7 月 17 日，黄檗山寺住持定明法师和我们一行到龙泉礼拜祖师。期间，广禅老和尚给我们分享了他住山三十八载，带着寺院僧团，凭一己之力，不靠包工队，全力复建祖师道场的故事。

再回顾隐元禅师住持龙泉寺前的行踪。崇祯九年（1636 年）五月，福清诸绅士和黄檗耆旧以及迳江檀信林公等人请隐元禅师住持黄檗。隐元禅师坚辞不就，这些人的礼请却更加坚定。后来隐元禅师便答应了这份诚请，选定十月初一正式晋院，并在熨斗山卧云庵周围种下了数万棵松树，改卧云庵为“万松庵”。经过两三年的筹备，隐元禅师开始操办重兴黄檗殿宇的宏大工程，后历时七载，终于完成黄檗寺四十余座殿堂楼舍的重建。

崇祯十七年（1644 年）三月十九日，李自成攻破北京城，崇祯皇帝煤山自缢，明朝就此灭亡。也就在这一年的三月，隐元住持黄檗八年后，把住持之位交给他的同门师兄亘信行弥，自己赶往浙江嘉兴海盐县金粟山，探望他的师父费隐通容禅师，并任前堂首座。五月，他去了宁波天童山，为师公密云圆悟老和尚祭扫墓塔；十月，应崇德县令（县治在现在的浙江桐乡市崇福镇）、乡绅之请，继席南朝四百八十寺之一的福严寺。

当时，福清黄檗寺的护法感觉隐元禅师离开太久了，一再礼请隐元师回黄檗。这样，在龙泉寺住持的时间，两头踩着刚刚才九个月，隐元禅师就于第二年正月二十五日，回到福清黄檗寺，双脚一踏进寺院，就张口述说一首偈子：

> 一别寒岩阅两春，五湖佳景眼中尘。
>
> 佛恩奚啻丘山重，世事浑无半点真。
>
> 雪鬓难忘亲敕赐，青山岂昧旧时人。
>
> 故园松竹依然在，待得予归翠又新。

也就是这一年春天，隐元禅师把他在龙泉寺的说法语录交给慧门如沛禅师，刊刻出《龙泉语录》一册，南明大学士刘沂春为之作序。

陈遂捷——仙溪秀气壮威光

　　为隐元禅师的语录、诗集以及各种著作作序的，有尚书、侍郎、大学士，有巡抚、知州、大檀越。而本文要说的这位为《隐元禅师又录》作序的陈遂捷，没有任何官职，只是一个普普通通的孝廉。

　　什么是孝廉呢？汉代推行察举制，凡是在家乡有孝行并有学行的人，经地方官推举，就可能成为孝廉，有点乡贤的意思。到了唐宋实行科举制，作为察举制产物的孝廉就废止了，但民间则往往把参加科举中的举人称为"孝廉"，所以说，陈遂捷就是一个没有官位的普通举人。
　　别看陈遂捷身世不显赫，但他在隐元禅师心目中的位置是相当高的。在《福州府福清县黄檗山万福禅寺语录》这部书里，专门收入了这样一条故事：隐元禅师来到报恩堂，僧人澄远和孝廉陈遂捷等人请隐元禅师上堂说法。陈遂捷向隐元禅师请法提问道：仙溪添秀气，蜚岭壮威光，今天禅师您入报恩之室，登报恩之座，那么您给我们讲一讲什么是报恩呢？隐元禅师说：所谓山不在高，有仙则名；水不在深，有龙则灵。僧不在众，唯道为尊；人不在多，以德为邻。惟处烟霞之顶，不为烟霞之所罗笼；遨游山水之中，不为山水之所留碍。步步踏实地，处处无踪迹。山僧所愧，德薄道微，无有一法与人，唯要诸人自彻自悟而后已。隐元禅师说：刹刹尘尘，无非固有的神通；心心念念，尽是眼前的妙用；如果你没有大彻大悟，就像深秋的寒风呼啸怒号，未免乱了你的耳根；昼明夜暗，赤白青黄，挡住了你的眼睛。

这是陈遂捷问法，隐元禅师开示的一段公案。那么，陈遂捷在《隐元禅师又录》序言里写了些什么呢？他说：黄檗自断际之后，几乎就像一根游丝，断断续续；经历了一千余年，才开始有密云、费隐二位老人，使滹沱河临济正脉流通万古，使那些无根乱统野狐精魅无地逃窜；幸有隐元禅师继起临济正宗，中兴黄檗，拈花微笑，一会俨然；隐元禅师说法，没有一个人中途退席，我对禅师从内心深处有一种敬慕；有一年中秋节，我来到黄檗，能够有缘看到禅师的语录，悟境深邃，不因袭他人的陈词老调，所以洞彻心扉，一语点破人们的梦话呓语和不经之言，或狂或狷或模糊，愈扫愈多愈不息；我读了隐元禅师这句话，好像感觉到老和尚的志趣和境界。

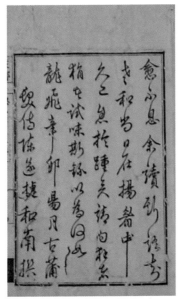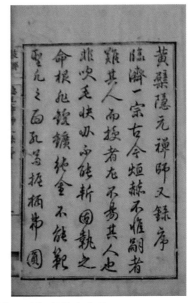

陈遂捷为《隐元禅师又录》所作序书影

林伯春——莲花玉叶再当鲜

《黄檗山寺志》卷三"僧·第一代主持开法密云圆悟禅师"中记载："……甲子夏四月，监官文学蔡联璧等迎住金粟广慧禅寺。阅五载己巳，古瓦颓椽，聿为宝坊。是年秋，僧隆宓、隆瑞等同檀越叶益蕃、外护林伯春、卓冠、林宗汉、龚士龙修书请师住持黄檗。"可见，林伯春是迎请密云圆悟禅师住持黄檗的重要外护之一。《黄檗山寺志》收录林伯春《初至黄檗见寺荒凉有感》等诗八首，是《黄檗山寺志》中收录诗最多的居士之一，仅次于同为大檀越的叶向高。

林伯春（生卒年月不详，大约生活于明末清初），福清万安乡灵得里（今福清上迳镇）人。对于他的生平事迹，很少见文字记载。只是在《黄檗山寺志》和其他一些有关资料上，会出现林伯春作为檀越、外护参与黄檗山重大事务的记载。在《初至黄檗见寺荒凉有感》一诗中，林伯春吟道：

祇林开创是何年？几树长松老带咽。

经藏旧基浑草坂，梵宫遗址半秧田。

空留宝铎凌空韵，谁舍黄金布地钱？

佛法西来应未断，莲花玉叶再当鲜。

密云圆悟禅师是在明崇祯三年（1630年）三月至八月住持黄檗寺的，

时间总共不到半年。也就是说，在明末的崇祯年间，林伯春看到的黄檗寺，由于开山久远，那些曾经历几百年岁月的老松树，已经老得不行了，像是在哽咽。藏经阁的旧基之上，长满了荒草，寺院的梵宫遗址，一大半都是老百姓种的秧田。只留下一些铎、铃等法器的声响，凄凉地从天空中飘来。又有谁来施舍一些金银钱财，来赎回寺院的土地。好在菩萨保佑，佛法西来应该不会就此截断，黄檗宝刹也一定会莲花玉叶再当鲜。

同时，林伯春饱含着对满山黄檗树的深情，又写了一首比较长的《黄檗赋》：

> 美百尺之乔木，结深根于高岭。
> 枝拳曲而偃蹇，叶茂密而繁阴。
> 岂榆柳之比性，将贞寿而并林。
> 时餐霞以吸露，乃黄质而苦心。
> 类寒松之节操，同婺女之坚贞。
> 其朽散以自弃，任霜雪之相侵。
> 彼桂何事而消亡，桐胡为而半死？[1]
> 槿向秀于春朝，兰徒芳于江沚。
> 嗟万有之不衰，独一贞之无已。
> 临皓魄以辉生，动微飙而响起。

这首赞美黄檗树的文赋，就目前所知见的范围，应该是历史上唯一的专门为黄檗树所写的辞赋。在林伯春眼里，黄檗树是根深叶茂的百尺乔木，餐霞饮露，以其贞寿而秀于茫茫山林，不是村边地头上的榆树柳树所能比。黄檗树的身上，是寒松那样的节操、织女那样的坚贞。历经沧桑，倒地腐朽，听任风雨霜雪的拍打凌侵。桂花、梧桐、木槿、兰花，这些也都是孤独无致的，独有黄檗大树，呈万有不衰之势，以其独有的浩然魂魄，与大地同辉，在松涛阵阵中，屹立不倒。一首《黄檗赋》，足见林伯春对黄檗山一草一木的深挚情感。

据崇祯《黄檗寺志》卷一记载："是年相国（指叶向高）予告归田，同

---

1 编者注：此处似漏一字。

邑侯汪公泗论疏，令兴寿、兴慈募化重兴，太学林守玄、林伯春董其事。建宝殿于法堂旧址，垒筑月台于殿前廊之下。由台而南，构藏经阁，珍崇御藏。"也就是说，在崇祯年间林伯春参与邀请密云圆悟禅师住持黄檗之前，神宗万历皇帝为黄檗寺赐藏、赐名、赐金，叶向高告老回乡之后，正是由林伯春和太学林守玄两人，负责管理黄檗寺重兴、重建各项工程大事，他们的贡献和不可磨灭的功德，已经写进了黄檗山的历史之中。

刘沂春——心传心来水印水

福州长乐有一位明崇祯七年（1634年）的进士。明亡之后，福王在南京即位，起用此人为工部主事。福王政权瓦解，唐王在福州建立政权，又任命他为布政司参议，进太常寺卿。唐王兵败，鲁王入闽，大臣钱肃乐又推荐这个人为副都御史，后来他升吏部左侍郎。这是一位在历史文献中发现的唯一一个被南明三个政权重用的高官。而隐元禅师语录的《广录》刊刻付梓，又是他撰写的序言。

这个人叫刘沂春，字泗哲，长乐人，明崇祯七年（1634年）进士，授浙江乌程知县（今湖州）。他的前任叫马思理，政绩斐然，教化普及。刘沂春和他是同乡，所以见贤思齐，实心为治，更加全心为民出力。当时乌程士民都说："自建县以来，只有马、刘二公不愧是爱民的父母官。"

正是在这个岗位上刘沂春结束了他的大明仕途。当时朝政黑暗，冤狱丛生。光禄寺监事、行人司副使熊开元，因为弹劾首辅大学士周延儒被廷杖下狱。刘沂春接手熊开元的案件，他持公平心审理，没有丝毫徇私舞弊。当局以利害威胁，刘也不为所动。甚至皇帝下旨钦定"徇私纵容"罪名要求再审，刘沂春仍是坚持不变，并且郑重上疏，他写道："公道在人心，臣读何书，守何法，而敢欺君父耶？"刘沂春这么"不听话"，立马就被罢

了官。

说到熊开元（1599—1676），有必要多说几句。他是湖北嘉鱼人，这个人一有看不惯的人和事就立即向上头反映。崇祯四年（1631年），他上疏递折子要求将王化贞正法，这个王化贞本来是首辅大学士叶向高的弟子，后来背叛东林党，投奔了魏忠贤。熊开元就是因为上告王化贞，才被降级贬到外地。过了几年，熊开元又弹劾首辅周延儒，崇祯下令将熊开元充军杭州。不多时，李自成的攻入北京，大明亡。南明福王授熊开元吏部官职，熊开元不去，跑到福建，加入唐王的抗清队伍，任随征东阁大学士、行在都察院左副都御史。后来，熊开元隐居苏州华山灵岩寺出家为僧，法名正志，法号檗庵，正是黄檗山的"檗"。

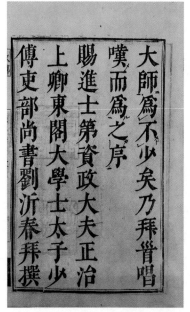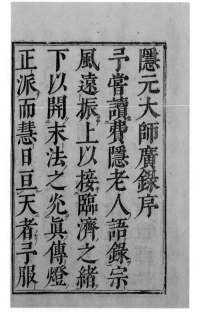

刘沂春撰《隐元大师广录序》刊本书影

卓尔堪所著《遗民诗》是清朝最著名的禁书之一，因为这书是为铮铮傲骨的明遗民立传的，第十二卷专门为23个遗民僧人立传，最初版本有黄檗山密云圆悟禅师，但是后来的版本去掉了密云圆悟禅师，换上的释正志，就是这位熊开元。

清兵入关，南明起而抗清。刘沂春就加入了南明，成为南京的福王、福州的唐王以及入闽的鲁王，三个南明政权的入职高官。

鲁王入闽后，经钱肃乐推荐，封刘沂春为副都御史，刘沂春不去就任。钱肃乐就写了一封信给他，信上说："时平则高洗耳，世乱则乐褰裳。司徒女子犹知君父，东海妇人尚切报仇。嗟呼！公等忍负斯言？"钱肃乐这么一说，刘沂春才上路赴任。顺治五年（1648年），鲁王失败，刘沂春隐居在出云岩中，因为忧郁导致双目失明。80多岁在侯官县风冈离世，著作有《珑洞集》二十卷、《出云岩集》十卷。

刘沂春所作《隐元大师广录序》中讲道："今读隐元禅师机语，迥脱常情，顿超物表，若以心传心，如水印水，诚所谓佛光朗鉴，智炬同辉，于兹益信。""今隐元禅师又为费老人高足，法眼洞明，机锋猛烈，一门而一阐宗旨，树帜禅关诚占今法宝中希觏者。""余按黄檗，闽山也；祖师，闽产也。昔以黄檗著名，至今犹令人溯源向往，其为闽地增重可知。"

王谷——师之德厚之至也

隐元禅师东渡扶桑第二年，他的皈依弟子性崇，在日本刊刻了十八卷本《隐元禅师语录》，牌记题"明历元年（1655 年）岁在乙未孟冬吉日，皈依弟子性崇重刻"。

这个版本的牌记题为"重刻"，底本有可能是翻刻方册的嘉兴藏本，但这个版本只有两篇序言：一篇是崇祯壬午年仲夏，晋昌唐世济所撰"黄檗隐元禅师语录序"；第二篇是崇祯壬午年季夏，同门法弟山阴王谷稽首和南撰"隐元禅师语录序"。奇怪的是，这个王谷所作的序言，永历、道光两种版本的《黄檗山寺志》都收录了，但都没有"崇祯壬午季夏同门法弟山阴王谷稽首和南撰"的落款。为此，我们查阅了嘉兴藏本，这篇序言收在第 27 册《隐元禅师语录》序文的第三篇，落款署名是"同门法弟山阴王谷"，于崇祯壬午（1642 年）所撰。

王谷在序文中写道："金粟费隐老人，为临济三十一传……十余年来，说法、为人，纯用本分钳锤，不落玄妙窠臼，单传直指之道，乃大著于天下"，但"后之接武者，虽未可限量，然而承绍其宗，击扬开廓，使单传直指之道，愈益彰显于当世，盖亦难其人矣"，而"隐元禅师首入老人之室，即亲体承当，全身担荷，扫去支离，绝无依倚，室中得人，师为翘楚矣"。

　　王谷在《隐元禅师语录序》中，陈述作序的机缘。他说，有一天，玄生上人手持隐元禅师的开堂语录向我出示，我接过来细读，发现其中内容机用宏达，言句光新，腾踏当机，掀翻义路。"总从正脉中发扬展拓，所谓单传直指之道，愈益彰显者，当于师乎赖之，岂有殊绝难继之叹哉"，而"玄生上人以余推重于师也，遂嘱余序"。

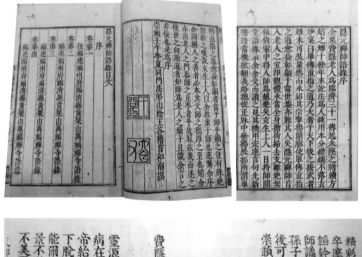

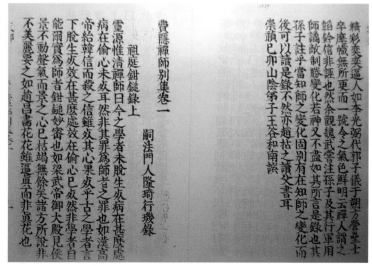

王谷撰序的《隐元禅师语录》《费隐禅师别集》书影

从序文落款看，"山阴王谷"和隐元禅师是"同门法弟"，虽然没有具体论及隐元禅师的禅法，但言辞中流露出对隐元禅师的尊重，并用这样的表达来称赞隐元禅师："余闻称人之善者必本其父，师之德厚之至也，矧余亦出老人之门，忝师之昆季者乎！故取兹义而述之，使世之向斯道者，知师为老人之嫡子，且识余言之非佞也。"

陈确——千秋大业真吾事

乾隆很敬佩史可法、刘宗周和黄道周等人的大无畏气概，在《钦定胜朝殉节诸臣录》中评价道：至若史可法之支撑残局、力矢孤忠，终蹈一死以殉；又如刘宗周、黄道周等之立朝謇谔、抵触金壬，及遭际时艰，临危受命，均足称一代完人，为褒扬所当及。刘宗周没有来过黄檗山，但他的弟子陈确，不仅学问一流，而且登临黄檗山，一口气写下了十二首诗——《咏十二峰》，这十二峰是：宝峰、屏幛、紫薇、狮子、香炉、佛座、罗汉、钵盂、天柱、五云、报雨、吉祥。写宝峰的时候，他说"谁知天下宝，尽聚此名山"。写吉祥峰的时候，他说"佳气何苍郁，林祥日日开。几多如意事，总向此山来"。写到钵盂峰，他说"钵中无一物，只是要降龙"。这十二首诗中有十一首是五绝，只有香炉峰用的是七绝：

> 裴公留客一何坚，象设炉峰置目前。
> 若论本来真面目，混成那似此天然。

陈确（1604—1677），初名道永，字非玄，后改名确，字乾初。浙江海宁新仓（今海宁朝阳）人，他是明末清初思想家。陈确年少的时候以孝友著称，长大后又因文学而驰名。陈确还精于书法，善抚琴、弄箫。他与黄宗羲、祝开美同受业于刘宗周。明亡之后，刘宗周绝食而死，陈确继承刘宗周的遗志，隐居乡里20年，足不出户，潜心著述。很可惜，到晚年得了风湿，生活极为贫困，但还是写作不辍。

陈确绘像

年轻时的陈确是一位气节之士和纵意诗酒的文士。崇祯十六年（1643年），40岁的陈确渡钱塘拜蕺山先生刘宗周为师。临别之际，刘宗周赠送他"千秋大业"四个字作为勉励，陈确也以"千秋大业真吾事，临别叮咛不敢忘"来向老师表态并予以自励。返回老家后，陈确赋《江水汩汩》二章，以拜师学艺之后的"学何以不颓"与拜师之前的"学何以不惑"相对比，这样一比较，我们很容易看出陈确拜师之后矢志进学的一种大愿。

在民族气节上，陈确以刘宗周为榜样，在哲学思想上却坚持反对宋明理学，与老师大相径庭。他认为理学奉为经典的《大学》并非圣贤之书，提出了一系列针锋相对的观点。如批判《大学》中"知止于至善"之说，认为"道无尽，知亦无尽"，"今日有今日之至善，明日有明日之至善"，根本没有绝对不变的"至善"标准。陈确肯定人性善恶取决于后天的实践，与理学家的先天说相对立。他主张"气""才""性"三者不能分立；批判朱熹"存天理，去人欲"的禁欲说教，认为："天理正从人欲中见，人欲恰到好处，即天理也，向无人欲，则亦并无天理之可言矣。"陈确还反对鬼神迷信和节烈、厚葬。这些举动招来很多非难与攻击，但他没有被折服。

陈确著有《大学辨》《葬书》《瞽言》（同"鼓"音，指没有识别能力的）及诗文集等。他的著述一部分是借黄宗羲的《南雷文案》才得以保存下来。陈确有一篇著名文章——《圣人可学而至论》。文章中他鲜明地说：圣人非人耶？亦人也。就是说，圣人难道不是人吗？圣人当然也是人。他还说，人之未完者，且不可谓之人，如器焉，未完者亦必不可谓之器也。人如果有这样那样的不完美，就不能称之为完人，就好像是一件器物，如果还没有做完，就不能称之为器。

钱肃乐——生平檗味尝难尽

他是明末官员，也是抗清英雄，他葬在黄檗山中。2020 年 10 月，北京的几个学者来到黄檗山拜访万福寺方丈定明法师。法师特别介绍说，最能体现隐元禅师气节的，应该是他营葬钱肃乐。顺治五年（1648 年），当福建连江失守消息传来的时候，身患血疾的钱肃乐以头撞枕，此后绝食死于船中，享年 43 岁，鲁王监国赠太保、吏部尚书，谥"忠介"。钱肃乐一家五口的遗骸，是隐元禅师购买了五亩土地，葬在黄檗山下的马鞍岭。在清廷强化统治的福建黄檗山，埋葬反清义士，这得有多么大的胆量和胸怀！

钱肃乐（1606—1648），宁波人，字希声，是崇祯年间的进士，累官至刑部员外郎。1645 年，清军攻入杭州、宁波，老百姓拥他起兵，加入鲁王监国大军。第二年浙江、福建相继失守。钱肃乐漂泊于海岛，拥鲁王继续抗清，官至东阁大学士兼兵部尚书。钱肃乐的故居在宁波忠介街，他的文集是《正气堂集》。宁波当地有关部门为了寻找钱肃乐的黄檗墓地，曾派人来福清实地调查未果。

2021 年初，北京的古籍收藏者惠泽居士带着一部《四明丛书》来黄檗书院，四明是宁波的古名，书的牌记题写着"四明张氏约园开雕"。张氏约园就是著名藏书家、文献学家张寿镛。丛书收有《钱忠介公集》，这里面有钱肃乐遗像、墓图、神道碑铭、世系等十二个部分。张寿镛在民国二十二年为此书所写序言中讲，这部《钱忠介公集》在乾隆年被列为禁书，所以在三百年后才"始得刊布于世"，后人方能感受钱忠介公的"忠义如林"，对其"忠爱之气"朝夕记之、哀之。特别值得一提的是，《钱忠介公集》里有《钱忠介公黄檗山墓图》，包括方位里程图一张、墓形图一张，附有关于这两张图的说明文字："右为钱忠介公墓图"。墓碑在闽中黄檗山，离福清县四十里，黄檗寺五六里，渔溪大路十里。墓碑高近五尺，阔三尺，上题曰："明资政大夫兵部尚书兼东阁大学士鄞希声钱公暨元妃夫人董氏墓阙"。这是记载钱肃乐黄檗墓址的最翔实史料。

这部《四明丛书》还收录了隐元禅师所作《为四明钱相国营葬檗山募祭田疏》："黄檗自唐裴相国休，问法于断际禅师，而宗风始大显，得其传者，代多有人。至吾明神宗朝，以叶相国文忠公之请，特赐藏经。数十年

"四明丛书"之《钱忠介公集》书影

以来，草木丽发，山川焕然……我名山黄檗，虽荒僻窃拟自附于首阳片坂之遗。丁亥四月钱相国希声避地栖海滨……暴骨于江湄者复六载……念忠魂之未即安，图以葬之……此事此心，不亦垂千万禩，永永不磨哉。"

上述这篇文章里，隐元禅师叙述了为钱相国营葬的缘起，他把黄檗山比喻为伯夷叔齐曾经不食周粟而隐居的首阳山。清朝建立之后，有的文人士大夫隐入深山作明朝遗民，有的还选择入寺为僧。为了研究这些明遗民，慧泽居士收集到了十二卷本的乾隆禁书《遗民诗》，其中仅僧人就独占了其中整整第十二卷，达 23 人之多，其中排在第二位的就是黄檗祖师密云圆悟。北京师范大学也藏有一部十二卷本的《遗民诗》，其中不知什么原因，删去了密云圆悟。民国时期影印的高丽稿本《皇明遗民传》，则收录了隐元禅师在日本收下的弟子独立性易戴曼公。从史料看，反清复明起义失败后为僧者不胜枚举，隐元禅师将黄檗比喻为当代的"首阳山"而接收钱肃乐以及后来的独耀性日、独往性幽，完全称得上是民族大义在先的壮举。

那么，究竟是什么原因促使隐元禅师在清朝统治下，冒着相当危险为钱肃乐在黄檗山营造墓地呢？据《隐元禅师年谱》记载，隐元禅师在授戒场开堂祝圣时，有一次哽咽语塞，涕泣不已。人们问禅师何故，据说隐元禅师的回答是，没有别的原因，我只是想到明太祖年号，心中一时恻然。这就是隐元禅师在不经意间，从内心深处所流露出的对大明的感情，这也打动了众人的心。或许，这也成为一个机缘，不久就有了隐元禅师为钱肃乐营葬黄檗的动议。关于这段故事，福建黄檗书院收藏的抄本文献，有这样的记载："永历六年腊月，开戒宣疏，至开坛于洪武十年。善述于成祖昭世，列圣恩深，今皇德生，一时伤感，涕泣不能仰视。众愕然久之，后有僧微叩其故，师云：吾聆太祖年号，心中恻然，不觉伤悼。"隐元禅师的这种衷怀，还是后来他的弟子独耀性日听说后，为了"不没其盛德""因叙小引系之以诗"。

在营葬钱肃乐的时候，隐元禅师写下《祭钱相国文》："岁甲午仲春廿四日，我明故相国希声钱先生，偕夫人董氏自琅琦移柩至，将营葬于檗

山之东坂山。……奠而告之曰：无情之情，情之正也；不识之识，识之真也……天地不真正，不成天地；人物不真正，不成人物……余与先生未尝识面叙款，先生乃寄予诗，有'生平檗味尝难尽，不及登临谒瑞容'之句。其词句勤勤恳恳，若数十年相知之深者。其情正而识真……一门五棺，累累可悲可伤……一死一生交情乃见……真正间气，与名山并不朽。"从隐元禅师这篇祭文之中，我们可以感受禅师对钱肃乐忠义之行的褒奖和同情。写祭文的时间是顺治十一年。隐元禅师还称呼钱肃乐是"我明故相国希声钱先生"。

全祖望《题钱忠介公集》书迹

林嵋——老人住山在黄檗

在道光版《黄檗山寺志》里，收有林嵋所作《隐元禅师云涛集序》，但没有作序时间。不知什么原因，成书后的《云涛集》，林嵋所作的序言，并没有被收录。

《云涛集》是隐元禅师的诗集，从黄檗书院资料室的文献来看，这部书分为《云涛集》《云涛二集》和《云涛三集》。隐元禅师曾在一年的中秋节来到仙游，请唐显悦为之作序。从最后成书的日本刻本实物来看，唐显悦序言落款写于辛卯秋日，也就是顺治八年（1651 年），这是隐元禅师东渡前三年。

林嵋是谁？林嵋是莆田人，莆田"九牧林"的后裔。什么是"九牧林"呢？莆田九牧林氏开派开基的始祖林披，唐代来到莆田，在唐玄宗天宝十一年明经及第，官至太子詹事，赐紫金鱼袋，上柱国。他有九个儿子，都做到了知州或者刺史，也就是平常所说的"州牧"，所以称"九牧林"，林则徐也是"九牧林"后裔。林嵋从小就随着父亲林长茂居于镇江，和他哥哥林简一起，拿着自己的文章向金坛名士张明弼请教，张明弼给予很高赞誉，所以当时得了一个"神童"之名。林嵋中进士后，被授予工部主事。李自成攻进北京，他被俘，在同乡陈方策帮助下，才得以逃脱。到达江南

后，他上书镇守扬州的史可法，除了陈述自己一路所见所闻外，希望史可法领头起兵匡复旧都。他因此被留任吴江知县。

崇祯十七年（1644年）五月十五日，福王朱由崧在南京登基。第二年的五月初十日，清军渡江，南明灭亡。眼看大势已去，林嵋便怀揣着吴江县正堂大印回了福建老家。二十七日，唐王朱聿键在福州称帝，任命他为工部都水司主事，又改任礼部精膳司主事，迁员外郎，又升吏科给事中。顺治三年（1646年）八月，清军攻克福州。林嵋回到莆田，与唐王的东阁大学士、当地人朱继祚，左都御史余飏，参政汤芬，知县都廷谏守卫刚从清军手中夺回县城。城破之后，他们五人宁死不屈，同时殉节。乾隆四十一年（1776年），朝廷对他们通谥"节愍"。林嵋著有《螭蜻集》十二卷。

关于林嵋之死，不同文献上有不同的说法。

同治年间的《苏州府志》附录，引自潘柽章《松陵文献》卷五的话说，林嵋在福建抗清失败后销声匿迹。数年后，莆田发生海盗案，他与吏部的余飏同时入狱。有人为他们开脱，余飏获释。他愤怒不已，呕血而死。对这段文字，府志亦不置可否。

在《明史·朱继祚传》里，有一段涉及林嵋，说他是因为参加武装起事失败被抓，与朱继祚"并死之"，一起死了，这是正史的记载。但据徐轨的《林嵋墓志铭》、林向哲的《螭蜻集序》以及《莆田县志》等书的记载，林嵋并没有参加武装抗清活动，而是因为写诗被人构陷，与他的老乡余飏一起被捕，解送福州。"公竟慷慨拊膺，草绝命辞三章，呕血数升而卒。时，顺治乙未六月某日也。卒年三十有八。"清代翁洲老民手稿《海东逸史》卷十五则记载：林嵋由进士为吴江知县。苏州失，归事唐王，官御史。复事鲁王，为吏科给事中。兴化破，自缢死（国朝赐谥节愍）。

林嵋之死，究竟哪个说法准确并不重要，林嵋身上的民族气节是可以称道的。

林嵋和隐元禅师的交往应该不浅，除了给隐元禅师的诗集写序之外，他还给隐元禅师祝寿，写过《寿隐和尚》：

老人住山在黄檗，桃坞桃州开向夕。
落花片片入窗扉，回首白云又接席。
石桥玄度断人行，惠公杖屦恒自适。
独往之人细万物，手弄元化携金策。
我临海峤一相思，城头霞起城下碧。

附录：

《隐元禅师云涛集序》

林　嵋

夫山之峭壁奇崖未必高也，水之狂湍奔急未必深也，非不高深，而高深可测也。大抵至平至浅之中，一涉，至人举止，随其可喜、可怒、可警、可愕、可杀、可活、可经、可权，放之神鬼莫测，收之古今无迹。圣勿辨也，凡勿殊也，内勿移也，外勿混也，

诗之一道，至今日失统极矣。辞客骋其赋情，缁流耽于虚寂，渊源一错，径路尽差，亦犹宗门丧其指归，入于魔祟，虽终日登坛论说，直是盲引群盲，蹈于火坑，所必不免耳。

隐大师为天人标榜，接曹溪之嫡派，振临济之正宗，沙界三千，莫不知有黄檗老人也。夫奚藉于诗，奚藉于诗传不传黄檗老人？何待其取材于晋魏乎，其袭貌于宋唐乎？冲口所发，满纸皆珍，应手所指，点头是石。则凡日也，月也，山也，川也，草也，木也，禽也，鱼也，花也，鸟也，述不尽述，触不胜触。总是绿衣苍狗，寒泉怒瀑，变幻离奇，舒卷无际。和尚自谓是诗也，非诗耶？嵋非诗人也，非禅人也，非知诗知禅也，拜读宗语，示列法座，炎想悉捐，清虚徐来，真觉十二峰葱葱隆隆，包罗万有，而诗特其一班耳。自今愿披发入山，请从沙弥后捧砚濡墨，供黄檗老人诗囊一抹。

郑成功——禅师东渡架桥梁

几乎所有关于隐元禅师东渡的描写，都会强调是郑成功拨船相送。的确，隐元禅师是从郑成功在厦门的军事基地离开中国的。因此，隐元禅师必定与郑成功、与南明历史有联系。隐元禅师东渡之前，不仅与忠于明朝的反清运动保持着密切关系，而且还协助将前明义士钱肃乐埋葬在黄檗山。

郑成功（1624—1662）之所以被认为是民族英雄，是因为他1660年从荷兰殖民者手中收复了台湾。其实，郑成功出生在日本平户，他的母亲是一位日本女人。他的父亲郑芝龙（1604—1661），在荷兰文献中则以"一官"闻名，是当时东南沿海和台湾的一方霸主。

1645年，郑芝龙辅佐唐王在福州登上皇位，即隆武帝，他的儿子郑成功被赐予皇姓"朱"和新名字"成功"。郑成功因此经常被称为"国姓爷"，日本也俗称此名。郑成功在海峡两岸及日本都被奉为神灵，不少地方都有郑成功祠堂。郑成功的军事天赋和决心使他成为抗清运动领袖的不二人选，福建尤其是福州地区，成为郑成功领导的反清运动的前线。1645年，当南明弘光帝被清军俘虏后，隆武帝的政权也只持续了一年。另一个由隆武帝的弟弟在广州建立的南明政权也同样迅速衰落。隐元禅师就是在这样的动荡年代，与郑成功的将军们建立联系，并最终由他们护送去了日本。

三圭缔世泽即此天朝宠锡永固河山

寸土守疏忠谁云海外要览不登史册

福建南安石井郑成功家庙
"延平王祠"对联

《海上见闻录》一书有关于郑成功1660年派往日本使团的记录，并且提到了隐元禅师的名字：七月，命兵官张光启往倭国借兵，以船载黄檗寺僧隐元及其徒五十众。时倭人敦请隐元，故载之俱往。赐姓书与倭国王，而不及上将军主国政者，倭人兵亦不发。

这里明显的错误是将张光启和隐元禅师放在一起，因为早在1654年，隐元禅师已经由郑成功护送去了日本。尽管这样，郑成功并未和隐元禅师有密切的私人关系，他的堂弟郑彩倒是隐元禅师的好友和追随者。郑彩是郑芝龙兄弟的儿子，驻扎在厦门的时候，郑彩与郑成功起了冲突。郑成功打败郑彩并夺走厦门。郑彩被剥夺了军事指挥权，离职后被授予建国公头衔。隐元禅师与郑彩一直保持着密切关系，当隐元禅师1654年到达厦门仙岩的时候，郑彩去拜访了隐元禅师。隐元禅师到日本后，郑彩仍然设法继续与隐元密切交往，他的女婿云嵩道岳最终成了隐元禅师的弟子。

关于郑成功和隐元禅师的关系，学术界最关注的焦点是一封保存在京都万福寺的信。1993年历史学者陈智超公布了一批与隐元有关的信件。这些信件有117封，大多是个人从中国寄给当时在日本的隐元禅师的，主要写于1652年至1671年

255

之间。作者多是隐元禅师的弟子和信徒，其中包括郑成功的将军、福清的地方精英以及往来日本的商人。在这些信件中，有许多是与前南明官员，如唐显悦兄弟、刘沂春、郑彩和张光启等人的通信。这表明隐元禅师在到达日本后，仍然与明朝遗民保持着密切接触。

陈智超研究这些信，他认为其中有一封没有署名的信，是隐元禅师到达日本后不久，郑成功亲自写的。因为信中作者自称"本藩"，提到他以前见过隐元，后来拨船护送他去日本。信中作者还特别指出，当他获悉隐元禅师第二天将要离开的时候，他不能为隐元禅师送行，因此，寄了这封

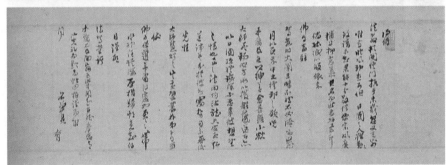

有关郑成功的传记和连环画书影

信表达对隐元禅师的尊敬，并希望隐元禅师能够尽快归来。尽管这封信没有署名，但是作者在信件最后暗示他的"名单具"在正帖中，然而，由于信封丢失，因此作者的名字不得而知。

　　这些学术真相，最后的查证还是留给学者们去探讨吧。

福建泉州石井"海上视师"石刻拓片

福建泉州丰泽区"郑成功焚青衣处"碑刻

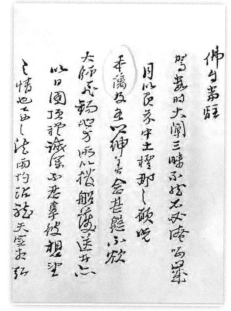

日本黄檗山文华殿藏"本藩"字样信札

清代

杜立德——慈和恭谨撰塔铭

1654年的五月，已经63岁高龄的隐元禅师东渡扶桑，19年后的1673年，也就是康熙十二年，他在日本京都宇治黄檗山圆寂。为隐元禅师撰写塔铭的，不是日本幕府的大佬，也不是皇室的贵族，而是身在中国的康熙王朝的礼部尚书杜立德。杜立德为隐元禅师撰写的《普昭国师塔铭》是对隐元禅师一生的总结，他是这样评价隐元禅师的：

师两开黄檗，应化西东，现身说法，四十载间。上自皇帝宰相，远及东国王臣，下及士庶工商，僧俗男女，罔不景仰瞻依，倾心向化。自唐宋以来，未有若斯其盛。

有的读者可能会质疑，隐元禅师东渡，在日本传法、生活了十九年，为什么不是日本方面高层人物或者是禅师自己的嫡传弟子来写塔铭，而是由清朝的一位在任的礼部尚书来写？这个问题，我们暂时无法还原当时的语境，但可以先从杜立德和康熙皇帝的一些故事说起。

康熙皇帝算得上一代明君。康熙出生于1654年，正好是隐元禅师东渡那年，康熙8岁失去父亲，一年多后又失去母亲。培养康熙的不是他爹顺治皇帝，也不是他母亲佟佳氏，是他的奶奶孝庄太后。"父母膝下，未得一日承欢"，这是康熙一生的遗憾。于是，他便把所有的敬重都放在了培养他、辅佐他登基的祖母孝庄太后身上。康熙帝 34 岁这一年，孝庄太后以 75 岁高龄病逝，康熙帝恸哭不止，在念祝文的时候，竟当着群臣的面痛哭流涕，在场大臣也都悲呼声一片。

在这些大臣中，几乎所有人都只能跪在地上哭，只有一名老臣站在孝庄太后灵柩前。这位老臣就是杜立德。杜立德是直隶宝坻人，就是今天天津宝坻。他出生于 1611 年，比孝庄太后还要大两岁，孝庄去世这一年他已经 77 岁。杜立德原本是明朝的进士。顺治帝坚持招用汉人为官，杜立德才得以入仕。杜立德为人为官小心谨慎，与人和蔼友善，尽管当时汉人官员会受排挤，但杜立德却一直受皇帝信任，还曾获得太子少保职位。1662 年，康熙帝登基，杜立德仍然受重用，先是担任礼部尚书，后来又被康熙拜为国史院大学士，曾协助康熙捉拿鳌拜。

康熙九年（1670 年），59 岁的杜立德成为保和殿大学士，晋封太子太傅，并在几年后辅佐康熙平定了三藩之乱，得到康熙充分信任。不管是捉鳌拜，还是平三藩，杜立德都厥功至伟。杜立德为官清廉，对权势和荣华富贵没有欲望，只为忠心耿耿地侍奉明主，康熙对这一点都看在眼里，对他赞赏有加，曾当众夸奖杜立德"此新授刑部尚书杜立德也！从不贪一钱，亦不妄杀一人"。

杜立德快 70 岁的时候请辞还家。康熙再三挽留，于是他又干了 3 年，后来康熙见他实在病重，便送他一枚特制的"怡情洛社"的篆刻印章，赐银币、鞍马，派专人护送杜立德荣归故里。《太宗实录》修成之后，康熙帝又封已经告老还乡的杜立德为太子太师，这也算是一个文臣的极致了。因为太子太师一般是重臣去世之后追赠的头衔。

孝庄太后去世后，杜立德拖着病躯，连夜从天津赶到宫中哭丧，见到孝庄太后的灵柩后，杜立德颤颤巍巍下跪。康熙皇帝赶紧招呼："快快请起，你不用跪拜。"在《清史稿》中，这段事是这样记载的："二十六年，太皇太后丧，（杜）立德诣京师哭临，上念其老病不任拜起，命学士张英扶掖以行，慰劳甚至。"

隐元禅师去世 19 年后的康熙三十一年（1692 年），杜立德以 81 岁高龄离世，康熙派皇子参加其葬礼，并赐谥号"文端"，颁赐圣谕说："杜立德秉性厚重，行事正大。直言敷奏，不肯苟随同列，可谓贤臣！"

八年后，康熙在南巡的时候路过天津。杜立德的儿子杜恭俊迎驾到三河，皇上见到故大臣的儿子，特别高兴，还特地来到杜立德墓前祭拜，并御赐"永言惟旧"四个字。杜立德当真是"其生也荣，其死也哀"，他与康熙帝之间，也真算是君臣有情。杜恭俊也因为他父亲杜立德的恩荫，被先后授予授工、刑两部司曹，后外放广信知府。

据《清史稿》卷二百五十列传三十七记载，杜立德曾经上疏陈："治平之道有三：一曰敬天，二曰法古，三曰爱人。"而且，他还强调，自大臣以至百姓，都要一视同仁；无论新旧，都要存弃短取长之心。这既是一份奏折，更是杜立德心迹的流露。民国第二任总统徐世昌，在他的《大清畿辅先哲传》中，这样评价杜立德，说：立德性坦平，好汲引善类。虽布衣下位，无生平之雅者，有一长必为称引。紧接着又写道：立德为人慈和恭谨，恂恂寡言，及当大事、决大疑，则毅然不可夺。居谏垣，弹劾不避权贵。

再回到杜立德要为隐元禅师撰写塔铭。从朝廷的角度而言，或许只有一生慈悲弘法，深知民族大义，时刻恪守仁义道统，始终不忘忠孝礼德的隐元禅师，才配由慈和恭谨、清廉简素、家风

塔铭

赐进士出身光禄大夫礼部尚书上柱国太子
太师中极殿大学士燕山杜立德拜撰
夫乾坤永啓佛性难明混池既开常光显露但圣凡
悬隔迷悟殊犹非无位真人一片婆心具大辩才
仰广长舌则苦海茫茫谁登彼岸不几万古如长夜
哉自迦文出世七十九年诀经三百馀会自觉觉他
无非欲人明心见性悟出本来商旦方脱生众轮回
之苦由是西乾四七东土二三一灯相传万象皆朗
迨南歎青原而下分为五宗雅临济一宗独得其传

杜立德撰隐元禅师塔铭书影

敦睦的大清尚书，一人之下万人之上的中堂大学士杜立德，来亲笔撰写这个五千多字的塔铭。

天津古籍出版社曾经出版了一本《清初良相杜立德》，这就是一个循吏良臣的荣耀。

叶进晟——一死一生见交情

前面聊过叶向高的独子叶成学的故事，本文谈谈叶向高长孙叶益蕃、曾孙叶进晟，他们在叶向高的影响下，秉承先人复兴黄檗的行愿，相继成为黄檗山的有力檀越，支持道场建设，与黄檗山联系密切。

叶益蕃（1559—？），字君锡，叶成学之子、叶向高的长孙，以祖荫补中书舍人，后迁任南京户部主事、郎中。他是继叶向高之后，叶家又一位黄檗大檀越。作为叶向高的长孙，叶益蕃代表的是叶氏家族，当时在福清的社会地位颇高。他继承了先祖叶向高复兴黄檗的遗志。崇祯二年（1629年），作为檀越代表与招请发起人，叶益蕃与黄檗山的寺僧隆宓、隆瑞及外护信众林伯春等人，致书礼请密云圆悟禅师住持黄檗。密云圆悟禅师最终接受了招请，这和叶益蕃的出面邀请有着直接关系。

崇祯版的《黄檗寺志》卷三载有叶益蕃的《请密云禅师住黄檗》这一书启的内容，其中写道："蕃等素仰玄风，遥沾法雨。钦三缘而作礼，偕四众而陈情。所冀猊座遥临，涌慧泉而转法；龙天高拥，现满月以扬音。庶众生各各离尘，身似菩提心似镜；得松下时时问道，云在青天水在瓶。咸启金绳，同登宝筏。"这里的用词诚恳亲切，处处流露着厚重，可以看出，叶益蕃的佛学和文学修养都是相当高。

另外，值得一提的是，叶益蕃还曾捐资帮助艾儒略在福州宫巷建了一座天主教堂"三山堂"，后来三山堂改为关帝庙，历经数度兴废，早已无存。

叶益蕃的弟弟叶益荪也是黄檗山的外护。他善行仁政，深得民心。崇祯十六年，叶益荪出任广东廉州知府，隐元禅师还曾作诗一首相赠：

玉融金马跃南天，庾岭春回大地妍。

满目风光花烂熳，可吹一片到岩前。

在叶向高后人中，他的曾孙叶进晟是与黄檗山关系最为密切的一位。在他父祖先辈的影响之下，叶

福州宫巷三山堂旧址碑

进晟经常进山礼佛，登临黄檗山，且笔下多有诗句，与好友一起唱和。

有一次，叶进晟来到黄檗山，看到叶向高所作诗，有感而发，就作了一首《次曾祖文忠公韵》，诗中写道：

翻来覆去事何穷，到底深山有古风。

悟至一身都是赘，判将万法尽归空。

心枯座上岚光翠，睇引天边返照红。

只自闭关成独寐，不教痴梦得西东。

诗中的"一身都是赘""深山有古风""万法尽归空""闭关成独寐"，都是朗朗上口而又意趣悠远的好句子。

叶进晟（1617—1658），号霞承，又号枝南。他是叶益蕃之子，年少时就有才名，得祖荫授尚宝司丞。南明隆武元年（1645年）入翰林院为待诏，兼国史馆纂修。清顺治四年（1647年），叶进晟召集本乡士众数百人，呼应鲁王监国朱以海，攻打福清镇东卫的清兵。但因寡不敌众，最后兵败亡走台湾。

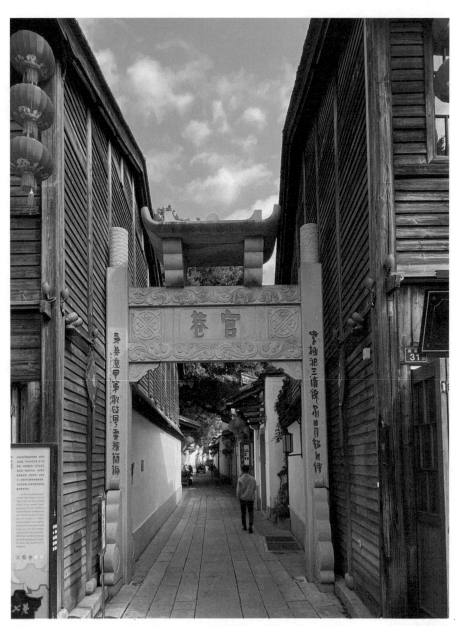

福州官巷

在台湾呆了六年之后，在隐元禅师东渡前一年，也就是南明永历七年，清顺治十年（1653 年）秋天，叶进晟秘密潜回福清，来到黄檗山。他与隐元禅师商量，要把抗清义士、南明遗臣、东阁大学士钱肃乐遗体移葬于黄檗山。叶进晟倡议在黄檗山安葬钱肃乐的义举深为隐元禅师所称道。隐元禅师在祭文中写道："余厕空门，愧有心无力，不能展肃。乃敝邑叶君子器，同九玄周公，毅然输金营葬檗山，为近于佛地，以遂先生在世茹素戒杀之志。"隐元禅师感伤于大明沦亡，痛惜义士茔勇壮烈，慨叹道：肃乐忠勇，理当厚葬。就这样，隐元禅师开始募资，最终买下了黄檗山白马庵附近的五亩空地作为墓园，从福州琅岐岛秘运钱肃乐灵柩，归葬黄檗。

安葬钱肃乐之后，叶进晟就闭门不出了。随后隐元禅师东渡日本，因其旷久未归，叶进晟与时任黄檗山住持慧门如沛禅师商定，作书信催隐元禅师归来。他在信中写道："知雷音大震，法雨弥天，既为邻邦额手，尤深企望之私。檗山慧道人谦让不遑，顷日面间言欲迎返宝幢。极知道化流行，无分彼此，但吉祥佛座，日望覆庇慈云耳！"由此，足见他们之间关系之深厚。

叶进晟出身于深受大明皇恩的士大夫家庭，在明朝灭亡清朝方兴之际，他耻于在新朝为官，选择逃禅，避世隐居。他自称"蒙耻苟生，抱病杜门"，后来吞金自杀。据《明史》卷 276 记载：故相叶向高曾孙进晟葬之福清黄檗山。

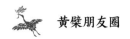
两知县——护持黄檗免租役

　　护持黄檗的两任福清知县——刘以修、凌世韶，看看他们是怎样护持黄檗寺的。

　　南沙三余氏撰《绍宗皇帝纪》和乾隆版《福清县志》卷八记载：刘以修，字懋卿，号九一，四川阆中人，崇祯十三年（1640年）进士，授福清县知县。人们对刘以修在福清任上的表现是赞誉有加，说他"性禀慈祥，治尚宽大。其追征也有方，其听讼也不扰，建利除弊，靡不殚心，尊贤礼士，极其折节，民安而士爱之"。因为治理福清有方，以治优调八闽首县闽县，同样有很好的口碑，"善政同于融邑"（福清雅称玉融，简作融，因为城南有一座玉融山而得名。）

　　刘以修曾经向崇祯皇帝进呈他订正的一部书——《文昌化书》。《文昌化书》是一部儒道融合的劝善书。皇帝很高兴，说"化书劝人忠孝，朕甚嘉之。以修生长其乡，即与门人校定，更当广布成书，以襄上治"。入南明后，刘以修在隆武朝为官编修。

　　《小腆纪传》记载：凌世韶，字官球，安徽歙县人。崇祯七年进士；先后担任福建三明宁化知县，江西按察司简校，兴化府经历，处州府推官（处州就是今天的浙江丽水），每在一地为官，都有廉明的称誉；后调进北京担任户部主事。明亡国变之后，凌世韶弃官隐于安徽黄山，并于顺治乙酉年（1645年）出家，法号白毫、大时，长住文殊院，著有《纳沙草》。《江宁县志》记载，凌世韶是崇祯甲戌中进士后，授予福清知县，后署宁化县。甲申之变后，弃家逃禅，去世的时候，衣服破烂不堪，碗盆里面一粒粮食都没有，凄惨萧然。

与凌世韶一起隐入黄山的，还有浙江嘉兴人钱默（1628—约1655），他是崇祯十六年（1643年）进士，授福建南平光泽知县，后任嘉定知县。南京失守后，弃官归里。他父亲罹难后，遂削发入黄山云谷寺，皈依无易大师，法号智灯，圆寂后葬于云门显圣寺，著有《吹萧草》。

根据永历《黄檗寺志》卷一所载，隐元禅师住持黄檗山期间，为了防止周边民众侵占寺田，编修了《本山册籍》，以记录寺院的田产，并请两任知县刘以修、凌世韶分别为这部《本山册籍》作序，以发挥地方官员的护持作用。

刘以修在崇祯十七年（1644年）所作序中告诫民众，不得与山灵争山水，不得与僧人争田产，侵占黄檗山寺庙产。

凌世韶则明言，对于都会名胜之区，凡是古道场以及净业好修者，均应免除租役，更何况像黄檗山这样的清净祥林，更要免租免税，这也是培植善业。只有如此，才能够让这个熙熙攘攘的世界中，稍微保存一片清净无染的净地。

就这样，到1651年，黄檗寺的田产增加到四百多亩，这一农田基本保障，使得黄檗山僧众在明末动乱之中得以安然度日，并且还能适当接济周边民众。伴随着寺院的振兴，黄檗山内聚集的僧人和在家信众达千人之多。经过隐元禅师的苦心经营，福清黄檗山从沉寂中得以振兴，人气鼎盛，宗风大畅，成为东南沿海地区一大道场，声名远播于海内外。

范道生——彻证毫端融佛性

　　隐元禅师东渡后，对日本的佛像雕塑不满意，经长崎福济寺住持蕴谦戒琬禅师介绍，邀请泉州工匠范道生赴日本雕造佛像。如今走进位于日本宇治市的黄檗山万福寺，范道生在日本宽文二年（1662年）为这里开雕的十八罗汉、观音、弥勒、达摩、韦驮、伽蓝、关帝等像依然完好地保存着，供人参拜。

范道生像

　　范道生（1635—1670），字石甫，号印官，别号清源道人，晋江安海人。他的父亲叫范爵，以绘画、雕塑为生，在闽南一带颇负盛名。范道生自幼跟随父亲学艺，青年时期就擅长书画，尤精于佛教造像。范道生于顺治十七年（1660年）携带他父亲范爵所绘《十八罗汉图卷》到达长崎，寓居福济寺，为长崎"唐三寺"中的福济寺（俗称泉州寺）和兴福寺（俗称南京寺）雕造佛像，他的造像造型庄重、技艺精湛，受到好评。

　　范道生到日本两年后回国为其父庆七十大寿。为此，隐元禅师专门写下偈颂——《范道生求祝乃尊赞公信士七十寿》。之后，范道生从泉州再次东渡，此时幕府对华人入境的审批更加严格，他未能获许入境，因此未能前往京都新黄檗山，继续完成佛像雕刻任务。范道生这次回国待了六年，后于康熙九年（1670 年）再返长崎，登黄檗山参谒隐元禅师，继续为崇福寺雕造佛像。由于操劳过度，同年十一月范道生病卒于长崎崇福寺，年仅36 岁。临终前，他把他父亲所绘的《十八罗汉图卷》献给万福寺，至今仍保存完好。范道生的墓地在长崎崇福寺的后山。

范道生雕罗怙罗尊者木像

隐元禅师 72 岁寿辰时，他门下的弟子请范道生为老和尚雕造瑞像。范道生用西域木雕造出的隐元禅师坐像，高 1.61 米，栩栩如生，安置在万福寺开山堂，至今仍供人瞻仰。

隐元禅师对范道生的雕塑作品给予很高的评价，曾写过两篇诗偈赞扬。一篇是《荐范道生信士》，另一篇是《示温陵道生信士》。后一篇写道：

> 普门瑞现启迷开，惹得人天俱破颜。
>
> 好手手中夸好手，同班班里有谁班。
>
> 一刀剖出恒沙佛，百亿身分方寸间。
>
> 无别无分无二致，俨然一会在灵山。

黄檗书院收藏的《黄檗东渡僧宝传》，由山本悦心编撰，该书的附录收录了《荐道生信士》。其中记载，范道生，曾入朝为官任印官之职，世人不称其姓名而称印官。范道生去世后，隐元禅师写诗哀悼：

> 道生道灭刹尘尘，酬毕世缘卅六春。
>
> 幸得日前归正信，不迷固有本天真。
>
> 身心空尽无留碍，手眼圆明妙入神。
>
> 彻证毫端融佛性，达观四海悉通津。

范道生所雕造的佛像风格古朴，各具神采，生动、逼真。他高超的雕塑技艺，对日本雕塑艺术有一定影响。范道生虽然在日本的时间不长，但他的遗墨遗存较多。在近人出版的《黄檗文化》《黄檗美术》和《黄檗遗墨帖》中，都载有他存世的书画。日本新黄檗法林院和松隐堂，分别珍藏着他的《血书三世尊佛》和《罗汉图》。福冈县江月寺珍藏着他的《十八应真图帖》，卷首有隐元禅师的题赞，而每位尊者的画幅都有木庵禅师的题赞，卷末有高泉禅师（日本京都万福寺第五代住持）撰写的跋记。京都万福寺还珍藏着范道生初登新黄檗山的时候题写的七言律诗：

> 遥瞻紫气入山来，选佛名场喜乍开。
>
> 龙象遍围狮子座，雨花争坠法王台。
>
> 万松鼓翠喧天籁，千嶂排空起浪堆。
>
> 露出重重真境界，不思议处孰能猜。

　　此外，长崎崇福寺还藏有木庵作画、范道生镌刻，用以请印印施的准提观音图刻版。范道生在日本所雕造的佛像，日本视为国宝。2021 年是范道生远讳 350 周年，日本有关方面专门举办了相关展览。

日本九州国立博物馆"范道生特展"海报

蔡新——绿野恒春续黄檗

　　嘉庆二年（1797年），达光道暹禅师成为黄檗寺第四十代住持，六年后退出本山席，去续修《五灯全书》。这期间，他被福州檀越请到闽侯雪峰崇圣禅寺，之后退隐妙音寺。前后又过了四年，到嘉庆十二年，道暹禅师重回黄檗山，又开启了一项文化大工程——续修黄檗山寺志，就是目前传世、为人称道的道光版寺志。道暹禅师的语录十卷结集为《游戏三昧集》刊板流通，为这部语录作序的，是乾隆元年进士、曾任文华殿大学士和内廷总师傅的蔡新。

　　蔡新（1707—1799），字次明，号葛山，福建漳浦人，在黄檗朋友圈里的历朝大臣中，蔡新历任吏、礼、兵、刑、工等部尚书，是所任高级职务最多的一个。中进士后，蔡新被选授庶吉士，散馆后，任翰林院编修、直上书房、翰林院侍讲，累官内廷总师傅兼理兵部尚书兼管国子监事务、礼部尚书兼理兵部尚书、吏部尚书兼国子监事务、文华殿大学士兼吏部尚书、加授太子太师。这一大串官衔，是官场多少士大夫穷其一生也难以企及的大梦，但这些在蔡新身上都一个个实现了。

　　乾隆二十二年（1757年）秋天，蔡新以母亲年迈，乞请归养。蔡新回到家不久，就接到圣上谕旨，任命他为内廷总师傅。蔡新上疏辞谢，请求留家奉母。很快，乾隆皇帝就给他写来了亲笔谕示："非命汝即来供职，待日后耳。"在乾隆朝，上书房的汉文师傅之上，设一位总师傅，大多是由皇帝的亲信大臣兼任，负责稽察一切事务，并非每天都要入值。乾隆三十四年（1769 年），蔡新兼理兵部尚书兼管国子监事务；不久，调任礼部尚书，御赐紫禁城骑马，并获关照在澄怀园办事。澄怀园在圆明园福园门南，绮春园西墙外，俗称翰林花园。在这里办事，这是当时清廷对汉族官员的最高礼遇。

乾隆四十一年（1776 年），蔡新以 69 岁高龄再兼理兵部尚书。乾隆皇帝书写"武库耆英"四个大字赐给他。五年后他又充任《四库全书》馆正总裁之一。《四库全书》基本纂修完成后，蔡新请假回老家修墓，假满回京后被授予文华殿大学士，兼吏部尚书，获赐"黄扉宿彦"金匾。

乾隆五十年（1785 年）正月，蔡新已 78 岁，出席千叟宴，是朝廷大臣中年龄最高的一个。二月，皇帝按例亲到辟雍（也就是太学）讲学，蔡新以大学士统领国子监，坐讲《易经》中"天行健，君子以自强不息"。乾隆皇帝的《辟雍诗》，其中就有"蔡新或备伯兄行"一句，并自加注："若今之群臣，孰可当三老五更之席者，独大学士蔡新长予四岁，或可居兄事之列。"蔡新看到题诗惶恐不已，礼毕后当面恳求退休。乾隆不仅允许蔡新以原官致仕，还加授太子太师，令驿站车马送回漳浦，沿途所经地方，官员在 20 里以内照料护行，乾隆还御制诗章以宠其行，诗中有"不忍言留合令归，及归临别又依依"之句。在朝同僚、门生及部属也都纷纷赋诗，为蔡新回归乡里送行。

嘉庆皇帝登基不久，就亲笔御书"绿野恒春"匾额赐给蔡新，并赐予蔡新的儿子蔡本俊内阁中书的官职。此时的蔡新已是 89 岁高龄。嘉庆四年（1799 年）十二月，蔡新在家中离世，享年 92 岁，晋赠太傅，赐祭葬，谥号"文恭"。

蔡新在朝任职 50 年，官至文华殿大学士，可谓德高望重。终其一生，他处事谨严，言行必忠于礼法。他以求仁为宗，以不动心为要，曾辑先儒操心、养心、存心、求放心诸语，成《事心录》，著有《缉斋诗文集》行世。归乡之后，遇到灾荒，蔡新总是捐资平粜，置义学、建义仓、修义冢，先后修葺了先贤蔡襄祠、黄道周祠，人人称之有德于乡。

蔡新书迹

蔡新书联

叶观国——福庐大地出莲花

　　黄檗山第三十三代有一位了祥慧国禅师，在他五十寿辰的时候，收到很多贺诗。其中一位叫叶观国的专门作了一篇贺诗序。这位叶观国是明朝名相叶向高的族人，乾隆辛酉年（1741年）拔贡生，丁卯年（1747年）乡

福州叶观国祖居旧址

试中举，辛未年（1751 年）考中进士，选翰林院庶吉士，后多从事主持各省乡试、督学、教习等职，后期假归闽地，曾主讲泉州清源书院四年。

叶观国在这篇贺诗序中说，玉融这个地方是我的乡梓故里；福清的名胜道场郭庐为最；我往年间回老家，曾经去过那里，可以说是幽崖奇谷，别有洞天，古代的达官显宦都到此勒诗纪胜；而福清名蓝黄檗寺的当山住持，也是代有高僧；我们眼前的慧国禅师，就是一位了彻玄机的上人，他的火候精到，如梅子熟了；而且，慧国禅师酷嗜儒学，与乡贤缙绅结莲社交游，我的侄子也经常和禅师一起唱和；这等雅事，我为之神往；孟秋之时，是上人的五十诞辰，一些相与交游的文人学士和禅门的善诗者，拈韵赋诗为庆，侄子问序于我，我虽然未与慧国禅师谋面，然而当我回忆起郭庐的名胜，特别是何先正公的"福庐大地出莲花"之句，我总是觉得，人以地重，而地也以人益重，所以我很愿意提笔写下我的感受。

了祥慧国禅师是黄檗山寺第三十三代住持，福建仙游人，俗姓许。十岁在福清福庐寺智闲导师处落发，20 岁弱冠之年依万福寺第二十四代际传心然和尚学习律宗，遍探律藏，受具足戒。乾隆四十四年（1779 年）住持黄檗寺。两年后退居十笏轩静隐。乾隆四十六年（1781 年）五月二十日晨起沐浴，书偈云："五十六年与世呆，缠挨到这里，一切了然零。"遂瞑目圆寂。寿塔在黄檗山下棋垅。有说法语录四卷入大藏经。

叶观国提到的福清郭庐山，也就是现在位于龙田的福庐山。因有郭氏在此结庐而得名。叶向高因为这个地方属于四福（福建道、福州府、福清县、福塘里），故而改其名为福庐。

叶观国（1720—1792），字家光，号毅庵，晚号存贡。乾隆十六年（1751 年）叶观国中进士，选翰林院庶吉士，散馆后任编修，此后典河南、湖北乡试，后赴云南学政，不久又典试湖南乡试，后调任广西学政。乾隆三十三年（1768 年）叶观国进京，任起居注官，三年后又出典云南乡试，充会试分校。61 岁的时候，叶观国任会试总裁，典四川乡试。像叶观国这样多次典乡试，前后长达 30 年之久的，真不多见。

　　叶观国以名翰林历官四十年，曾经"八学试事，三任学政"，操行不苟，居官刚正，写下"俭以养廉，勤以补拙"两句话，用以自箴，并以此训示子孙。叶观国生有子七人，其中三人成进士，两人为举人，自叶观国起，六代之中出有翰林八人，世称"六世八翰林"，这不仅在福建空前绝后，全国亦罕有其例。69岁那年，他因脚病归里，曾主讲泉州清源书院四年。叶观国73岁时去世。著有《老学斋随笔》四卷、《绿筠书屋诗钞》十八卷，另著有《闽中杂记》行世。

福州"三坊七巷"之文儒坊叶观国故居

　　叶观国在福州的故居不止一处。他最早家居通津街，后移居芙蓉园的宋儒刘砥、刘砺故宅，晚年居住在文儒坊北，此外还有颇具知名度的祖居和别墅。叶观国祖居在鼓楼区法海路34号，世称叶翰林府，建于明末，清康熙、道光年间重修。他的别墅即在今天福州乌石山麓的"邓拓故居"。他年老乞归时，购买了乌石山第一山鳞次台边的名人院落为别墅，自号"双榕书屋"。这座花木葱茏、石刻耸立的小庭院，在历史上出了不少人才，南宋绍定状元黄朴、元学者吴海、清康熙学者陈轼等都在此居住过。叶观国之后，此处又被嘉庆年间邑人林材购得，并在岩壁上镌"第一山房"四

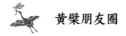

个大字。这里后来又为邓拓先人拥有，现被辟为"邓拓故居"。叶观国很喜欢这座别墅，为其赋《避暑双榕书屋》诗：

摩崖句在藓痕侵，鳞次遗基岌可寻。

传舍阅人良已久，云林历岁更应深。

塔铃自语松风送，鸟梦初回竹月沉。

惭愧翻浆人海里，清凉容我独披襟。

叶观国居官清廉，声名远扬，其七子科甲，曾孙叶云滋又六子科甲，满门冠簪，家族兴旺，乡人都以此为荣，叶氏遂成为福州的一大望族。如今福州三坊七巷的文儒坊 52 号，已辟为"绿筠书屋"，作为叶观国故居。

陈若霖——老尚陈篇对古人

　　前文聊过为黄檗寺第四十代住持达光道暹禅师的诗集《游戏三昧集》作序的文华殿大学士蔡新的故事，本文聊一聊另一位为此书作序的人，这个人的官位也相当高，曾为工部尚书兼顺天府尹，累迁刑部尚书。这个人在福州地区流传下来的故事也特别多，此人就是闽县人陈若霖。

　　陈若霖在《游戏三昧集》序中说：道暹法师性清慧定，深以小乘神通为不足言，含含默默，有问法的，只是付之一笑；偶然会寄兴于诗，写的也是菩提之事，无关风物，禅心不二；道暹法师弱冠之年就游方天下，访名山，寻奇书，遇异人，天下所有的方技，天下所有的典籍，法师无不知之，无不能之，但对外总是保持沉默，绝口不言；有专门来叩问的，也只是拈花微笑。所以，他把诗集起名为《游戏三昧》；正所谓：若问佛祖西来意，睡正浓时梦未醒。这就是曾经沧海，就不再去说、不愿去说水的一种境界。

陈若霖朝服绘像

　　陈若霖（1759—1832），字宗觐，号望坡，乾隆五十二年（1787年）中进士，授庶吉士，进入文渊阁参与校勘《四库全书》。因为他精通律学，进入刑部工作。他不畏权势，秉公执法。嘉庆十三年（1808年）后，陈若霖外放任职，先后出任四川盐茶道台、山东按察使、广东署理布政使、云南巡抚、广东巡抚兼两广总督、湖广总督、四川总督等职。道光四年（1824年）后，陈若霖被召回到朝中，出任工部尚书，兼管顺天府尹事务，不久调任刑部尚书。

　　陈若霖执法严明、刚正不阿，审理案件铁面无私，人称"包青天"。陈若霖在刑部前期，曾奉派前往各省复查案件，先后查清判明了一系列陈

福州仓山螺洲陈氏宗祠

陈氏宗祠所挂道光皇帝御赐陈若霖匾

年积案，使受害者的冤屈得以申明。陈若霖裁决的案子，没有一个被驳回的，皇帝很满意，多次下旨嘉奖陈若霖。任刑部尚书期间，据说他曾判处了一个"贝勒"，令人感佩之至。后人据此编演的闽剧《陈若霖斩皇子》，至今常演不衰。

道光十二年（1832年），陈若霖因病乞归，告老回乡，但不幸在返回故里途中去世，安葬于福州南郊北园山头岭。《清史稿》中有《陈若霖传》。陈若霖的后人可以说是一门荣耀，鼎盛不衰。他的曾孙陈宝琛是内阁学士兼礼部侍郎，赠太师。

陈若霖在朝中享有良好的声誉，林则徐公开声称，甘愿作陈若霖的"门下士"，还给陈若霖写下这样一副对联：

三十州都督，文武兼资，王命秉钺临天府；

五百里德星，恩威并济，老尚陈篇对古人。

李彦章——檗山高处古名扃

有一位在嘉庆年间中进士的闽侯人，他一路官运亨通。先是任文渊阁检阅、国史馆分校等一些文职，后担任广西思恩知府、庆远知府、浔州知府等，一路高升，做到江苏按察使。这个人叫李彦章，他不仅多次来黄檗听法，与方丈谈禅，而且还留下大量的黄檗诗词，如《道暹禅师赞》《喜隐和尚开堂》等共二十余首，其中有十六首尽情描绘黄檗山美景胜色，融情于景，借景抒情，把黄檗山的雄伟、奇绝、秀美、清幽充分展现，使人如入其境，如见其景。李彦章在《道暹禅师赞》中写道：

檗山高处古名扃，榆榿千函有藏经。

劳我龙渊搜篆梦，海天一十二峰青。

"扃"读音是 jiōng，是指从外面关门的闩、钩等；李彦章这首诗虽然很小，但反映出来的内涵很重要。这说明在嘉道年间黄檗山依然有万历皇帝御赐的大藏经，龙潭上依然是满目琳琅的摩崖石刻，而且那时候的十二峰就是青青世界，是黄檗的首席大景、美景。

李彦章（1794—1836），字兰卿，福建侯官人，嘉庆十六年（1811年）进士。李彦章曾在苏州和广西思恩为官，因为惠政，很有口碑。他精于诗，工于书，还精于鉴藏，特别是擅长写楹联做对子，是宣南诗社的成员。他的对联主要是以名胜题咏为主，有《榕园楹贴》《榕园全集》传世。

李彦章《出山小草》刊本书影

李彦章是一位亲民的好官，他亲自辟地推广双季稻，一年内在广西四个州县开水塘 336 处，修水坝 430 处。他收回了被豪强侵占的土司官田，当地的土司、士民感念其恩，为他立生祠。道光十三年（1833 年），李彦章从浔州知府升任江苏常镇通海道。时任巡抚林则徐称他"精明干练，巨细兼周，凡所经管之关务、河防，无不洞察弊源力除务尽"。三年后李彦章升任山东盐务使，遗憾的是还未来得及赴任就病逝了。

李彦章为各地书院、机构题写了很多楹联，为广西环江西邕书院题写的是：

闻木樨香，无隐乎尔；

知菜根味，不求于人。

为镇江甘露寺多景楼题写的是：

天与雄区，欲游目骋怀，一层更上；

地因多景，喜山光水色，四望皆通。

为镇江甘露寺三贤祠题写的是：

昼了公事，夜接诗人，得句皆堪作图画；

修禊虹桥，访碑禅智，此才真不负江山。

张缙云——黄檗之名赫震旦

前文曾经述及多位福清的父母官对黄檗寺的贡献。在清代福清所有县令里，张缙云应该是对黄檗寺贡献最大的一位。他在知县任上，支持续修了黄檗山寺志。上任伊始，他就帮着黄檗寺要回了质押出去的780亩寺田。他还自掏腰包，在黄檗寺周围种下了一万两千株松树。

据《福建通志·台湾府·职官》记载，张缙云是"直隶满城人，嘉庆己卯（1819年）进士"，曾任台湾府嘉义县知县。直隶满城就是河北保定，张缙云系赐进士出身，道光年间任职福清。

张缙云写过一篇《复黄檗寺田记》，里面记载了当年收复寺田的情况。张缙云先去灵石寺，从灵石寺归来，不几天就因事来到黄檗山。张缙云说：福清饶佳山水，首推灵石，次即黄檗。而旧刹之存，亦惟两山之寺为最古。灵石寺的田产有280亩质于人，黄檗寺则多达780亩。后来张缙云牵头，组织相关官员帮助追讨，在他的努力下，两个寺院的田产相继归还。张缙云说：福清这个地方，是政务繁忙的大县，赋税、讼狱、盗贼、邮传等方面都比其他地方要多；我来到福清，没有什么政绩，反而两个寺院的田产，竟然在不到十天的时间里，给要回来了，这难道是佛法中所说的缘分，我和这两寺院有缘？反正这是让人赞叹可喜的事情。

　　根据寺志记载，张缙云组织募捐重修黄檗寺的时间是道光四年（1824年）。

　　张缙云说，灵石寺的房子不及一百间，而黄檗则百间不止。灵石寺只有前殿破损，其余都还完好。黄檗寺是只有大殿完好，而其余的殿堂楼阁屋顶都能望见天。看到这种情况，张缙云立即组织募捐凑钱，大兴土木，不久寺院建筑焕然一新。他说，就是因为寺院僧舍破败荒凉，法侣才散去，这一下子又都回来了。从此之后，黄檗寺的钟鼓梵唱，才能够和灵石寺的钟鼓，相闻于两山之间。

　　张缙云认为，事物的成也好，毁也好，都是有定数的，寺院梵刹的兴废，也是天道在管着。由此来看，世间的人事之道不也是如此吗？张缙云说，黄檗寺里有一方旧石碑，记载的是雍正年间寺僧就有质押田产的事，所以，我就步其后尘，也踵其事而勒石以记之。也就是说，张缙云的《复黄檗寺田记》，是一篇书丹上石的碑文。

　　在张缙云任上，黄檗寺组织续修了隐元禅师和独往性幽禅师原编，黄檗寺清四十代住持达光道暹、四十四代住持兰圃清馥续编的《黄檗山寺志》，兰圃清馥的序言写于道光四年（1824年）。张缙云撰写了《续修黄檗山志序》。他在这篇序中说，黄檗之名赫于震旦，几与鹿苑、鹫峰争胜，盖其山水实佳。张缙云把黄檗山和印度的鹿野苑、灵鹫山相媲美；说黄檗是峰峦连沓，殿阁峙然，地灵人杰，有山川林麓之胜；但是，寺志年久不修，雕板上的字都漫漶不清了；一庵和尚（达光道暹）是三住黄檗山了，道光四年（1824年）的时候，我组织重修了废弃已久的寺院，一庵和尚找来雕版工匠，把这件事付诸梨枣，附录于旧志之后。一庵和尚真是一个不忘旧情的人。张缙云慨叹，人生旦昼间，一日不死，不能一日无事，有生而必有事，有事而必待为之之人。

　　道光五年（1825年）正月，张缙云因为公事顺路，就又来到了黄檗寺，这次正赶上一庵和尚在连江的定海会城，没能见面。张缙云看到此时的黄檗寺，田亩都悉数归还了，殿堂寮舍也都建得很规整，僧人早晚上殿，朝夕都有梵呗之音，师徒威仪都很庄严，只是山上的林木经过多年的砍伐，新的树苗没有补上，看到这种情况，他就买了一万多棵松树种于寺院的山前山后。

张缙云为此作了一篇《黄檗种松记》。他说，山上的树，就好像人头顶上的头发，你穿的衣服再好，画的妆再美，但你的头顶是秃的，那怎么算得上美呢；灵石寺之趣，在于以幽深取胜，但是如果没有那数千株老松，就不会有苍劲古朴的感觉；黄檗寺修好两个多月了，但因为树少，山石都裸露在外面；福清产松秧，我就买了一万多株，种在了寺的前后；寺院的住持也种了三万多株，可以想见，十年之后就会青青在望；再过十年，就可以绿荫满地、可以乘凉了；我今年已经52岁了，20年后，早已解甲归田了；如果那个时候，此身尚在，我一定拄着拐杖南来，重寻旧迹，这四万多棵松树已经长成为栋梁之材，想想都是一件让人开心快乐的事。

张缙云在为修建黄檗寺捐助的善信台账写过《黄檗寺缘簿序》，他说：我下乡来到黄檗寺，看到寺院倾圮，感觉黄檗寺的荒废程度比灵石寺尤甚；一个地方的名胜，往往都是相传数百年，一旦看到它颓败而不去整理，这是守土者失职失责；好在四方君子大众，纷纷伸出援手，捐钱输金布施，才得以购买建材，庙宇修复才得以完成；这实在是一大盛事，这些发心做善事的乡亲们，值得让人记住，所以我写下这篇文字，让他们都能够附名山于不朽。

郭柏荫——如来后身致禅师

唐代著名诗人李白在《答湖州迦叶司马问白是何人》中这样写道：青莲居士谪仙人，酒肆藏名三十春。湖州司马何须问，金粟如来是后身。走进黄檗寺里的隐元禅师纪念堂，一块牌匾高悬。这是同治丁卯年（1867年），郭柏荫为隐元禅师题写的"如来后身"，署名"广西巡抚使者郭柏荫为敕赐万福禅者隐元琦和上题"。在福州三坊七巷，有一个"五子登科"宅邸，这是郭柏荫的祖居。

郭柏荫（1807—1884），字远堂，福建侯官人，他曾跟随曾国藩，受其思想影响较大，晚年自称"柏荫老夫"，为黄檗檀越。郭柏荫系

隐元禅师纪念堂旧影

清道光十二年（1832 年）进士，选翰林院庶吉士，授编修，道光十七年（1837 年）任浙江道监察御史，翌年转山西道，道光十九年（1839 年）巡视西域，转京畿道，升刑部给事中。

　　郭柏荫任内曾力主禁鸦片、缓漕粮、整顿治安、兴修水利等，官声甚著。这位福州籍的封疆大吏还十分关心台湾政事，曾上奏"请勤抚慰、严番界、查仓库、禁偷渡……"等，皆付诸实施，并行之有效，对台湾的文化和民生发展起到重要作用。道光二十三年（1843 年）郭柏荫回乡，历主清源、紫阳、鳌峰等书院，又奉命办理本省团练，升员外郎，后升郎中。同治元年（1862 年）郭柏荫往安庆大营，协助曾国藩抵抗太平军，升江苏粮储道，又升按察使；同治五年（1866 年），任江苏布政使，代理巡抚。翌年冬，经曾国藩推荐，升广西巡抚，改调湖北，署理湖广总督，代理巡抚。同治八年（1869 年），卸署总督任，仍为巡抚。同年夏秋间，天降暴雨，湘水、川水、襄水高涨，各府属州县堤溃，田庐淹没，灾害严重。郭柏荫派员赴灾区急赈，又奏请下拨银三十万两救灾修堤，获准，救活灾民甚多。翌年，郭柏荫复署湖广总督；同治十二年（1873 年），因疾请辞。

　　光绪元年（1875 年），郭柏荫回福州。次年，福州大水，他出面负责浚河排涝，解除水患；后再主鳌峰书院讲席，倡修火灾后的文庙，集资修建明伦堂等，增置文庙乐器、祭器，1884 年去世后获赐祭葬。

郭柏荫曾孙郭则沄书迹

郭氏族谱及相关著作书影

　　郭柏荫著有《天开图画楼文稿》《嘤嘤言》《续嘤嘤言》十卷，《变雅断章演义》一卷等。

　　郭柏荫的家族也十分"庞大"。郭柏荫为郭阶三次子，郭阶三的五个儿子郭柏心、郭柏荫、郭柏蔚、郭柏苍、郭柏芗皆登科第。郭阶三（1778—1856），号介平，清嘉庆二十一年（1816 年）举人，历连城、同安县学教谕。他有五个儿子，四个是举人，一个是进士。长子郭柏心，道光十二年（1832 年）举人；次子郭柏荫，道光十二年进士；三子郭柏蔚，道光十四年（1834 年）举人；四子郭柏苍，道光二十年（1840 年）举人；五子郭

福州黄巷郭氏"五子登科"第

柏芗，咸丰元年（1851年）举人。郭家四代连续出了六个进士。这六个进士除了郭柏荫外分别是：郭柏荫四子郭传昌，光绪二十年（1894年）进士；郭柏荫孙子、郭式昌的长子郭曾炘，光绪六年（1880年）进士；郭式昌次子郭曾准，光绪十八年（1892年）进士；郭式昌三子郭曾程，光绪十五年（1889年）进士；郭曾炘长子郭则沄，光绪二十九年（1903年）进士。需要说的是郭柏心的一位玄孙——郭化若，对中国革命来说，他是"一代儒将"。

林则徐与郭阶三是同窗，《竹间续话》记载：夫子（指郭阶三）尝曰："忆少时在林文忠公家从旸谷封翁学，时奋志攻苦，两人者年相若也。少穆夜间常以一盏灯油并一条太乙烛，烬后上床，翌日昧爽即兴，予继逊他烛一条，或勉强，则诘朝必差半刻方醒。"

这段话说明林则徐和郭阶三学习都很刻苦。但林则徐精力过人，每天晚上挑灯读书，一盏灯油燃尽后，另外还要再点一支蜡烛继续攻读，蜡烛燃尽后方肯上床休息。第二天清晨天蒙蒙亮，即起床，开始新的一天的学习。而郭阶三精力稍逊一筹，如果也像林则徐那样，晚上用功时间多一根蜡烛燃点时间，次日早晨就要晚半刻才能醒来。

　　林则徐与郭柏荫的关系也很好。道光八年（1828 年），郭柏荫 22 岁时考取举人，于簪花日迎娶新娘。林则徐特撰"具庆下兼重庆下，大登科接小登科"对联为贺。林则徐与郭阶三、郭柏荫父子来往书信也较多，《林则徐全集》信札卷收录有林则徐写给郭阶三的信函 6 封，写给郭柏荫的信函 7 封。林则徐的信札多是公函，写给亲友的信函并不多，郭阶三父子独占 13 封，说明林则徐与郭家关系非同一般。

当代

赵朴初——东西两岸共婵娟

20世纪60年代，赵朴初先生曾访问日本黄檗山万福寺，写下《黄檗山》诗一首：

> 普茶饭，
> 倍情亲。
> 一堂早课随钟磬。
> 真是个万里香花结胜因，
> 三百载一家心印。

赵朴初先生与中日两座黄檗寺的渊源颇深。老先生曾为黄檗山万福寺住持戒文法师题诗："山中多法侣，禅颂自为群。城郭遥相望，惟应见白云。"落款是"戒文禅师清鉴，赵朴初"。在赵朴初先生的众多题词、题诗之中，称对方为"禅师"的极为少见。

1991年，福建省佛教协会曾致函赵朴初先生，汇报黄檗山万佛寺工程建设情况，并请他为大殿、天王殿及山门楹联题字。赵朴初先生在原函上批复："宗查复印的字，如可用即用，须重写的重写。楹联须作，借黄檗禅师语录《传心法要》一看（图书室有）。仍应按我国传统建筑，只是不要彩色油漆，不要画栋雕梁，朴素为好。"

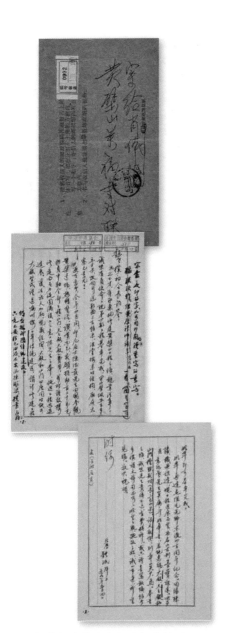

赵朴初为黄檗山复建相关批示

山中多法侣禅诵自为群城郭
迁相坐帷应见白云
戒文禅师清鉴
赵朴初

1994 年，赵朴初为黄檗山万
福寺时任方丈戒文长老题词

1989 年 4 月 "福清黄檗山万福寺修建委员会" 成立，由中国佛教协会会长赵朴初任名誉主任，福建佛教协会会长、厦门南普陀寺方丈妙湛法师任主任，着手对万福寺进行修复。从 1989 年夏开始，进行第一期修复工程，重修一座 600 多平方米的法堂与新建一座 160 平方米的大寮。后经多年的努力，黄檗山万福寺重建工程得以告竣。

1961 年赵朴初访问日本黄檗山万福寺

1984 年 11 月，赵朴初先生为黄檗山万福寺题词 "日本黄檗山万福寺开山隐元禅师东渡振锡之圣地"，落款是 "第二次古黄檗祖山参拜团同立，赵朴初敬题"。同年，还为黄檗山万福寺题寺名 "黄檗山万福寺"。

在开篇的诗文里，赵朴初在诗注里写道："黄檗山万福寺，我国明末高僧隐元禅师东渡后所创建。余往访，寺僧殷勤治斋留宿。晨起同僧众上殿，课诵仪式，一如吾国寺庙。"

在 "万里香华结胜因" 一句，赵朴初注解 "唐裴休赠黄檗禅师诗句"。裴休是在黄檗希运禅师点拨下开悟的。因此他对黄檗禅师怀有无尽的感念之情，曾赋诗赞美黄檗禅师：

> 曾传达士心中印，额有圆珠七尺身。
>
> 挂锡十年栖蜀水，浮杯今日渡漳滨。
>
> 一千龙象随高步，万里香华结胜因。
>
> 拟欲事师为弟子，不知将法付何人？

这段典故，说明了赵朴初引用唐裴休赠黄檗希运禅师诗 "万里香华结胜因" 的出处。

黄檗希运禅师一些重要的讲法，都是由裴休整理的，主要有《黄檗山断际禅师传心法要》《黄檗断际禅师宛陵录》。这两本法本，语言清新流畅，说法平实中肯，可谓字字珠玑，实为禅门不可多得的入门指南。所以，赵朴初在有关万福寺建设情况的书信中批示："楹联须作，借黄檗禅师语录《传心法要》一看。"赵朴初最后为黄檗山万福寺写的对联是：

万劫婆心，原来佛法无多子；

福田种智，重见圆珠七尺身。

这副对联是对黄檗希运禅师禅风的高度概括。黄檗婆心切切，以打、骂、喝交加，截断学人情结，独树临济禅风，经久不衰，具有独特的魅力和吸引力。

1992年，赵朴初为隐元禅师诞辰四百周年赋诗：

斋堂随众普茶饭，

昔岁因缘系梦思。

四百年来桑海换，

宗风不改隐元师。

隐公虽去无所老，

立地浮天无尽年。

黄檗婆心常忆念，

东西两岸共婵娟。

赵朴初为纪念隐元禅师诞辰四百周年
所作诗词

日本

林楚玉——因缘会合布万方

在江户时期的长崎，福清籍的唐通事家系，具有强势的经济地位，而且都笃信佛教，皈依的都是崇福寺，是崇福寺的大檀越。作为唐通事家族，他们拥有很高的社会地位。本文聊聊唐通事始祖林楚玉。

林楚玉（1572—1645），又名太卿。他的身份是商人，为生意冒险东渡日本，1609 年从福清到鹿儿岛落脚，当日本实行海禁后，1619 年移居长崎，到长崎后获得居住权。

林楚玉是福清上迳人。明代《八闽通志》记载："迳港市在灵德里，及海舟所聚处也。"上迳古代被称为灵德里，迳港市井繁荣，闻名遐迩。传说中的迳港就位于迳江岸边，江上横跨着宋代的蹑云桥，桥下就是古代的码头，近处还屹立着明代的鳌峰石塔，迳江东流入海，不远处就是现在的福清江阴港。

古代的迳港水深江活，海航发达，商人云集，市井繁华，是迳江沿岸物资的集散地，是莆田、仙游商人通往龙高半岛和平潭的必经之地，也是这一带居民通往海外的始发地。隐元禅师与林楚玉关系密切，特别关爱林楚玉之子——大通事林守壂。林楚玉是佛教徒，在长崎最初结识的是同乡超然禅师。超然禅师（1567—1644）是福州府人，比隐元禅师早 25 年东渡日本，他是崇福寺的开基人。1629 年，林楚玉 58 岁时迎接比自己年长四五岁的超然东渡。崇福寺于1633年获准开始建设，三年后，殿堂、方丈室、斋堂、法堂以及妈祖堂落成。此时林楚玉在崇福寺檀越名单里排首位，也就是说他是为崇福寺的建设付出最多的人。

1644年，林楚玉73岁时独自捐建了崇福寺海天门，门上悬挂"海天华境"横额，左下角写有"七十三叟太卿书"。由此可知林楚玉擅长书法，是具有一定文化涵养的商人。同年，超然禅师示寂，第二年林楚玉离世。林楚玉的墓地在长崎，其墓冢很壮观，不同于其他福清人的前方后圆的制式，而是像闽东一带民房的形状，墓碑上刻有"普明院楚玉太卿居士"。

林楚玉的儿子林守壂（1610—1694），俗称林仁兵卫，字大堂，法名性英后改为独振。他是第二代长崎华人，也是德才兼备的大通事。1669年60岁的时候，林守壂登宇治黄檗山剃度出家，法名独振，在隐元禅师文集里也叫性英。林守壂在担任唐通事期间，受他父亲林楚玉的影响，修佛参禅，与东渡禅僧交往密切，接替他父亲成为崇福寺的大檀越。1629年，超然禅师到长崎的时候，林守壂在与父亲经商的同时，协助超然兴建崇福寺。

《新纂校订隐元全集》第三卷收录了一封《示日本大堂林居士》，这是1653年隐元禅师还在福清期间写给林守壂的偈颂。这说明隐元禅师与林楚玉以及他的儿子林守壂早就相识。隐元禅师与林守壂同乡同姓，年长林守壂18岁，基本上把林守壂当作同辈。1653年林守壂已经是大通事，隐元禅师在颂偈中高度赞扬了他的勇气，肯定了他为崇福寺所做的贡献。隐元禅师写道：

鱼龙跃海国，捧日上扶桑。

嘘气来千里，擎云布万方。

因缘会合处，道义却难藏。

信到洞天晓，岩花格外香。

1654年7月6日，隐元禅师到达长崎，入住兴福寺，也就是当地人说的南京寺，迎接他的檀越名单中的林仁兵卫，就是林守壂，并且是排在第二位。林守壂为崇福寺捐建了卧游居，专做隐元禅师的休闲居所。《新纂校订隐元全集》附录卷里有两处提到在卧游居咏诗的事情。第六卷收录

《题卧游居四首》《卧游居感怀二首》。其中一首写道：

懒云移我上峰头，目饱青山适卧游。

一枕风光忘宠辱，心闲草屋胜琼楼。

在隐元禅师笔下，卧游居环境优美、幽静，能令人忘掉各种荣辱。1655 年 5 月 23 日，隐元禅师从兴福寺移住崇福寺，迎接隐元禅师的 14 位檀越中就有林守壂。离开长崎后，隐元禅师与林守壂常有书信往来。《新纂校订隐元全集》中至少有 15 篇与林守壂有关，可见隐元禅师与林守壂关系十分亲密。1671 年，隐元禅师八十岁诞辰，林守壂还撰写了《隐元老和尚八十寿章》，其中有这样的诗句：

赵州老汉世间有，赐地开宗天下稀。

寿比南山福东海，儿孙大地尽瞻依。

林楚玉是儒商，也是富商。林守壂一开始也是商人，父子二人多年精心经营，积累了巨额财富。但他们富而不淫，奢而不靡，大部分家产用于捐建公共设施和寺院。1694 年，林守壂身份是已经出家的独振禅师，在宇治黄檗山塔头宝善庵示寂，享年 85 岁。林守壂的嫡子林丰高（1634—1716），也是出色的唐通事，潜心修禅，热心施善，退休后跟父亲一样，剃度出家，法名道寿。

以林楚玉为始祖的林氏家族，从第二代开始任唐通事，连续四代接力任过大通事，共有 7 位出任唐通事。遗憾的是，第三代以后没有嫡子，只得收养义子继承唐通事，而且第四代开始也都没有嗣子，一直到第七代都是由义子继承。第十代由于犯法被开除，由此林家退出唐通事舞台，前后维系了 130 年左右。

陈元赟——我不避秦惟避俗

　　明末清初东渡日本的，有一位杰出人物，他多才多艺，能文能武，既是学者，又是文学家、哲学家、书法家、武术家和制陶专家，为传播中国文化作出了卓越贡献，此人名叫陈元赟。陈元赟是与朱舜水同时代的人，早于隐元禅师35年渡日，隐元禅师东渡后和他有17年的交集，两人也有一定的交往。

　　陈元赟（1587—1671），浙江余杭人，自幼聪敏，通经史，多才艺，就是科举屡试不第。陈元赟二十七岁时到嵩山少林寺学习武术和制陶术，特别喜读老庄道家书籍和明代文学家袁宏道的诗文。他有一个志向，那就是漫游天下，求访异人。1619年，陈元赟随中国的贸易商船到长崎，因为患上了痢疾，只好留下治病疗养。陈元赟趁此机会，自学日语，并给当地人教授书法，用来谋生。

　　两年后，明朝浙直地方总兵的特使

陈元赟像

单凤翔赴长崎，曾临时邀请陈元赟参与交涉倭寇之事，后来到了京都，总共历时三个月。陈元赟由此结识了当时的日本汉学家林道春、户田花屋等人，他们经常诗酒唱和，名噪一时。后来陈元赟还被长门藩主毛利辉元聘为幕宾，编成了汉文的《长门国志》，原稿现存山口县。

1625 年，陈元赟到江户，就是今天的东京传授拳法。后来，陈元赟寓居江户西久保国昌寺，把中国少林派武术拳法传授给了寺僧圭佐、久圆等人。当时正流寓国昌寺的日本武术家福野七郎、三浦与治、矶贝次郎三人也跟着他学习中国武术。他们通过苦心钻研，得到堂奥，遂各成宗派，遍传弟子，逐渐形成了日本的柔道，国昌寺也因此成为柔道中心。陈元赟提倡老庄道家思想，而柔道标榜以柔克刚，以虚静调息为术，这个思想来源某种意义上可说正是出于道家。

在名古屋，陈元赟结识了日本汉诗诗人、僧人元政，虽然元赟比元政年长 36 岁，但是两人结下了忘年交。两人合著了《元元唱和集》。陈元赟娶日本女子为妻，生子取名富士松，当他赴京都时，便委托元政教育其子。

陈元赟为人胸襟开阔，他虽推崇老庄道家思想，然而并不排斥佛儒，与同时代旅居日本的大儒朱舜水、高僧隐元和尚、名医张振甫等都有交往。1670 年，陈元赟 84 岁时完成了《老子通考》一书，盛赞老子"明乾坤之微妙""尽万境之事"，此书在日本刊行。第二年，陈元赟以 85 岁高龄在名古屋去世，葬于名古屋德兴山建中寺，碑上题为"大明国武林既白山人广学陈元赟宽文十一年六月九日殁"。

陈元赟虽然以明朝遗民自居，但他东渡日本时是明万历四十七年（1619 年），与朱舜水在清军入关后为抗清复明流亡日本不一样，与隐元禅师在明亡十年后渡日也不一样。陈元赟在海外，更多是受到道家思想影响，为逃避国内不和谐的俗世社会。正如他在一首诗中所写：

　　园林几树尽蒸霞，仿佛秦人避世家。
　　我不避秦惟避俗，山居不问水流花。

陈元赟还是一位书法家，精通各种书体，虽然片纸只字，也为日人珍重。他为名古屋圣德寺梵钟写的铭文，现已被定为日本国宝。陈元赟又以陶瓷专家著称。尾张藩主曾让他主持"御庭烧"，选用濑户土，输入中国黄釉，自为书画，施青白色透明水彩，称为元赟烧。流传下来的，以茶具为多，在日本陶瓷史上有一定地位。此外，在饮食、建筑、医药等领域，陈元赟也均有贡献。如名古屋有一种茶食叫"板元赟"，相传是他创作的。直到江户末年，尾阳地区的点心店还用他的画像作广告。陈元赟还精于茶道和医道。在建筑方面，他曾参与设计名濑户定光寺的德川义直陵庙。

陈元赟著作甚丰，有《虎林诗人集》《既白山人集》《升庵诗话》《老子经通考》《元元唱和集》《陈元赟书牍》等。陈元赟崇尚民族气节，在异乡不忘祖国，多次题款自署"大明武林"人，并以故乡余杭芝山、既白山取号。

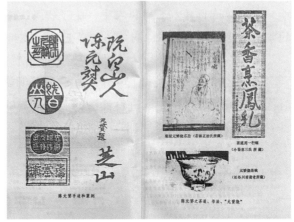

《陈元赟集》书影

陈明德——愿为良医而济人

顺治十一年（1654年），隐元禅师受长崎方面四次邀请，最后东渡扶桑。参与邀请的日本长崎华人中，除了僧人、唐通事之外，还有一个知名的华人医生，此人名叫陈明德，他是日本小儿科医学的始祖。

17世纪，在日本长崎有一个中国名医陈明德开医馆行业。长崎是江户时代日本与明清时代中国进行经济与文化交流的窗口，每年都有中国沿海各省的商船（日本叫"唐船"）到长崎从事贸易活动。随商船而来的中国人主要是商人和船员，但有时也有学者和医师，陈明德便是其中之一。

陈明德（1596—1674），字完我，明代杭州府金华人，生于万历二十四年（1596年）。他少年为诸生，有远大志向，怎奈在乡试中不第，后就弃儒从医了。

在长崎华岳山樱场村的春德寺内，至今仍耸立着一块陈明德墓碑，题为"颍川入德医翁碑铭"。碑文中引用陈明德说过的话："士君子不得为宰相，愿为良医。虽显晦不同，而济人则一。"与此同时，1919年出版的《长崎县人物传》还收录了用日文写的"颍川入德传"。碑铭与传记，两者大同小异，但传记中的有些文字，是碑铭中没有的。

陈明德出生那年，正是李时珍的《本草纲目》首刊于南京之时，而陈明德实际上与李时珍年轻时遭遇相同，最后都放弃了科举，选择了同样的事业——那就是以济世救人为己任。陈明德医术精湛，尤其长于小儿科。到他而立之年，正值明天启年间（1621—1627）阉党魏忠贤专政误国，到处捕杀东林党人，并株连师友弟子。在这样一个动乱的社会里，陈明德怀才不遇，加之他思想激进，个性耿直，对黑暗统治不满，为避开危难，就随着浙江的商船东渡日本。

据《长崎县志》称："明万历、崇祯年间，中土兵乱大作，人民逼于困距，多携仆从数辈前来长崎，以避危难。此种人民，与一般商人迥不相侔。"陈明德不是商人，他是作为义民而流寓长崎的。关于陈明德去日本的年代，《通航一览》（1853年）卷223记载：浙江金华医者陈明德于宽永四年（1627年）来崎。这一年是明天启七年，八月熹宗朱由校年驾崩，他的弟弟信王朱由检继位，也就是崇祯皇帝，陈明德这一年东渡日本，当时应是三十二岁，正值有为之时。

陈明德初到日本的时候独身一人，长崎是他在日本的落脚点。抵长崎后，因为医术高明，日本患者多慕名前来就医，于是他在长崎开医馆悬壶济世，就这样他在长崎住了一年多，而没有随原船返航。根据日本法律，华人在长崎不能久留。但由于日本朋友一再挽留，向官府请求延长他滞留的期限。此后陈明德便久居于长崎，直到去世。

陈明德在日本住了十几年后，熟悉了当地环境，精通日语，又娶了日本妇女为妻，就更改姓名为颍川入德，以从国俗。如今长崎颍川为姓的，多为陈氏后代。比他更早（1599年）到长崎定居的还有另外一位浙江人——陈九官（1581—1671），他的后代也称颍川氏。陈明德行医期间治愈了很多日本患者，因而名闻遐迩。日本承应二年（1654年）他与日本儒者安东省庵（1622—1701）定交，两人相谈甚欢，相见恨晚。后来为他写碑铭的就是安东省庵，这个碑铭收入《省庵文集》之中。安东省庵是朱舜水和陈明德的共同朋友。

当时安东省庵多病，陈明德开方制药使他康复，从此两人书信往来不绝。安东省庵说陈明德的处方没有定制，是因时、因人、因病而异的，根本点就是对症下药，辨证施治。当地藩主患病危症百出，也是安东省庵推荐陈明德给治愈的。安东省庵的妹妹患产后热，濒临危急，找了不少其他医生无效，最后请陈明德诊治，用了十副药，给治好了。这一下子陈明德的医名大震，四方就医求学的更是络绎不绝。

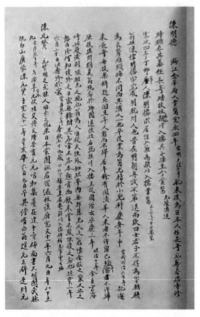

黄檗书院文献室所藏渡日名人资料书影（稿本）

陈明德不但在临床诊治方面有起死回生之医术，还结合医疗实践进行医学理论研究。他指出："医者意也，医术通心，施治如持权衡以较轻重，苟非通心，假合病痊，亦偶中耳。"

19世纪的时候，长崎公园内树了一块《乡土先贤纪功碑》，碑上刻下了对日本作出重大贡献的长崎历史人物，而陈明德就是其中医学界的代表人物。

为什么长崎不许华人久留，而陈明德又能在长崎"入籍"呢？如果往深了研究，其实幕府当局是有"小算盘"的。根据增田廉吉《锁国之窗》记载，丰臣秀吉于文禄元年（1592年）在肥前名护屋（今佐贺县）督战时，对着前来伺候的长崎市地役人说："西海诸道沿海各地，有明船前来互市，听说有商人在此寄宿。如果发现其中有壮年才略的人物，悉数拉到崎澳，许配国妇，附与官谷，让其安居，将来大有用处。"

17世纪50年代后，日本对新来华人的审查更加严格。华人必须得到幕府认可方可定居，得到定居许可的只有寥寥数人，屈指可数，主要人物有陈明德、朱舜水、隐元禅师、魏之琰。排名第一的，就是陈明德。

后水尾——皈依黄檗开宗派

说起隐元禅师在日本的传法接人、建寺扎根与开宗立派，有一个最大的护法，这个人就是后水尾法皇。是他，在隐元禅师病重之时，赐予大光普照国师之号，使隐元禅师心里得到慰藉；是他，皈依黄檗山，使黄檗宗有了开宗立派的基础。

后水尾天皇（1596—1680）是一位有血性的天皇，是一位才华横溢的文人，是一位艺术和诗词的爱好者，也是一位对佛教经义十分精熟、皈依之后又非常虔诚的人。同时，他也是日本历史上很憋屈的一位天皇。虽然贵为一国之君，但权力却在幕府掌控之下。他被迫娶了德川家康的孙女德川和子，他在京都的一切活动都被幕府在京都的代表所司代监督。

1627 年日本发生了"紫衣事件"，江户幕府正式取消了后水尾天皇授予的妙心寺和大德寺高僧的尊号，并流放了 6 位名僧。1629 年，后水尾天皇突然宣布退位以示抗议。在退位后的生活中，他结识了隐元禅师。根据日本黄檗宗原始资料记载，1667 年，后水尾天皇通过隐元禅师的日本弟子龙溪性潜，接受了隐元禅师法系的法嗣传承。

由于龙溪性潜在 1697 年大阪海啸中遇难，后水尾法皇成了龙溪性潜唯一的法嗣。然而，作为一位退位天皇，他的身份地位决定了他不能像正常禅师那样，将龙溪性潜的法脉传授给接下来的弟子。根据高泉禅师文字记载，后水尾法皇委托高泉禅师寻找合适的法嗣。后来，高泉禅师将天皇的法脉秘密传给了日本僧人晦翁宝皓（1635—1712）。晦翁宝皓曾经是龙溪性潜的弟子。高泉禅师这样的做法，在京都万福寺内部曾引起激烈的争论。因为，它明显违反了不能"代付"传承的基本原则，而这个原则，是黄檗祖师费隐通容和尚所制定的。

后水尾法皇书迹

后水尾法皇比隐元禅师小四岁，十六岁的时候即位，17 年后，33 岁时让位于皇女明正天皇，在位十四年。隐元禅师东渡到达日本的时候，后水尾法皇已经在京都相国寺剃度出家三年了，所以称"法皇"。法皇在宫中专心从事文教与修行。按照当时皇室规定，天皇不接见外国僧人，所以，法皇与隐元禅师的交往主要是通过隐元禅师的法嗣、日本僧人龙溪性潜来开展。

　　当然，法皇与中国渡来僧人的交往接触也是非常谨慎。直到隐元禅师到达日本九年后的宽文三年（1663 年），江户幕府将军德川家纲接见隐元禅师五年后，京都黄檗山已经开山两年，因黄檗宗作为新兴教团，其严肃教规和清新禅风，广泛得到日本社会普遍认可，后水尾法皇才通过龙溪性潜禅师，向隐元禅师请教法要。通过与隐元禅师的往来，法皇被隐元禅师的佛教造诣、精神意志、学问素养所折服，对隐元禅师对大明皇帝的忠诚很赞叹，对他的临济禅风也很倾心，最终坚定地承接了隐元禅师的法系。法皇与隐元禅师在随后十年的交往中，也结下了很深的情谊。

后水尾法皇雕像及御用品

　　《隐元禅师年谱》记载，日本宽文十三年（1673 年）三月，隐元禅师病重，法皇专门派使者前往慰问。得知隐元禅师病危之时，法皇竟然说如果隐元禅师可以延寿，自己愿意以身相代。可见其对隐元禅师非常敬慕。"四月初二日，上皇特赐大光普照国师与隐元禅师。赞曰：师者国之宝也。"

　　后水尾是后阳成天皇第三皇子。他于 1611 年接受后阳成天皇的让位。

原本后阳成天皇有意将帝位禅让给他自己的弟弟，因此后水尾天皇与他父亲之间关系并不和睦。后阳成天皇的让位是出于德川家康的意思，由于幕府初建，需要朝廷的权威作为后盾，而朝廷则需要幕府的金钱给予援助，只好屈从幕府的威势。1619年，后水尾天皇因为与宠爱的女官生下一子一女的事，被传到当时将军德川秀忠那里，引起德川秀忠强烈不满。1620年，朝廷迫于对德川幕府金援的需要，天皇不得不迎请德川秀忠之女德川和子入宫。

我们前面说到的"紫衣事件"，到底是怎么回事呢？宽永四年（1627年），日本朝廷为了财政，事先未同幕府商量，就允许禅门大德寺和妙心

后水尾法皇御笔

寺数十位僧侣穿紫衣袈裟。但是幕府判定这批紫衣敕许无效，这让后水尾
天皇和朝廷很没面子。两年后，幕府将军德川家光竟派他的保姆兼奶妈春
日局，前往皇宫面见天皇，由于春日局无官无位，却前往面见天皇，这被
天皇认为是奇耻大辱，觉得幕府根本就没有把他的权威放在眼里。一气之
下，愤怒的后水尾天皇在没有任何迹象和预警的情况下，把天皇之位让给
才只有七岁不到的皇女——兴子内亲王，是为第 109 代明正天皇。后水尾
天皇这么干，就是为了断绝德川幕府想以天皇外祖父身份干预朝政的野
心，此举也同时断绝了再次产生流有德川家族血统的天皇的可能性，因为
皇室自元正天皇以后，就形成了不成文的惯例：未婚皇女一旦即位，便终
身不嫁。

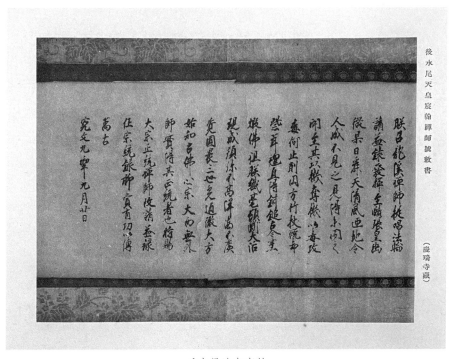

后水尾法皇宸翰

315

后水尾天皇退位后，以太上天皇身份行使院政。他致力于和歌，曾命令臣下编撰《类题和歌集》，还作有《伊势物语御抄》。隐元禅师去世七年后，后水尾法皇于延宝八年（1680年）八月十九日过世，享年85岁。

后水尾是谥号，是后水尾天皇生前亲自指定的谥号。这个谥号来自平安时代的清和天皇，清和天皇别号水尾帝，清和天皇的后任是他儿子阳成天皇，阳成天皇因为行事荒唐而被废。后水尾天皇与父亲后阳成天皇不和，称他父亲为"后阳成"，而自称"后水尾"，显然有父子关系逆转之意。此外，当时幕府将军德川氏自称是清和天皇后裔，所以"后水尾天皇"这个名号，就有隐含着压倒德川氏的含意。

何高材——玉融风雅浑天成

隐元禅师四次受邀，于顺治 11 年（1654 年）五月初离开福清，经漳州、泉州，六月初到达厦门。在厦门逗留一段时间，稍作准备后，于六月二十一日从厦门出发，七月五日平安到达长崎。

这是我们所熟知的脉络，但是，里面也有一个小细节值得和大家分享。那就是隐元禅师在收到第 3 次邀请函之后，马上派遣自己的弟子良者性光（即大眉性善）到长崎，实地调查长崎佛教界的真实情况。之后，收到来自良者性光的调研报告。同时，居住长崎但是来自福清的三个大檀越王心渠、何高材、林仁兵卫等人也极力邀请，隐元禅师被深深打动，才下定决心前往长崎。

何高材（1598—1671）是福清化南里人，著名海商，1628 年移住长崎，也叫毓楚、一粟，后成为隐元禅师的俗家弟子，获法名性崇。田边茂启在《长崎实录大成》第十卷中列举了 33 位住宅唐人（指定居在长崎的华人）的姓名，其中就有何高材的名字。何高材是长崎崇福寺、兴福寺的大檀越，参与创建崇福寺的主要发心者，也是力邀隐元禅师东渡日本的重要檀越。

何高材在明朝曾经是一个有着一定权势的官吏，到日本后曾担任过"丝挂役"。作为华人能够担任这么重要的职位，一方面是因为何高材有一定才华和实力，另一方面是因为得到时任长崎奉行（主持地方政务的官员）神原职直（1634—1641 在任）的信任。这是何高材到日本 8 年后得到的任命。同时被任命为丝挂役的还有欧阳云台（福建漳州府籍）。何高材 30 岁时去长崎，在那里度过了 40 多年，扎根异国，勤奋经营，积累了巨额财富。他既是豪商巨贾，又是有文化的儒商，同时还是身兼丝挂役的官商。

何高材在长崎有豪宅，曾接待过御上使（相当于钦差大臣）等高官，而且一次接待就是三十五六人。何高材还有一个叫一粟园的别院，隐元禅师和即非如一禅师都曾到过此地，而且都留下了颂偈。到了何高材的儿子何兆晋时代，何家又在郊区营建了一处庭园净地——心田庵，有"心田之耕耘极为重要"这样一个寓意。

何高材也是崇福寺的大檀越。他为崇福寺和长崎所做的慈善无数。李斗石教授根据宫田安的《唐通事家系论考》做过整理：1646 年，何高材一家单独捐建崇福寺单层大雄宝殿。崇福寺檀越顺序是：王心渠、何高材、林守壂、魏之琰。1647 年，崇福寺铸造梵钟，何高材担任捐款召集人，自己捐款 50 两银子。1653 年，崇福寺释迦三尊造像，何高材成为化主，牵头组织化缘。1655 年，何高材出资刊刻印刷了隐元禅师的《黄檗和尚全录》续录，上面印有捐款者何高材的法名性崇。1661 年，长崎清水寺建成，《重建清水寺记缘》里有捐建者何高材的名字。1666 年，他又为长崎捐建了一座约 33 米长的拱形石桥。

何高材是虔诚的黄檗宗信徒，作为崇福寺大檀越，何高材为崇福寺建设以及各种法会活动捐献巨额财产。长崎"三福寺"（崇福寺、兴福寺、福济寺）不仅是华人集会的场所，也是华人精神寄托的圣地。何高材和居住长崎的福建海商等成功人士，不仅带头捐款营建"三福寺"，而且虔诚信佛，专心修禅，为隐元禅师在日本弘法，营造了良好的信众基础。虽然黄檗宗创建的主体是以隐元禅师为代表的华僧，但是如果没有"三福寺"的道场基础，没有虔诚的信众，恐怕难以短期如愿。

何高材不同于其他檀越，他更像寺院里的和尚，积极参与寺院的事务管理，比如为释迦三尊造像时担任化主，具体职责是管理化缘，还担任过崇福寺的白椎（槌），这是举行佛教仪式时的一个角色，他还非常熟悉各种佛教仪式仪轨。

何高材在长崎40多年间，几乎接触过这一期间所有东渡到长崎的华僧。最早结识的是从福州赴日的超然禅师。超然禅师1629年到长崎，那时何高材31岁，刚到长崎不久，此时崇福寺檀越主要代表人物是王心渠、林楚玉和魏之琰等人。崇福寺第一檀越林楚玉去世后，其子林守壂与何高材一起接替林楚玉进入檀越代表行列。

隐元禅师东渡日本之前，何高材与隐元禅师两人就相识。1652年4月，第一次邀请隐元禅师的13人名单中，何高材在列。

1654年，隐元禅师到长崎时，迎接隐元禅师的14位檀越代表名单里也有何高材的名字。

1655年，邀请隐元禅师入住崇福寺的檀越代表名单里也有何高材。

1664年，何高材到京都，登宇治黄檗山拜谒隐元禅师，隐元禅师为何高材题写了云涛诗卷。1667年，何高材七十大寿，隐元禅师写了《寄赠一粟居士七十初度》。1671年，何高材与世长辞，隐元禅师写了《挽一粟居士》，概括总结了何高材不畏艰险、艰难创业的74年生涯，高度赞扬了他与佛结缘。其中有一句写道："一心奉佛教，正信玉无瑕。"《新纂校订隐元全集》中有六处提到何高材的名字，有十篇诗偈、法语是为何高材所写。其中，诗偈《宿崇福寺示毓楚何信士》中写道：

　　　　一宿云根万劫因，玉融风雅浑天成。

　　　　虽然异土心同赤，谈到三更月更明。

这首诗偈是专为何高材写的，是隐元禅师在长崎期间，在崇福寺开法时与福清籍檀越相会之际所作，"玉融"是福清的雅称，表达了隐元在异国他乡见到同乡人，在融洽的气氛中促膝交谈，到了三更半夜，都不觉困倦，心如中天明月一般皎洁的喜悦心情。

何高材与即非如一（1616—1671）禅师关系很亲密，两人都是福清人，即非如一禅师是崇福寺的住持，何高材是崇福寺的首席檀越。何高材花甲之年，即非禅师写下《赠何一粟居士六十》，赞誉何高材虽然"富有三多"

福清黄檗书院

（福禄寿），但他看破红尘，淡泊名利。1662年何高材赞助出版了即非禅师的语录，并在即非禅师临终之际照顾他。

　　木庵禅师（1611—1684）于1655年7月到长崎，入住兴福寺任住持5年，1660年到宇治黄檗山之前，曾造访何高材的一粟园，并写下《庚子季春同诸侣过一粟园赠毓楚何居士》，赞美一粟园美丽、壮观、幽静。另外，何高材与福济寺住持、1649年到长崎的泉州人蕴谦禅师，1661年到长崎的福清籍高泉禅师、1661年到长崎的漳浦籍柏岩禅师都有交往。

　　第一代长崎华人在异国他乡辛勤经营，都十分注重子女的教育，其后代人才辈出，多数华人的第二代也多有才华，涌现了林道荣、刘宣义、陈道隆、林守壂等一批著名唐通事。令人惋惜或者说遗憾的是，何高材虽然也注重子女的教育，但子女们都不争气，他在世期间，长子辞职，次子体弱多病，孙子败家，这是使何高材死不瞑目的终身憾事。

朱舜水——七渡扶桑故明人

在日本葬着一个中国人。他为光复大明，只身前往日本，幕府德川家族奉他为日本国师，明治维新也受到他很大影响。他的后代去扫墓，德川家族亲自陪同。此人就是朱舜水，甚至有人说，在日本你不知道朱舜水，就不能说你有文化。朱舜水和黄檗宗的联系十分紧密。

朱舜水绘像

1653年长崎大火，崇福寺便赠予百姓大米、酱油，甚至还让唐人来寺庙暂住，这其中就包括朱舜水。朱舜水还与崇福寺的化林性机禅师关系密切。朱舜水离开长崎去江户前曾致书化林禅师，对无期会晤表示怅然之慨。1655年，奉隐元禅师之命，渡来长崎的木庵性瑫禅师担任长崎福济寺第二代住持，被称为"开法开山"，木庵性瑫禅师与朱舜水的关系也相当密切，两人有大量书信至今犹存。另外，朱舜水寓居长崎期间，曾经常往来兴福寺，与逸然、澄一等禅师交往甚密，并且，朱舜水还接受过兴福寺的经济援助。

朱之瑜（1600—1682），字楚屿，又作鲁屿，号舜水，明代浙江绍兴府余姚县人，明末贡生，因在明末和南明曾三次被皇帝特征未就，有征君之称。朱舜水与隐元禅师在日本收的弟子戴曼公独立性易交往多年，戴曼公对朱舜水非常了解，两人多有书信来往，而且感情很深厚。朱舜水从小聪颖好学，却轻视功名。清军南下后，朱舜水积极抗清，先是追随鲁王，后来又参加郑成功、张煌言的北伐战斗。南明永历十三年（1659年），朱舜水看到复明无望，毅然弃离故乡，流亡日本，寓日二十多年，仍着明朝衣冠。

朱舜水的学问和德行得到日本朝野礼遇和尊重，水户藩藩主德川光圀（古同"国"）聘请他到江户讲学，执弟子礼。朱舜水提倡"实理实学、学以致用"，认为"学问之道，贵在实行，圣贤之学，俱在践履"。所谓实用者，一曰有益于自己身心，二曰有益于社会。日本学者评价说："天佑以还，儒学以经世治民为要道，不务空理虚论，皆舜水所赐也……不惟后来明治维新受此良好之影响，即于朱氏学说本身发扬而光大之，其功亦伟矣！"梁启超在评论朱舜水时也说："中国儒学化为日本道德基础，也可以说由舜水造其端。""舜水人格极为高尚严峻，所以日本知识阶层受其感化最深。"

朱舜水还把中国先进的农业、医药、建筑、工艺技术传授给日本。以朱舜水学说为宗旨的"江户学派"，一直影响到明治维新。朱舜水死后，他讲学的书札和问答由德川光圀父子刊印成《朱舜水文集》二十八卷。朱舜水与黄宗羲、王夫之、顾炎武、颜元一起被日本称为"明朝中国五大学者"。

日本宽文十年（1670年），即朱舜水71岁那年，他曾经对门人说："我既老在异邦，自誓非中国恢复不归也。而或一旦老疾不起，则骸骨无所归，必当葬于兹土。然汝曹素不知制棺之法，临期苟作，则工手不精，制度不密。数年之后，必致朽败，后来倘有逆虏败亡之日，我子孙若有志气者，或欲请之归葬，而墓木未拱，棺椁朽弊，则非徒二三子之羞，亦日域之玷也。吾之所以作此者，非为手足也，为后日虑耳。"这说明朱舜水把自己的死看得很重，早早就准备好了棺椁。不过他并没有为自己选择好墓地。1681 年，朱舜水因水土不服生病，全身遍生疥疮，卧床不起。第二年四月在大阪离世，享年 83 岁。朱舜水死前遗言：予不得再履汉土，一睹恢复事业。予死矣，奔赴海外数十年，未求得一师与满虏战，亦无颜报明社稷。自今以往，区区对皇汉之心，绝于瞑目。见予葬地者，呼曰"故明人朱之瑜墓"，则幸甚。纵观朱舜水的一生，不仅七渡扶桑，还六至安南、两至暹罗，最后定居日本。他在长崎生活了近 6 年，在江户生活了 17 年。

日本天和二年（1682 年）四月二十六日，朱舜水死后第十天，他享受到了当时日本所能给予的最高荣誉——安葬在瑞龙山麓的水户德川氏墓地。德川光圀率其世子纲条及诸朝臣参加葬礼。瑞龙山是水户德川家历代祖茔所在，风景极幽，平民不得葬此。德川光圀破例为他依明朝式选址成坟。朱舜水之墓，四周乔木，中有石台，台前立石碑，正面为德川光圀亲题隶书"明征君子朱子墓"。

如今，水户市立有日本十大思想家的塑像，朱舜水便是其中唯一的外国人。

《皇明遗民传》记载的朱舜水

陈道隆——千秋福济映禅林

陈道隆（1616—1676），日本名颍川藤左卫门，后改为吉左卫门，长崎著名的唐通事，也是当时日本华人中著名的慈善家，是长崎福济寺的第一檀越。

1640 年，陈道隆直接被任命为小通事。在此之前，唐通事没有大小之分，只有两三个编制，这一年增加到大通事 4 人、小通事 2 人。与陈道隆同时任小通事的是林楚玉之子林守壂。第二年，由于三位大通事中有两位相继去世，陈道隆与林守壂不到一年就升到了大通事。陈道隆在大通事任上足足待了 34 年。在这漫长岁月里，他先后服务过 11 任长崎奉行，接触过无数唐船贸易商人，没有出现过任何差错，得到各界的认可。在很长一段时间内，陈道隆都位居唐通事的最高等级。

黄檗书院资料室收有日本福济寺于二战前出版的《光风盖宇》一书，其中有陈道隆的木雕像图片。日本众多文献记载，陈道隆是福济寺第一檀越，他不仅为福济寺开基捐献过巨款，而且每当福济寺举办大型法会，主要赞助者也都是陈道隆。福济寺也叫漳州寺，始建于 1628 年，由漳州和泉州籍华人捐建，与兴福寺（也就是南京寺）以及崇福寺（福州寺）一同被称为长崎"三福寺"。

福济寺是持闽南方言的华侨集聚的场所，一开始不属于任何宗派，自隐元禅师东渡后，归属了黄檗宗。讲到福济寺，必须提到住持蕴谦禅师（1610—1673），禅师字戒琬，出生于泉州晋江，17岁在泉州开元寺出家。神通广大的陈道隆早已耳闻蕴谦禅师是个"生来颖异、性尤沉静"的著名僧人，多次写信恳求蕴谦禅师来任住持，蕴谦禅师盛情难却，于1649年6月到长崎，出任福济寺住持，并号所在山头为分紫山。

陈道隆木雕像

第二年，蕴谦禅师按照中国寺院建筑传统创建圆通殿，并供奉观音菩萨像，1656年建大雄宝殿、山门、钟楼等。蕴谦禅师到来之前的福济寺只不过是一个简陋的茅草屋。1660年，蕴谦禅师又改造客堂、斋堂、僧寮。蕴谦禅师被誉赞为福济寺重兴开山之人。而蕴谦禅师重兴福济寺，最大的檀越就是陈道隆。

陈道隆与蕴谦禅师是同代人，福济寺在当时是长崎最大的唐寺，二战前被认定为日本国宝级"特别建筑物"。可惜二战期间被美国原子弹炸毁。现在福济寺的原址改建成了"万国灵庙长崎观音堂"，每年8月，在此为原子弹爆炸死难者祈祷。

陈道隆与隐元禅师等东渡名僧交往也密切。长崎的住宅唐人与唐通事，曾两次联名写信给隐元禅师，恳请隐元禅师到长崎弘法。其中，1652年第一封邀请信的署名者有：

1. 颍川官兵卫（陈九官），他是兴福寺的首席檀越，大通事。

2. 林仁兵卫，就是林守壂，大通事。

3.颍川藤左卫门，就是陈道隆，福济寺首席檀越，大通事。

4.渤海久兵卫，就是高超方，福济寺檀越，大通事。

5.彭城太兵卫，兴福寺檀越，大通事。

6.张立贤。

7.何懋龄。

8.许鼎。

9.程国祥。

10.高应科（实与渤海久兵卫是同一人）

11.王引，就是王心渠，崇福寺檀越。

12.何高材，崇福寺檀越。

13.陈明德，兴福寺檀越，医师。

在第一封邀请信的13位檀越中，有8人是唐通事，但因为渤海久兵卫与高应科同是一人，实际为7人。陈道隆排在第三位。隐元禅师1654年到长崎时，陈道隆39岁，隐元禅师十分敬重陈道隆。隐元禅师到长崎第二年，陈道隆请隐元禅师为他病逝的妻子做法会。《新纂校订隐元全集》收录隐元禅师写给陈道隆的《设斋荐宝请上堂》，以及《示颍川藤左卫门》等诗偈四篇。

一般情况下，隐元禅师初次给后生写法语的内容都是勉励、鼓励、警示、引导性的，引导他们如何修禅养性，如何齐家立业。而隐元禅师给陈道隆的法语却与众不同，主要是赞扬陈道隆作为福济寺第一檀越所做的丰功伟绩，并且把他与陈道隆之间的交流，比作"没弦琴上曲，若个是知音"，表达了对陈道隆的尊敬。诗偈写道：

> 万古金汤眼，千秋福济心。
>
> 莲花开胜地，檀月映禅林。
>
> 无相身中物，通人子细寻。
>
> 没弦琴上曲，若个是知音。
>
> 豁醒春江梦，返问直至今。

1655年7月，木庵禅师到长崎，受到陈道隆与蕴谦禅师热情迎接，并被邀请入住福济寺。不久，蕴谦禅师就把住持之位让给木庵，蕴谦禅师和陈道隆为此举办了一个隆重的开堂仪式。木庵禅师比陈道隆年长 6 岁，但他尊重陈道隆，两人亲密无间。木庵禅师到长崎那年，恰好也是陈道隆四十寿辰，木庵写了一首偈颂《赠颍川居士华诞》：

> 祖风荡荡振江天，喜遇筹添不惑年。
>
> 古月流辉同佛启，华光瑞映满前川。

1658 年，长崎福济寺山门落成，木庵禅师题写了"福济禅寺"牌匾，牌匾右侧记的是"万治戊戌年中秋吉旦开山比丘戒琬同檀首颍川藤左卫门敬立"。两年后，木庵禅师离开长崎，赴大阪普门寺时，陈道隆与蕴谦禅师一起为木庵禅师送行，之后，蕴谦禅师再度继任福济寺住持。

1664 年，陈道隆 49 岁，他来到宇治黄檗山万福寺，拜谒隐元禅师与木庵禅师。蕴谦禅师于 1672 年圆寂后，随木庵禅师东渡的慈岳禅师接任福济寺住持，他也得到了陈道隆的大力支持。

魏之琰——魏氏乐谱传扶桑

邀请隐元禅师渡日的，除了长崎唐寺僧众之外，还有一些檀越、名流、海商，魏之琰就是其中之一。

魏之琰（1617—1689），字双侯，号尔潜，福清人，排行九，故称魏九官。魏之琰早年在中国的时候是明末的仕官，明朝灭亡，下海转成商人，与其兄魏毓祯从事长崎与越南之间的贸易，往来于两地之间。1635年，魏之琰19岁时捐款兴建日本长崎崇福寺殿堂与妈祖堂；1647年，31岁时，为崇福寺铸造梵钟铭，捐献150两银；1668年，52岁时，成为崇福寺四大檀越之一；1669年，捐银500两为崇福寺妈祖堂前的道路铺设石板并改建妈祖堂门，该堂门历经3年才修好。

《海峡都市报》曾刊有李熙慧一篇报道，题为《日本民间音乐鼻祖——福清人魏之琰》。文中写道："近日，福州一藏家得一方清代墓志铭。经辨认，是明末清初前往日本的很重要的音乐家魏之琰夫妇及其长子夫妇的寿藏合葬墓志铭。经过专家解读，通过这块最近发现的《待诰赠国学生双侯魏先生元配林太孺人寿藏男候补州同知苔水公媳郑宜人合葬志铭》，得出魏之琰是福州福清人。"

在福清，魏之琰娶妻林氏，他们夫妇所生儿子叫魏永昌，是县学生，为官候补州同知。魏之琰离开福建到越南，并在那里娶了武氏，生育魏高和魏贵，之后又带着这两儿子赴日定居长崎，但他没有遗弃正室，留在中国的儿子与魏之琰保持着联系，魏之琰也尽了对正室和儿子的义务。留在中国的魏氏后代没有忘记魏之琰，嫡长子永昌在魏之琰生前为父母和自己夫妇预筑坟寿藏，就是生前预筑的坟墓，这是中国古代富有人家常有的习俗。由此断定，这块墓志铭就是魏之琰儿子魏永昌立的。这块墓志铭碑现收藏在泉州海上交通史博物馆。

　　魏家在日本的海上贸易一直延续到第六代，从第七代开始做唐通事。魏之琰正式移居长崎之前，与家兄魏毓祯移居越南，穿梭于越南与长崎之间，进行海上贸易，积攒了巨额财富。1654 年，其兄魏毓祯在越南去世，魏之琰单打独斗 18 年后，于 1672 年正式移居日本，向长崎奉行提交定居申请，父子三人及其家仆魏熹获得住宅唐人身份。魏之琰在长崎不仅有豪宅，而且有豪华楼阁。魏氏楼阁名曰"凌云阁"，其木材是香木，专程从中国采购，其居室为明代汉式风格，庭院豪华壮观，室内装饰考究，宛如宫廷别院，到长崎访问的达官显贵都以入住凌云阁为荣。木庵禅师曾为凌云阁写了五绝一首《秋登凌云阁》。

　　黄檗书院收有一部 1924 年出版的画册《光风盖宇》，其中收录一幅《魏之琰渡海图》，由 1657 年随即非如一禅师东渡日本的千呆禅师题赞。千呆禅师是长乐籍，继即非之后任崇福寺住持。千呆禅师作

魏之琰渡海图

为崇福寺住持，专门题写赞语，这是对崇福寺大檀越魏之琰的嘉许。这幅画，描绘了魏之琰带着两个儿子乘风破浪渡海的情景。

其实在日本，关于魏之琰的出生地一直没有明确记载，大多只说到福建省。主要因为魏之琰作为巨商，参与了反清复明活动，再加上海上倭寇作乱，为了保全家人安全，他一直没有公开家乡的名字，直到晚年才偶然被披露。

1686 年，魏之琰七十大寿，在日长子魏高和次子魏贵为其举办隆重的寿宴，宴请社会各界名流，前来祝寿的队伍中有魏之琰的亲家，长乐籍著名唐通事刘宣义。刘宣义亲笔写下《魏之琰七十寿章》贺寿，其中有一句写道："老先生麟产福清，鹰扬闽越，冠缨代传。""麟产福清"是指魏之琰像麒麟一样，出生于福清富贵人家，刘宣义简单几句话把魏之琰的出生地、家庭地位以及身世说得十分清楚。

魏之琰作为虔诚的佛教信徒，不仅是崇福寺大檀越，还与黄檗东渡名僧交往亲密，也得到了他们的尊重。1655 年，隐元禅师首次晋山住持崇福寺，迎接他的 14 位檀越代表中就有魏之琰的名字。隐元禅师入住崇福寺不久，魏之琰的家兄魏毓祯在越南去世，魏之琰设斋请隐元禅师上堂念经。在《新纂校订隐元全集》中有两篇隐元禅师专门为魏之琰写的法语和书信。1661 年，隐元禅师七十寿辰，此时魏之琰还没有获得住宅唐人的身份，作为"渡航唐人"为隐元禅师祝寿，并敬献《魏之琰祝隐元七十寿章》。寿章写道：

中岳巍巍接比丘，岁寒松柏始知周。

潜成龙虎翻无异，藏满烟霞吐不休。

随喜拈来黄檗果，因缘种落扶桑洲。

开花结实千年事，才长而今七十秋。

1657 年，即非如一禅师应隐元禅师召请到达长崎。1658 年，崇福寺举行隆重开堂仪式迎接新的住持。这时的魏之琰还没有获得居住权，但是作为崇福寺大檀越，与其他 13 位檀越代表一道迎接即非如一禅师。在《新纂校订即非如一全集》中，有 7 处魏之琰、魏毓祯的名字，记载着魏之琰

魏之琰墓志铭拓片

兄弟为崇福寺所做的丰功伟绩。1655 年，木庵禅师率慈岳、喝禅等门人到长崎，入住兴福寺，1660 年登宇治黄檗山。木庵禅师在长崎兴福寺 6 年间，魏之琰与木庵禅师也有过多次交往，《新纂校订木庵全集》中有 3 篇是木庵禅师为魏之琰写的信和法语。

魏之琰虽然时常往来江户、长崎间经商，却始终关心隐元禅师在日本的活动。隐元禅师到达长崎第二年，应龙溪性潜禅师邀请，前往摄州（大阪）普门寺，当时魏之琰在长崎专门赋诗欢送隐元禅师：

> 正喜东来更向东，司南直启普门风。
>
> 凭兹一杖轻如苇，其奈孤踪转似莲。
>
> 鹤发老苍霜顶白，莲装光傍日边红。
>
> 经年席坐何曾暖，又赴华林许结丛。

魏之琰的身份很特殊，也很复杂。魏之琰在日本声望很高，几乎家喻户晓。他虽然是豪商巨贾，也是著名慈善家，但其声望不是来自富商和慈善家身份，而主要是因为他的音乐家身份，他是日本江户时期明代乐器以及明乐的第一传播者。

魏之琰曾孙魏皓汇辑整理魏之琰五十曲乐谱，定名《魏氏乐谱》，于日本明和五年（1768 年）刊行于江户、大阪、京都等地。魏皓门人简井景周将魏之琰带来的乐器，用图示说明，于日本安永九年（1780 年）出版了《魏氏乐器图》一书。

刘宣义——机语流畅如流水

　　唐通事是重要的翻译团体。隐元禅师的日文翻译，也是长崎地方长官从唐通事中给物色的，他的名字叫刘宣义。

　　刘宣义（1633—1695），他的日本名字是彭城仁左卫门，字曜哲，号东阁，法名道诠。刘宣义少年时代博文好学，不仅通晓当时的"普通话"南京话，还懂得福建方言，十多岁就被选拔为翻译。《长崎先民传》一书写道："宣义为人博闻好学，且能华音方言土语无不通晓。年十余岁擢译，以博物著起，起居严重，威仪可则，览者敬服。"

　　1654年7月，隐元禅师到长崎，当时刘宣义22岁，身份还是内通事，隐元禅师在长崎滞留一年零一个多月的时间里最赏识两个年轻人，那就是刘宣义和林道荣。他们都是福建籍华人后裔，聪明好学，能文善书，经常去拜见隐元禅师。

　　经日本僧侣要求和德川幕府批准，1655年七月初七，竺印长老持日本妙心寺名僧龙溪性潜的书信前来长崎，邀请隐元禅师前往摄津州（就是大阪府）富田普门寺说法。当时隐元禅师想如期回国，拒绝邀请，后经长崎奉行、竺印长老再三恳求，再加上他的弟子木庵禅师七月初十已经抵达长崎，就同意前往普门寺。八月初九，隐元禅师由门徒慧林性机、大眉性善、

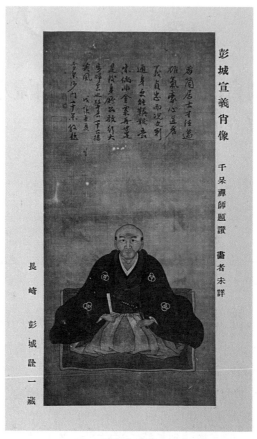

刘宣义肖像

独湛性莹、南源性派、独立性易和日僧独照、月潭、越传等人陪同起程，长崎奉行在一百多人中选择刘宣义作为隐元禅师的随行通事。九月初六一行到达普门寺。

刘宣义作为隐元禅师的随身通事，从 1655 年 8 月至 1657 年 3 月，两人亲密无间，相处近一年半时间，刘宣义跟随隐元禅师，传译流畅无误，无微不至地关照隐元禅师起居。隐元禅师初来乍到，不通语言，无法与日本人直接沟通，所以刘宣义所起到的作用是不可忽略的。

隐元禅师到日本后的次年给他的师父费隐通容禅师写了一封信，其中说道："音语不通，落于传译，未免有失当机之用。"而后来，隐元禅师因为找到了刘宣义这样一位得力的随身翻译而甚感欣慰。他在给费隐通容师父回信的同时，也给刘宣义的堂兄刘沂春写了一封复信——《复阁部鲁庵刘居士》。信中说："令叔乃子曜哲，奉命追随，为彼传译，亦机会巧遘，得他大用，或延此耳。兼以聪颖犹人，进而教之，谨闻命矣。"

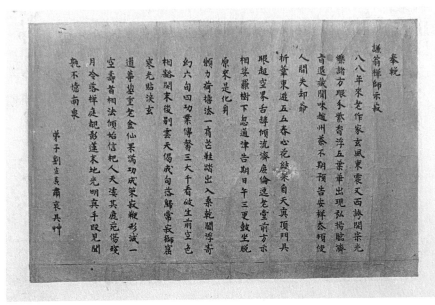

刘宣义书迹

隐元禅师在普门寺期间，大约是 1655 年至 1659 年前后，给刘宣义写过两篇法语《示道诠刘通事》。第一篇是到普门寺不久写给刘宣义的，大体意思是说"长崎之主选通事助我之道，在百余人中首选，做到传译无误，机语流畅如流水，成老僧的挂杖子，我老了接机迟钝，道诠以聪敏神吾"。

这不仅是对刘宣义的高度褒奖，也表现了隐元禅师对刘宣义的高度信任。第二篇是两人相处一段后，隐元禅师写给刘宣义一首藏头诗，不仅对刘宣义的为人和能力给予高度评价，每句第二字竖着读就是"通事道诠"，而道诠就是刘宣义的法名。诗偈是这样写的：

> 能通吾所通，法法尽圆融。
>
> 能事吾所事，头头合至公。
>
> 能道吾所道，言言契祖风。
>
> 能诠吾所诠，句句理皆同。

随隐元禅师东渡的华僧大眉性善，1657年给刘宣义写了一首诗《赠曜哲刘通事》。大眉禅师（1616—1673），字性善，晋江人，俗姓许。1654年，隐元禅师东渡日本的旅程安排，全是由大眉禅师预先筹划的，大眉禅师跟随隐元禅师到日本，并始终陪伴在隐元禅师左右。

刘宣义于1657年3月回长崎探亲，隐元禅师写诗《送道诠刘通事回崎》，开头就说：

> 海外知音少，相逢错过多。
>
> 唯子随四白，道义意如何。
>
> 末后语勿论，言前会也么？
>
> 丈夫贵决择，岂肯自蹉跎。
>
> 归去不加策，追风如骏骚。
>
> 踏断溪声处，双眸回更高。

这首诗里，隐元禅师把年轻的刘宣义当作知音。1658年6月，刘宣义被破格直接任命为小通事。这年秋天，木庵禅师写了一首《秋日送曜哲刘善士重往普门》，这说明当年秋天，刘宣义又重回大阪普门寺拜谒隐元禅师。这年10月，刘宣义升任大通事。

1661年11月，隐元禅师迎来七十大寿，长崎"三福寺"众檀越赠诗志庆。此时，刘宣义给隐元禅师写了一封信祝寿，隐元禅师也给刘宣义回了信。宇治黄檗山万福寺创建之际，刘宣义与幕府大老酒井忠胜曾捐献了西域大木，修建伽蓝。千呆禅师曾为此写过《性印曜哲二居士送暹罗大木至黄檗》，以示纪念。

1669 年，隐元禅师隐退第六年，写了一首诗给刘宣义，开头即写道
"恍然隔别十余秋"，这说明阔别十二年后，两人重逢。此时刘宣义已经在
大通事职位上勤务 11 年，成为最老资格的大通事。1671 年，刘宣义 39 岁
时，为隐元禅师八十寿辰写了一首贺诗《黄檗开山隐老和尚八十寿章》，
他的诗词格律严谨，对仗工妥，高度评价隐元禅师为弘法所做出的历史贡
献，表达了作为华裔同乡对高僧的崇敬之情。

1672 年，隐元禅师 81 岁，也就是圆寂前一年，给刘宣义写法语《示
曜哲通事》，最后两句写道："离名离相空诸有，无灭无生自悄然。智者力
行先到岸，不妨默契老金仙。"如果说，1557 年写给刘宣义的《送道诠刘
通事回崎》是隐元禅师对青年刘宣义提出潜心修禅的期望的话，那么这次
是对刘宣义修禅到了一定境界而感到高兴，表达了大师对后生成长的肯定。
对于刘宣义来说，这首诗偶是隐元禅师的绝笔。

刘宣义任唐通事 38 年间，服侍过 13 位长崎奉行，因办事周全妥帖，
文采斐然，深受敬重。刘宣义常教导门人说，学问从汉唐至元明，离不开
以下六个要件：一曰立本识源；二曰践履躬行；三曰文理稳当；四曰明晰
字义；五曰达练古今；六曰取舍长短。

刘宣义的部分诗文收录于《长崎名胜图绘》，主要有《大浦落雁》《爱
宕暮雪》《神崎归帆》《松森新天神庙记》《圣福寺造建贺诗》等。《长崎先
民传》里这样评价刘宣义："（宣义）名声甚著，富拟公室，虽阖乡诸吏及
百执事莫与之抗，……籍在第一。"意思是说，刘宣义名声远扬，富得可
与王室相比，在长崎的所有官员无人与他抗衡，刘宣义位居唐通事首位。
但刘宣义富而不淫，奢而不靡，居高而不傲，将大部分家产用于布施慈善，
捐建公共设施和寺院。

《新纂校订隐元全集》收录了隐元禅师给刘宣义写的法语、书问、颂
古有八篇之多，也可足见隐元禅师对刘宣义的重视。

东皋心越——避秦无地赴东明

在隐元禅师东渡 22 年后，有一位浙江僧人来到日本。他和隐元禅师一样，也是长崎兴福寺住持具名邀请，从登岸长崎到圆寂日本，也是 19 年。这位禅师就是东皋心越。

东皋心越，俗姓蒋，名兴俦，别号东皋，生于崇祯十二年（1639 年），浙江金华府浦江县人。此人精于禅学，通达医术，能诗善画，琴乐书法，样样精通。

南明鲁王监国元年（1646 年），年方八岁的蒋兴俦不愿剃发当清廷的顺民，就投住苏州报恩寺，削发为僧。五年后，他开始寻师游方。二十岁的时候，曹洞宗觉浪道盛禅师在杭州寿昌寺开堂说法，他前去听讲。而立之年，他在杭州西湖畔的皋亭寺拜觉浪道盛禅师的高徒阔堂禅师为师。三年后三十三岁的时候，他入住西湖孤山之永福寺，驻锡永福寺六年。其间，他广会文人墨客，交流诗、书、画、印、琴等技艺，艺僧之名一时广传天下。

康熙十五年即日本延宝四年（1676 年）仲夏，东皋心越应长崎黄檗宗寺院兴福寺住持澄一道亮禅师邀请，携带着"虞舜""素王""万壑松"三张古琴赴日，12 月 30 日抵达九州萨摩（今鹿儿岛县西部）。翌年正月十三日，东皋心越一行到达长崎。此时一位唐通事，也是黄檗宗的檀越，劝导东皋心越改承临济宗黄檗山万福寺派系，遭东皋心越拒绝。这位好心的唐通事背着东皋心越，以东皋兴越属黄檗山万福寺派系名义上告长崎奉行，才使东皋心越等人得以上岸。东皋心越当即进入兴福寺，澄一住持让他以弟子之礼谒见，这样他的入住便合法化。

东皋心越本人并没有禅宗派别门户之见，因他对长崎兴福寺有情感，所以才有应澄一禅师之邀东渡。据《海外遗民竟不归》一书记载，当时的长崎唐三寺，是由中土福清县黄檗山万福寺东渡僧侣控制，曹洞宗东皋心越入居兴福寺，引起了僧净。这场禅门风波，直到日本天和元年（1681 年），经水户藩主德川光圀禀报江户幕府，由幕府干涉，才告了结。

德川光圀是幕府"御三家"之一，江户幕府第一代将军德川家康的孙子，他欢迎东皋心越到江户。两年后，东皋心越移居水户，改建日本曹洞宗名

东皋心越禅师绘达摩像（杭州永福寺藏）

刹天德寺，经过八年建设，天德寺修建竣工。东皋心越本来是皈依中土杭州寿昌寺觉浪道盛禅师，所以，他以曹洞宗寿昌派嗣法的身份在天德寺正

式开山，改天德寺为寿昌山祇园寺，开创了日本曹洞宗的寿昌派系。开山典礼上，德川光圀身穿礼服，亲自主持，水户藩府儒官、武士都来参加，祝贺的僧众约两千人，可以说是盛况空前。

东皋心越针对日本曹洞宗颓势、弊端，特别为祇园寺制定了《寿昌清规不愿共住三十六条》，从而使日本曹洞宗进入了复兴时代。当时日本文化界名流，儒官、医官等多和东皋心越结为文墨之交。东皋心越把他带去的《韵府古篆汇选》翻刻推广，使中国篆刻艺术在日本广为传播，他被奉为日本"篆刻之父"。由于传去了古琴和琴谱，东皋心越又被誉为日本"近世琴学之祖"。

黄檗宗大檀越何高材的长子，唐通事何兆晋与东皋心越关系密切。东皋心越与德川光圀过往甚密，东皋心越五十岁寿辰的时候，德川光圀特献上一尊观音木像。东皋心越绘制巨幅画《涅槃图》回赠给德川光圀。这使德川光圀深受感动，并将感言写在画面上。东皋心越晚年将寿昌派无纹印传授给京都人吴云等人，之后不久就圆寂了。

东皋心越的骨灰塔就在祇园寺之左。塔前有一块石碑，镌刻着德川光圀手书的碑铭："寿昌开山心越大和尚之塔。"1943 年，荷兰人高罗佩在日本搜集整理东皋心越的诗文，辑录成《明末义僧东皋禅师集刊》一书。

隐元禅师东渡 22 年后，东皋心越来到日本，他先是在兴福寺呆了三年。这期间，他和万福寺住持木庵禅师多次通信。东皋心越致木庵禅师的信虽然没能留下来，但木庵致东皋心越的三封信，仍然保存在水户的祇园寺。从木庵的信里可知，东皋心越曾经向他诉说东渡赴日的原因："故国兵戈，避秦无地，赴于东明，庶脱樊笼。"木庵在信中一再请东皋心越来宇治黄檗山："自吾侄孙到崎，今经三霜，未得与之面谈个事，不能无悬企矣。苟夏末寺事闲暇，可来一叙何如？"后来，东皋心越来到宇治黄檗山万福寺住了五个月，又回长崎，闭关一年，寓居江户一年半，寓居水户约八年半，入住水户岱宗山天德寺四年四个月。康熙三十四年（日本元禄八年，1695 年）东皋心越圆寂。

林道荣——心空道荣法通达

　　隐元禅师初登日本到长崎后，滞留了一年零一个多月时间。这期间，他最赏识两个年轻人，那就是刘宣义和林道荣。下面我们一起聊聊林道荣的故事。

　　林道荣（1640—1708），字款云，号墨痴，法名熟也。他是崇福寺大檀越林时亮的长子，母亲是日本人。林道荣祖籍湖北沙县，也是远近闻名的诗人、书法家与长乐籍的刘宣义，并称唐通事的"双璧"。在《长崎先民传》里写道："（林道荣）幼读书一目五行，读则成诵，又工字学，凡真草行隶无所不能，所著诗文不务构思，下笔立就。"

　　林道荣的父亲林时亮（1598—1683），字公琰，俗称林一官，福清化北里人，明天启三年（1623 年），26 岁时只身到日本，因唐船贸易居在长崎，后获得住宅唐人身份，按现在的话来说就是获得日本国籍。1636 年被任命为唐年行司，一直到 1683 年去世，共干了 48 年。

　　作为长崎有实力的第一代华人，林时亮与长崎崇福寺渊源很深。他与超然、隐元、木庵、即非以及千呆禅师等名僧交往密切。隐元禅师 1654 年 7 月到长崎，最初入住兴福寺，1655 年 5 月移到崇福寺，当年 9 月就开始北上，入住摄津普门寺。三年后，到江户参见幕府将军德川家纲。在隐元禅师滞留长崎一年多时间里，林时亮和林道荣多次拜见隐元禅师，林道荣的学问、诗文、书法都受到隐元禅师指点，后来林道荣成为远近闻名的唐通事和文人与此有很大关系。

隐元禅师到长崎那年，林道荣才15岁。《新纂校订隐元全集》第五卷，收录了隐元禅师在崇福寺期间为林道荣写的诗偈两首，分别是《林道荣善童请》和《示道荣信童》。后一首写道：

法具法通达，心空道自荣，

照临千万国，画在一念诚。

这首五绝将林道荣的名字嵌入诗内，以此勉励。有资料显示，林道荣通读过隐元禅师携带到日本的所有书籍。

林道荣这个唐通事，本质上是个文人，他社会交际广、见识多，除了正常的唐通事业务外，也经常参与处理其职责以外的事务，积极维护华人的利益，尽力保护长崎的唐人。

林道荣曾经处理过一起与独立性易禅师有关的麻烦事。独立性易比隐元禅师早一年渡海到长崎，后皈依隐元禅师出家。他是著名医师，广施药品，行医救治。当时独立性易住在崇福寺，曾前往本州西部各藩，出诊治病，与那里的达官显贵结为朋友，这导致了长崎奉行的不满。有一次独立性易在山口、广岛一带出诊，长崎

林道荣像

奉行多次催他速回，但独立禅师以各种借口推迟（客观上他确实遇到了大

雪封路），迟至第二年才回到长崎，致使长崎奉行大怒，斥责其违背约定。独立禅师不服，以致矛盾日益尖锐。后来林道荣出面调解，两人握手言和。

林道荣青少年时期与隐元、木庵、即非"黄檗三笔"经常切磋书法技艺。隐元禅师的书法具有宋代蔡襄和明代董其昌的雄浑之风，木庵禅师的书法具有宋末元初赵孟頫书法特点，即非禅师擅长行书和楷书，他们的唐式书风在日本社会反响强烈。林道荣书法受"黄檗三笔"及朱舜水等明代遗臣一定影响。隐元70岁寿辰之际，林道荣写有《黄檗开山和尚七表寿堂》。

林道荣是江户时期长崎唐通事中最杰出的文人唐通事之一。在《长崎名胜图绘》里，有一幅画内容就是"道荣之崎"。林道荣与朱舜水交情很深，朱舜水评价他是"如鸡群一鹗"。时人称评价林道荣与高玄岱的书作，为"二妙"。

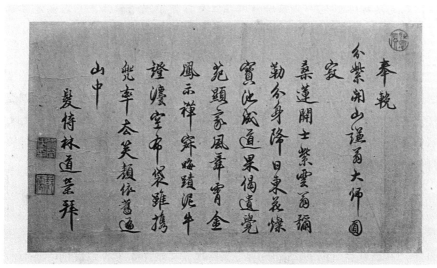

林道荣书迹

德川家纲——江户城内见禅师

隐元禅师到达日本之后，前几年和幕府的联系并不多。有资料说，隐元禅师寺院僧额被幕府限制，日常传法等活动受幕府眼线监视。直到三年后，在龙溪禅师引见下，幕府将军在江户接见了隐元禅师，随后赐地京都宇治，开山新黄檗，缔造了黄檗宗。

不少关于隐元禅师东渡初期（东渡后前三年）与幕府将军关系的文章，多没有提及幕府将军的年龄。实际上，隐元禅师到达长崎的1654年，幕府将军才13岁。这样一个十几岁小孩子，对渡来日本的一个中国僧人，不会有什么太多关注。那么，幕府那几年对隐元禅师的不友好，很可能来自他叔叔、大老或者老中。

德川家纲（1641—1680），是日本江户时代第四代征夷大将军。他母亲是侧室阿乐之方。由于他的长兄出生即夭折，因此他被当作世子一般教养。在他的父亲幕府三代将军德川家光去世后，当地发生了浪人暴乱未遂事件，就是日本所谓的庆安事件，一时社会动荡不安。不过，由于他叔叔保科正之、大老酒井忠胜、老中松平信纲和阿部忠秋的辅佐，这一事件得到化解。德川家纲任职29年之间，将幕府机构整备得更加完善，他下令禁止了殉死，并把他父亲倡导的武力政治改变为文治政治。

　　由于德川家纲身体虚弱，时常卧病在床，造成大老酒井忠清专制，幕府威势逐渐减弱。酒井忠清接替的是酒井忠胜，酒井忠胜在隐元禅师到达日本两年后就离职了。延宝八年（1680 年），德川家纲因病去世，享年 40 岁，没有子嗣，由德川家光最小的儿子、德川家纲同父异母的弟弟德川纲吉继承将军职位。

　　1658 年 11 月 1 日，隐元禅师到达日本的第四年，18 岁的将军德川家纲在江户城召见了隐元禅师。这是当时日本最高权力者召见外来僧人隐元禅师。每年，幕府将军和他的大老们都会会见许多国内外的客人，也包括日本僧人。但是，隐元禅师是中国人，那这次接见是一个什么样的仪式呢？

　　首先，隐元禅师必须呈上他在中国和日本出版的说法语录，以证明他是真实可信的中国禅师，这正如同一位正式的外交官呈上所携带的"国书"一样。隐元禅师和他的随行人员，于 1658 年 9 月 6 日离开普门寺向北前行。13 日，这是隐元禅师旅途中最兴奋的一天，因为这一天，隐元禅师看到了美丽的富士山。18 日，隐元禅师到达江户，被安置在汤岛麟祥院，此地也称为天泽寺。寺院是为第三任将军德川家光权倾一时的保姆兼奶妈春日局所建的。隐元停留在江户总共两个月零十天，但隐元禅师到达的时间很不理想，前一年一把"明历大火"把江户城内大部分地方烧成了灰烬。但是将军的召见还是如期在西丸举行。不知为什么，隐元禅师并没有留下多少关于这次接见的详细叙述。倒是幕府的日记却有这件事的一些记载。

　　根据《德川实记》记载，当隐元禅师在 9 月 18 日到达天泽寺时，大老松平信纲和寺社奉行井上正利都来迎接他。10 月 29 日，隐元禅师的日本弟子龙溪性潜禅师第一个被召见，商讨接见之事，而隐元禅师是在 11 月 1 日被召见的。这一天，隐元禅师首先"乘物"（可能是乘马车或者是坐轿子）到达大手门。

　　隐元禅师被带领到大广间，这里是将军接见官员和重要外宾的地方。这个大广间可以被进一步地划分为几个小区，而根据场合的需要，召见会在被分割的其中的一个小区中举行。当隐元禅师在大广间外等待时，将军

后水尾天皇宸翰徽号

（正明寺藏）

后水尾法皇御赐龙溪禅师为"正统禅师"

的侍从首先出来，给唐通事说了一连串的规定。随后，寺社奉行出来，引导隐元禅师进入内庭。隐元、龙溪、秃翁三位禅师和唐通事一起，被允许进入大厅。

幕府的记录说隐元禅师穿了一件黄色僧袍，手中握有念珠，他的左手拿着一个僧人的坐具，右手拿着他的拂子。他进门之后行礼，龙溪、秃翁、唐通事、大老松平信纲、老中阿部忠秋和稻叶正则都跟着进来。隐元禅师呈上精心挑选的礼物送给将军，这些礼物包括两卷澜丝、一百束线香和十六条唐墨。然后龙溪和秃翁禅师被带领上前。龙溪禅师代表隐元禅师献上隐元禅师在中国的语录六册，在日本出版的语录五册，同时，还一起呈上了两把精美的扇子。这扇子上也许有中国著名文人的书法题字。

秃翁禅师献上了一捆杉原纸，他遵循日本惯例呈上了两卷丝绸和三束奉书纸。看来，献丝绸和奉书纸是见将军的老传统。这次会见是象征性的，隐元禅师和将军之间并没有什么会谈，而且会见很快就结束了。隐元禅师回到天泽寺，举行了一场放生仪式，为将军祈福。之后，他再一次来见幕府将军，这次收到了将军给的礼物，然后于 11 月 28 日离开江户。美国亚利桑那大学吴疆教授认为，隐元禅师觐见将军是一个精心安排的仪式，而且可以有许多不同的解释。在隐元禅师进入江户城之前，为了讨论召见的详情，龙溪禅师已被召唤两次。

这次接见，意味着江户幕府开始重视隐元禅师。此后，隐元禅师也确实得到了越来越多的幕府官员的支持，这为接下来的开山建寺，准备和营造了外部环境。

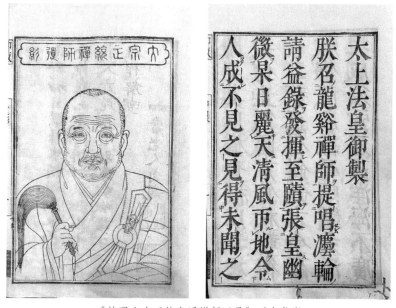

《特赐大宗正统龙溪禅师语录》刊本书影

唐通事——好语穿珠助往来

　　隐元禅师受长崎方面四次邀请，最后才下定决心东渡。其实，在参与这四次邀请活动的日本长崎华人中，有一个占主导地位的、很重要的群体，那就是唐通事。唐通事是一个什么样的群体呢？本文从当时的海上贸易聊聊唐通事的故事。

　　在17世纪到18世纪，明清王朝和日本的德川幕府政权没有直接的贸易往来，大多是明清商人独自前往日本长崎进行商业贸易。因此，很多人误以为当时中日两国间的贸易往来，只是商民之间自发进行的。事实上，当时日方对于两国之间贸易往来，不仅有具体的方针与规则，而且对交易额也有限定，甚至还专设官员负责管理与监督此事。这个专设官员就是唐通事，初期，唐通事的职务并不复杂，主要负责翻译中日语言。

　　原福建师大福清分校李斗石教授认为，唐通事不仅是翻译官，他们还要管理唐船和贸易，负责唐人内部的管理，参与长崎奉行的外交，受理与通商有关的咨询业务，并从事日本与中国之间的文化交流活动。当时，日本人把中国人叫"唐人"，把来自中国的贸易船叫"唐船"。

　　用现在的语言描述，唐通事就是集翻译官、外交官、书记（秘书）官、商务官于一体的特殊官员。唐通事是长崎的地方官员，是德川幕府闭关锁

348

国政策的产物，也可以说是长崎对华贸易的附属品。万历三十一年（1603年）二月，日本天皇任命德川家康为征夷大将军，标志着德川幕府正式成立。整个江户时期，德川幕府从 1603 年成立到 1868 年明治维新，存续了两个半世纪，这段漫长的时期，日本对外始终是闭关锁国。他们限制对外贸易，但允许与中国和荷兰之间的贸易。他们几乎关闭所有的港口，但保留开放长崎港。他们限制与外国人交往，但默认中日民间的交往。中日贸易、长崎"直辖地"，这两个关键词是长崎唐通事存在的基本前提和根本原因。也就是说，唐通事是随着长崎中日贸易需要而产生，随着长崎中日贸易发展而兴旺，随着日本对华贸易政策变化而变化，随着长崎贸易的消退而退出历史舞台。

日本江户时期的中日贸易，对于中国而言是民间贸易，但对于日本而言却是官方贸易。江户幕府当局直接参与贸易管理，把长崎中日贸易纳入幕府的管理体制之内。最为值得关注的是唐通事对于黄檗文化的重要贡献。可以说，以唐通事为代表的华人，是黄檗文化形成的桥梁和纽带。

唐通事是长崎"三福寺"的建造者。随着旅居长崎华人数量的增多，当地逐渐形成了一个华人社会。华人进行社交活动的主要场所就是寺院。明朝天启三年（1623 年），陈九官等江西、江苏、浙江这三江地区的华人建造了兴福寺（俗称"南京寺"）。崇祯元年（1628 年），陈冲一和陈道隆父子等漳州府籍的华人，捐资建造了福济寺（俗称"漳州寺"）。崇祯五年（1632 年），林楚玉、魏之琰、王心渠、何毓楚等福清籍华人建造了崇福寺（俗称"福州寺"）。华人社会便以寺院为基础，以他们的原籍贯为核心，形成了三江帮、福州帮、泉漳帮以及后来兴起的广东帮四个帮派。

在经济上，唐通事是"三福寺"的后盾。"三福寺"有着强有力的檀越队伍，不像日本电视剧里的僧人，是靠化缘维持生计。在日本，檀越是指为僧人提供与衣食住有关的物资，并为寺院的开基出资的信徒，也就是寺院的经济后盾。唐通事是隐元禅师等华僧的推举人。有了寺院就得有僧人，"三福寺"及其檀越们纷纷邀请华僧东渡入住。隐元禅师到长崎之前，已经先后有 16 人应邀到长崎"三福寺"，蹈海途中还有 1 人遇难。邀请隐元禅师东渡前夕，福济寺有一位住持蕴谦禅师，他是福济寺的第一檀越陈道隆邀请来的高僧，得到檀越们的认可和支持。崇福寺的住持超元禅师，也得到众檀越的爱戴。

而当时兴福寺的无心性觉和逸然性融和尚，还没有得到檀越的充分认可，这两位禅师自己也觉得修禅不够，就下决心邀请中国的名僧来。一开始，根据无心禅师的推荐，逸然禅师邀请了也懒性圭，但也懒禅师在厦门登船不久，就触礁遇难。之后，无心禅师又推举了隐元禅师，为了加大力度，逸然禅师决定联合长崎"三福寺"的众檀越，当然主要是唐通事，连续四次邀请隐元禅师，或是写信、或是派人邀请。

所以，唐通事是隐元禅师东渡的直接推动者和操办者。长崎的常住华人与唐通事，曾两次联名写信给隐元禅师，恳请隐元禅师到长崎弘法。第一次邀请信有 13 位檀越具名，其中 8 人是唐通事，其中渤海久兵卫和高应科是同一人，即漳州府高寿觉的嗣子，也叫高超方。在第二次邀请信中，有 4 人是唐通事，其中的渤海久兵卫与高应科还是高超方，也许是高超方邀请隐元的心情迫切，为表达诚意，才重复署名。可见，唐通事参与邀请隐元禅师的态度是积极、热情和诚恳的。1653 年，他们派僧人古石作为专使，带着第四封邀请信，来到福清黄檗山，陈述长崎华人诚恳邀请隐元禅师的实情。唐通事的诚恳邀请，感动了隐元禅师。此前一次获邀的是也懒性圭禅师，但东渡未成，他在厦门港附近遇难了。也懒性圭禅师是隐元禅师的弟子。最后，隐元禅师经过深思熟虑，说了一句"子债父还"，就毅然下决心东渡，所以李斗石教授和有些学者称，唐通事的数次恳请，是隐元禅师东渡的直接外因。

唐三寺——东西互鉴促交流

　　日本长崎是明清时期中日贸易的重要口岸，长崎的福济寺、兴福寺、崇福寺被并称为"唐三寺"。三寺分别是南京、漳州、福州三地往来长崎贸易的船主们为求神佛保佑往来平安而集资修建的，寺内均设有妈祖堂。每年例于三、七、九月二十三日由三寺轮流举办祭祀。由于中国僧人不断来日，终于促成高僧隐元隆琦入日。隐元禅师东渡，缘起长崎三唐寺僧俗以及檀越、护法、海商四度礼请，其中，逸然和尚与超然和尚厥功至伟。本文就对唐三寺做个探讨。

　　一是兴福寺。长崎唐通事的几大始祖欧阳云台、何高材、陈九官、王心渠等，都是兴福寺创建时的主要代表。兴福寺的开山之祖是 1620 年渡来长崎的江西人真元。真元到达长崎后即剃发为僧，在他的同乡欧阳的住地结成草庵。

　　默子如定禅师是明代江西建昌高僧。1632 年东渡日本，成为日本第一个唐寺——长崎兴福寺第二任住持。他不仅精通佛法，通经讲学，还深谙寺庙建筑技术，兴福寺的天王殿、大雄宝殿、观音堂、钟楼都是他主持修建的。著名的长崎眼镜桥也是默子如定禅师在任期间主持建造，是日本现存最古老的石双孔桥，如今是日本重要文化财产。默子如定禅师的铜像至今树立在桥畔。

接替默子如定禅师的，是1645年东渡长崎的浙江人逸然性融。逸然性融被誉为长崎"唐绘"之祖，由于逸然禅师担心日本佛教荒废，于是便与默子如定禅师商量，聘请隐元禅师来当住持。1654年，隐元禅师到达长崎之后就入住兴福寺。1663年，在第四代澄一禅师住持期间，长崎发生"宽文大火"，寺院伽蓝被焚毁。1686年，第五代住持悦峰道章重建山门、钟楼以及诸堂。朱舜水寓居长崎期间，经常往来该寺，与逸然、澄一等禅师交往甚密，并接受过该寺的经济援助。

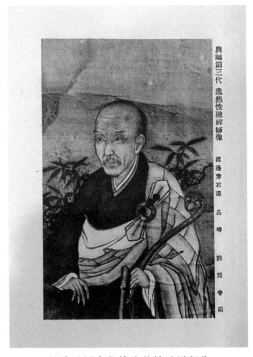

长崎兴福寺住持逸然性融禅师像

二是福济寺，该寺的开山之祖是1628年渡来长崎的福建人觉悔。觉悔到长崎后，与弟子了然、觉意一起在长崎建了一个小庵，供奉妈祖。这个小庵后来发展成当时长崎最华丽的大伽蓝。1649年，以住宅唐通事、福建人陈冲一的长子唐大通事颍川藤左卫门为代表，请来泉州紫云山开元寺住持蕴谦戒琬禅师，福济寺则被命名为"分紫山福济寺"。颍川藤左卫门是当时长崎最有势力的唐通事之一，他的岳父是长崎大富商，握有长崎贸易和市政绝对权力。因此，颍川藤左卫门的经济实力和政治背景，是他扩建福济寺的重要资本，1655年，奉隐元禅师之命东渡长崎的木庵性瑫禅师，担任第二代住持，颍川藤左卫门、木庵禅师等人与朱舜水的关系相当密切。

三是崇福寺。该寺的开山之祖是福州人超然禅师。超然禅师的详细情况记载不多。兴福寺是南京地区在长崎的唐人所建，泉南地区的唐人建了福济寺。福州地区的唐人以王引、何高材、魏之琰、林太卿等为代表，于1629年从福州请来了超然禅师，建立了供奉妈祖的殿堂。1635年，得到长崎奉行的允许，把妈祖殿堂改建成了佛教寺院；1646年，对寺院又进行了一次大修缮，并根据林太卿、林守壂父子的要求建了山门，就是现在第一峰门所在地。还根据何高材的喜好，采用中国木材建了大雄宝殿，这个大雄宝殿现在还存在。1646年，百拙渡来长崎，担任第二代住持。百拙之后担任住持的，是隐元禅师的弟子也懒。也懒禅师于1651年去长崎途中死于海难。于是又把隐元禅师的法弟亘信的弟子道者超元请来担任第三代住持。

当时，在长崎的几大唐寺每年都要举办各种祭礼，如正月的祝国法会，二月的涅槃会和清明祭，三、七、九月的妈祖祭，四月的隐元忌日和佛诞会，一、五、九月的关帝祭，七月的盂兰盆会、唐馆内土神祭，十二月的佛成道忌，等等。

其中，妈祖祭是最大的祭祀节日，费用都是由唐船寄进，在长崎去世的唐人，除了船主的遗体会被允许运回国内外，一般都葬在稻佐山的悟真寺和上述唐三寺的唐人墓地。大灾之年，唐三寺还会举行慈善活动，救济在长崎的唐人，如1653年的长崎大火，唐人住宅被焚，寺庙便赠予大米、酱油等，甚至还让唐人来寺庙暂住。

图书在版编目（CIP）数据

黄檗朋友圈/白撞雨，白雨泽著. 一福州：福建
教育出版社，2024.2
　（黄檗文库. 走进黄檗）
　ISBN 978-7-5334-9796-5

Ⅰ.①黄…　Ⅱ.①白…　②白…　Ⅲ.①黄檗宗－宗教
文化－研究　Ⅳ.①B946.9

中国国家版本馆 CIP 数据核字（2023）第 224140 号

黄檗文库·走进黄檗

黄檗朋友圈

白撞雨　白雨泽　著

出版发行　福建教育出版社
　　　　　（福州市梦山路 27 号　邮编：350025　网址：www.fep.com.cn
　　　　　编辑部电话：0591-83727011
　　　　　发行部电话：0591-83721876　87115073　010-62024258）
出 版 人　江金辉
印　　刷　福州印团网印刷有限公司
　　　　　（福州市仓山区建新镇十字亭路 4 号）
开　　本　710 毫米×1000 毫米　1/16
印　　张　23.5
字　　数　326 千字
插　　页　2
版　　次　2024 年 2 月第 1 版　　2024 年 2 月第 1 次印刷
书　　号　ISBN 978-7-5334-9796-5
定　　价　88.00 元

如发现本书印装质量问题，请向本社出版科（电话：0591-83726019）调换。